Michaela und Karl Vocelka
Der Bezoar

Michaela und Karl Vocelka

Der Bezoar
Ein Kriminalfall am Hof Rudolfs II.

ueberreuter

Mit freundlicher Unterstützung durch
≡ Bundesministerium
Kunst, Kultur,
öffentlicher Dienst und Sport

Danke, dass Sie sich für unser Buch entschieden haben! Sie wollen über unser Programm auf dem Laufenden bleiben sowie über Neuigkeiten und Gewinnspiele informiert werden? Folgen Sie uns auf den Sozialen Medien und abonnieren Sie unseren Newsletter unter ueberreuter.at/newsletter.

1. Auflage 2024
© Carl Ueberreuter Verlag, Wien 2024
ISBN 978-3-8000-9018-1 (print)
ISBN 978-3-8000-9918-4 (ebook)

Alle Rechte vorbehalten. Der Verlag behält sich das Text- und Data-Mining nach dem Urheberrecht vor, was hiermit Dritten ohne Zustimmung des Verlages untersagt ist. Das Werk darf – auch teilweise – nur mit Genehmigung des Verlages wiedergegeben werden.

Lektorat: Caroline Metzger, MA
Covergestaltung: Saskia Beck | s-stern.com
Coverbild: Getty Images
Illustration S. 3 und S. 280: Alamy Images
Satz: Lisa Wilfinger | Carl Ueberreuter Verlag
Druck und Bindung: Brüder Glöckler, Wöllersdorf

www.ueberrreuter.at

PROLOG
Konstantinopel, im September 1580

Am Abend brach ein Gewitter auf den langsam zur Ruhe gekommenen Stadtteil, der gegenüber der Altstadt lag, nieder. Schon zu Mittag waren die Vögel kreischend über den Bäumen gekreist, offenbar ahnend, dass ein Unwetter nahte. Feucht und schwer hatte sich die Hitze über das pulsierende Treiben in den Straßen gelegt, und vom Bosporus her war keine Brise zu spüren gewesen. Nun befand sich die Luft in stürmischer Bewegung. Die grell herabschießenden Blitze und das Peitschen des Regens machten den Aufenthalt im Freien immer unerträglicher. Das Viertel zeigte sich fast menschenleer. Der Fremde, den er seit Stunden verfolgte, blieb nur wenige Häuser vor ihm stehen und suchte Schutz unter dem einzigen Dach, das dort hervorragte und dem strömenden Wasser Halt bot.

Es war dieser Augenblick, der ihm seine Entscheidung erleichterte. Sein ursprünglicher Plan wäre nicht durchführbar gewesen, denn die Zeiten, in denen sich der Mann zu Hause aufhielt, schienen für sein Vorhaben zu unsicher. Allerdings missfiel ihm, dass er ihm den Dolch in den Rücken stoßen musste, bisher hatte er stets mit der Waffe in der Hand von Angesicht zu Angesicht gekämpft. Doch seine Gier war größer, und das Töten ging mühelos. Nach zwei, drei Atemzügen und einem längeren, lauten Röcheln, das niemand außer ihm hörte, erschlaffte der Körper seines Opfers.

Er nahm alles an sich, was der Tote bei sich trug, die Schlüssel und auch den Sack mit den Münzen, damit man an einen Straßenräuber dachte, wenn man die Leiche fand. Anschließend zog er mit einem kräftigen Ruck den Dolch aus der Wunde und hielt ihn so lange in den Regen, bis das Blut gänzlich von der Klinge abgewaschen war, bevor er ihn wieder in seinen Mantel steckte. Dann machte er sich auf. Obwohl er den Weg fast atemlos rannte, war er bald völlig durchnässt. Auf dem lehmigen Boden hatten sich schmutzige Pfützen gebildet, und da er ihnen in seiner Hast nicht auswich, drang das trübe Wasser mit jedem Schritt stärker in seine Schuhe ein. Es kümmerte ihn nicht. Als endlich das Haus des Fremden vor ihm lag, schimmerte, wie erwartet, hinter den Fenstern kein Licht, die Mauern hoben sich in tiefen Schatten aus der Dunkelheit. Dennoch blieb er wachsam und schob sich die feuchte Kapuze ein Stück weiter ins Gesicht, während er sich auf den Eingang zubewegte. Die Haustür öffnete sich ohne Mühe und fiel hinter ihm geräuschlos wieder ins Schloss.

Im Inneren des Gebäudes, das aus mehreren kleinen Räumen zu bestehen schien, war es düster, sodass er zunächst kaum etwas sah, ehe er mit den letzten Resten der Glut des Ofens in der Küche eine Kerze entzündete. Danach zog er sich die nassen Schuhe von den Füßen und schlich mit dem flackernden Schein leise und geschmeidig von einer Kammer zur anderen. In jeder standen Truhen und Schatullen, die er alle sorgfältig durchsuchte, Stück um Stück. Sie enthielten viel Ungewöhnliches, auch Edelsteine und kostbares Geschmeide, aber all das interessierte ihn nicht. Und so wurde er immer ungeduldiger. Nach der letzten Kammer gelangte er dann zu der Tür, hinter der er den Trakt mit dem Schlafgemach vermutete. Voller Hoffnung, dass er dort das, was er so sehr begehrte, noch finden würde, ging er auf sie zu. Doch als er sie öffnen wollte, erschrak er. Auf dem Flur zeichnete sich unter einem Türspalt ein schwaches Licht ab, und seine Ohren vernahmen kehliges Lachen sowie zwei Stimmen, von denen er glaubte, obgleich sie gedämpft waren, eine zu erkennen. Ohne sich weiter umzublicken, lief er zum Eingang des Hauses zurück, wo er sich – mit den Schuhen in der Hand – eilig wieder in die ungestüme Landschaft von Pera davonmachte. Er war zornerfüllt, alles schien vergeblich gewesen zu sein.

KAPITEL 1
Prag, im November 1594

„Welch eine Tortur!" Christoph Praunfalk ließ sich schwer auf den Stuhl fallen und streckte die müden Beine von sich. Sofort kam einer der Diener gelaufen, um ihn von den klobigen Reisestiefeln zu befreien.

Praunfalk hasste das Reisen. Das beschwerliche Reiten und auch die Fahrten in den zugigen, rumpelnden Kutschen waren allzu sehr eine Qual. Manchmal ertappte er sich bei dem Gedanken, dass die Mönche mit ihrer Stabilitas loci vielleicht nicht so unrecht hatten: Das ganze Leben an einem Ort zu verbringen, ersparte einem solche Mühen. Als frommer Protestant schüttelte er diese Gedanken aber schnell von sich ab. Auch den Wunsch, wie die Hexen fliegen zu können, der ihm während der Reise zweimal durch den Kopf gegangen war, hatte er sofort unterdrückt und schnell ein Vaterunser gesprochen. Mit solchen Dingen sollte man nicht scherzen, war doch der Teufel allgegenwärtig. Er konnte stets danach trachten, einen zu verführen und in einen erbarmungslosen Pakt zu ziehen, aus dem es kein Entrinnen gab. Selbst wenn einen die Festigkeit des Glaubens und Vertrauens in die Gnade Gottes, die Praunfalk sehr wohl besaß, gut vor diesen Anfechtungen schützte.

Anfang November nach Prag an den Hof des Kaisers zu reisen, war wahrlich alles andere als ein Vergnügen gewesen. Knapp zwei Wochen hatten er und sein Begleiter Matthias Gaiswinkler für diesen Weg von Aussee aus benötigt. Bereits am steilen, schneebedeckten Pass Richtung Hallstatt, auf dem der junge Hengst, den er anstatt seiner kurz zuvor verstorbenen Lieblingsstute ritt, heftig bockte, wäre Praunfalk am liebsten umgekehrt. Lediglich mit gutem Zureden und der Hilfe seines Gefährten hatte er es schließlich doch geschafft, das widerwillige Ross zu bändigen. Danach waren sie bei stürmischem Wind nur schleppend vorangekommen, auf vertrautem Gelände entlang der Traun, über Gmunden und Wels bis Linz, wo sie die Donau überqueren wollten. Jene Strecke war bedeutend für den Salzhandel. Unweit ihres Pfades erblickten sie zahlreiche Boote und Flöße, die Salzkufen, kegelförmige hölzerne Fässer, auf dem Wasserweg bis Linz, der Landeshauptstadt von Österreich ob der Enns, transportierten. Sie waren mit gepresstem Salz aus dem Salzkammergut gefüllt. Das weiße Gold wurde anschließend in einem Salzstadel unterhalb des Linzer Schlosses gelagert, bis man es auf Wagen verladen konnte. Etliche Fuhrwerke nahmen damit den langen, mühsamen und nicht ungefährlichen Weg nach Böhmen und füllten die Straßen nach Norden. Für den österreichischen Herrscher war das Geschäft mit dem Salz ein konkurrenzloses, das ihm reichen Gewinn einbrachte. Praunfalk und Gaiswinkler kannten es als Beschäftigte der Salinenverwaltung nur allzu gut.

In Linz waren die beiden einige Tage bei seinen Verwandten geblieben, vor allem, um sich auszuruhen. Nicht ungern hatten sie hier Rast gemacht. Es herrschte reges Leben in den Gassen, der Handel blühte in der Stadt, zwar etwas weniger als in den letzten Jahrzehnten, aber doch. Man sah Kaufleute aus Salzburg, aus den Reichsstädten wie Augsburg oder Nürnberg und aus anderen Teilen des Heiligen Römischen Reiches. Eine bunte Vielfalt an Waren, darunter auch kostbare aus Venedig, wurde auf den Märkten, die zu den vornehmsten des Landes zählten, angeboten. Mit zwei neuen, warmen Fellen sowie besserem Schuhwerk ausgestattet und reichlich frischem Proviant versorgt, hatten sie sich danach wieder auf den Weg Richtung Norden begeben. Auf dem Goldenen Steig, der Handelsroute, ritten sie über Freistadt nach Böhmen. Ohne weiteren längeren Aufenthalt, bloß mit wenigen Übernachtungen in Gasthöfen, von denen sich so mancher als wilde Spelunke herausstellte, waren sie dann schließlich über Budweis, Sobeslau, Tabor und Beneschau nach Prag gekommen. Hier saß Christoph Praunfalk nun im Palast der Familie Hoffmann von Grünbühel, die mit ihm über einige Ecken verwandt war, und spürte die Anstrengungen der langen Reise.

Auch Matthias Gaiswinkler hatte es sich mittlerweile bequem gemacht, allerdings in einer etwas kleineren Stube des Prager Palais und ohne die Hilfe von Dienern. Als Sohn einer einfachen Familie war er daran gewöhnt. Noch einmal dachte er an den magischen Augenblick zurück, als sie die Hauptstadt Böhmens erstmals erblickt hatten. Er war mit dem Packpferd, das die Vorräte und die vielen für ihre Geschäfte notwendigen Schriftstücke und Amtsbücher trug, vorausgeritten, als die größer als vermutete Stadt plötzlich vor ihm aufgetaucht war, mit ihren unzähligen, sich im schwachen Sonnenlicht spiegelnden Türmen. Schon als Kind hatte er in der bescheidenen väterlichen Bibliothek Bilder von Prag gesehen, in einer alten, reich illustrierten Weltchronik, die nur sein Vater anfassen durfte. Oft war er damals, des Lesens noch nicht mächtig, heimlich zu dem Buch geschlichen, da ihn die bunten Holzschnitte fasziniert hatten. Wie diese Chronik wohl in den Besitz seines Vaters, eines Wirtes im Salinenort Aussee, gekommen war? Vielleicht hatte sie ein durchziehender Adeliger oder Kleriker mangels barer Münze für ein ausgiebiges Mahl und mehrere Gläser Wein in Zahlung gegeben? Sein Vater würde die Darstellung der Weltgeschichte sicherlich nicht zuletzt der vielen Abbildungen wegen genommen haben, obwohl er stolz war, lesen zu können. Die Lutherbibel und mehrere protestantische Erbauungsbücher zeigten, wie so manche Flugschrift, durch ihre deutlichen Benützungsspuren, dass er jene Kunst nicht nur beherrschte, sondern auch ausübte. Doch nicht nur diese Illustrationen aus seiner Kindheit, auch Erzählungen von der Kaiserstadt Prag, in der Seine Majestät Rudolf der Ander seines Namens seit einigen Jahren residierte, hatten Matthias Gaiswinklers Vorstellung von der Stadt geprägt. Wunderliche Dinge berichtete man von der kaiserlichen Burg auf dem Hügel Hradschin. Künstler und Gelehrte wurden von ihr angeblich angezogen wie von einem Magneten, zugleich war von seltsamen Gegenständen, die der Kaiser sammelte, und geheimnisvollen Experimenten seiner Alchemisten die Rede. Gaiswinkler fand Prag seit jeher wunderbar, noch viel schöner als die Städte Padua und Venedig, die er kannte. In Padua hatte er sogar studiert, vor fünf Jahren, auf seiner Reise nach Italien als Begleitung von Niklas Herzheimer. Dem jungen Adeligen war er aus seiner ursprünglichen Rolle als Spielgefährte so sehr Vertrauter und Freund geworden, dass ihn dessen Vater mit auf die Kavalierstour nach Italien schickte. Gemeinsam mit einem ehemaligen Theologiestudenten, mit dem sie Latein übten – einer verkrachten Existenz –, waren sie losgezogen. Sie hatten die Schätze Venedigs bestaunt und danach ein Jahr lang in Padua verbracht, dort juristische Vorlesungen an der Universität besucht und mit den vielen anderen Studierenden fruchtbare Diskussionen und durchzechte Nächte erlebt.

So lange, bis Niklas Herzheimer plötzlich und unerwartet bei einem Besuch in Venedig starb. Betrübt und enttäuscht hatte Gaiswinkler, dem daraufhin kein Geld mehr zur Verfügung stand, die Heimreise antreten müssen – zurück nach Aussee, wo jeder jeden kannte und alles, was man tat, sich fast zeitgleich unter den Bewohnern verbreitete. Im Unterschied zu Padua, das einem eine gewisse Anonymität garantierte. Seine Träume vom Vollenden des Studiums und von einem größeren beruflichen Aufstieg waren dahin gewesen. Die angeeignete Bildung befähigte ihn jedoch, zumindest in der Salinenverwaltung eine Anstellung anzutreten, bei der er den schönen Titel eines Salzamtsgegenschreibers führte. In der Funktion oblag ihm die Aufgabe, die komplizierte Verrechnung des Salzamtes zu kontrollieren. Diese Beschäftigung hatte ihn auch mit dem fast gleichaltrigen Christoph Praunfalk, seines Zeichens Hallamtsverweser zu Aussee, zusammengeführt, mit dem ihn – ähnlich wie mit Niklas – bald eine freundschaftliche Beziehung verband. Eine Freundschaft, bei der allerdings nicht nur in Gesellschaft, sondern auch im privaten Rahmen der Standesunterschied deutlich sichtbar wurde. Wie eben jetzt, als er sich mühsam selbst aus seinen Stiefeln schälen musste, während sein adeliger Gefährte im Palais des Grafen Heinrich Hoffmann von Grünbühel die Diener bestimmt nur so tanzen ließ. Dennoch, Gaiswinkler fühlte sich wohl, nach der langen, ermüdenden Reise in zeitweise eisiger Kälte wieder in einem geheizten Raum zu sein.

Vor ihm standen ein Teller mit Blutwurst und Brot sowie ein Krug Bier. Das späte Nachtmahl hatte ihm eine junge Magd gebracht, die Deutsch mit einem – wie er fand – lustigen Akzent sprach. Sie hieß Boẑena und war sehr nett anzusehen. Ihre langen blonden Zöpfe umrahmten als dick geflochtener Haarkranz ihr Gesicht, in dem sich bezaubernde Grübchen zeigten, wenn sie lächelte. Er spürte zunehmend die Müdigkeit, und so leerte er schnell den Teller als auch in wenigen Zügen den Krug mit dem herb und hopfig schmeckenden Getränk. Angenehm gesättigt und auf die nächsten Tage gespannt, fiel er bald darauf in einen traumlosen Schlaf.

KAPITEL 2

„Mir ist unverständlich, Matthias, wie du nach dem langen Reiten so fidel aussehen kannst. Ich habe die Nacht kaum ein Auge zugemacht. Mein Gesäß und meine Schenkel sind ganz wund, so als ob sie der Teufel mit glühenden Kohlen gebrannt hätte", sagte Praunfalk, während er mit der einen Hand seinen Freund in sein Gemach hinein- und mit der anderen den Diener, der ihm die Waschschüssel gebracht hatte, aus diesem hinauswinkte. Er saß im Schlafgewand im Bett, an zwei große Kissen gelehnt. Seine blasse Gesichtsfarbe, die jene der Rothaarigen war, schien an dem Morgen noch weitaus bleicher als sonst. „Ich möchte den heutigen Tag im Hause verbringen, um mich von den Strapazen der Reise zu erholen. Die meiste Zeit auf meinem Zimmer."

„Was vermutlich auch für uns anderen hier besser ist", dachte Gaiswinkler, denn Christoph Praunfalk neigte dazu, seine Krankheiten leidend durchzustehen und sein Gegenüber mit Jammern zu beanspruchen. Ihm selbst lag jegliche Zimperlichkeit fern. Und das nicht nur, weil er weniger schmächtig gebaut war. Bereits in seiner frühen Jugend hatte er im Wirtshaus aushelfen müssen. Vor allem ab dem Zeitpunkt, als seine Mutter starb, war er seinem Vater für mehrere Jahre eine wichtige Arbeitskraft gewesen. Manchmal, wenn die Gäste zu viel tranken und zu raufen begannen, hatte er einschreiten müssen, wobei er nicht nur Hiebe austeilte, sondern genauso welche bekam. Da konnte man nicht wehleidig sein. Auch jetzt fühlte er sich, obwohl er ebenfalls Schmerzen verspürte, frisch. Und so erwiderte er: „Eine Portion von dieser Salbe, die du gewöhnlich dafür verwendest, wird deine Beschwerden sicherlich bald lindern. Gib mir das Rezept. Ich werde mich bei einem der Dienstboten nach einer guten Apotheke erkundigen und den Balsam besorgen." Er wollte ein wenig hinaus in die Stadt, die er noch nicht kannte.

Als er gegen Mittag den Weg auf der Kleinseite hinabmarschierte, schob sich die Sonne gerade durch die Nebeldecke und warf ein fahles Licht auf die kahlen Bäume der Gärten, deren Pracht sich in diesem kalten November bloß erahnen ließ. Etliche adelige Herren hatten hier in den letzten Jahren prunkvolle Paläste errichten lassen, nachdem durch einen zerstörerischen Brand vor fünf Jahrzehnten viel an Land brach geworden war. Gaiswinkler sah Fassaden mit kunstvoll ausgeführten Hauszeichen, bunten Malereien und Reliefs, in denen es vor Löwen, Adlern, Füchsen und Schlangen nur so wimmelte. Sie gaben Auskunft über die Besitzer und ermöglichten Orientierung. Vorbei an ihren geheimnisvollen Geschichten und Legenden, die er zu verstehen suchte, gelangte er zum Stadttor, durch das man auf die Steinerne Brücke kam. Einige Augenblicke hielt er auf dem schon mehr als zweihundert Jahre alten, aber beständig den Elementen trotzenden Bauwerk, welches über die Moldau führte, inne und blickte auf den sanft strömenden Fluss hinab. Unweit der Kampa-Insel kreisten spöttisch rufend drei Möwen über dem Wasser, sonst war zu dieser Jahreszeit dort kaum Leben zu sehen. Um ihn herum hingegen herrschten Getümmel, Stimmengewirr und Hufgeklapper. Zahlreiche Menschen, die meisten von ihnen fein herausgeputzt, drängten sich neben Fuhrwerken und Kutschen auf der einzigen Verbindung zwischen den beiden Ufern; nicht wenige davon in Richtung Altstadt, in der auch die Apotheke *Im Richterhaus* lag, die ihm Božena empfohlen hatte.

Wie gerne hätte er länger in den Gassen der Altstadt mit ihren schmalen, eng aneinandergeschmiegten Häusern verweilt, sich unter das bunte Treiben gemischt, welches sich vollkommen von der provinziellen Bescheidenheit seines Heimatortes unterschied. Es gab so viel zu staunen und zu betrachten, auch auf dem großen Platz, dem Altstädter Ring, wo sich an der Rathausmauer die vielen Zeiger, Rädchen und Gewichte der astronomischen Uhr in einem komplizierten Tanz bewegten. Doch er riss sich los, er wollte rasch die Salbe kaufen und in sein Quartier bringen.

Als er wenig später die Apotheke betrat, traute er kaum seinen Augen. Er war auf seinen Italienreisen in mehreren Apotheken gewesen, aber eine solch große und reich sortierte Sammlung von Medikamenten aller Art, wie er sie hier erblickte, hatte er noch nie gesehen. Man fand nicht nur die üblichen Schränke mit Porzellan-, Holz- und Glasgefäßen, Dosen und Fläschchen mit lateinischen Aufschriften, die das ganze Wissen der Welt und ihrer Zusammensetzung zu versinnbildlichen schienen, sondern auch ausgestopfte Tiere, darunter ein Gürteltier aus der Neuen Welt und ein Krokodil, das an einer fein geschmiedeten Kette von der Decke hing. Getrocknete Wurzeln von exotischen Hölzern, irgendwoher aus dem fernen Indien oder gar aus China oder Zipangu, lagen neben Mumienteilen und in Alkohol eingelegten Fledermäusen, Schlangen, Skorpionen, Würmern und getrockneten Kreaturen, für die Gaiswinkler gar keinen Namen wusste. Da die Salbe, für die ihm Praunfalk das Rezept eines klugen italienischen Arztes mitgegeben hatte, länger zur Herstellung benötigte, blieb ihm alle Zeit der Welt, sich mit den zur Schau gestellten Dingen zu beschäftigen.

Dem alten Apotheker, einem bärtigen, weißhaarigen Mann, der nur aus Haut und Knochen zu bestehen schien, aber quirlig wirkte, war das Interesse des jungen Mannes nicht entgangen. Während er am Rezepturtisch verschiedene Essenzen nach und nach auf eine der hängenden Waagschalen legte und sorgfältig deren Gewicht bestimmte, begann er mit ihm ein Gespräch: „Junger Mann, an Eurem Gruß hörte ich, dass Ihr nicht aus Böhmen seid. Woher kommt Ihr denn, und was führt Euch in unsere Stadt?"

So erzählte Gaiswinkler ein wenig über sich: Dass er aus Österreich stamme und in der Saline von Aussee als Salzamtsgegenschreiber mit der Kontrolle der Abrechnungen beschäftigt sei. Und dass es mit diesen Abrechnungen Probleme gebe, die man nicht ohne die Zustimmung des Hofes lösen könne. Deswegen habe er mit dem Salzamtsverweser hierher reisen müssen. „Gehe ich recht in der Annahme, dass Ihr, Herr Magister, schon immer in Prag lebt?", fragte er dann.

„Ich bin hier geboren und aufgewachsen, stamme aber, wie mein Name verrät – ich heiße Sebastian Alting –, von einer deutschen Familie ab, die schon seit mehreren Generationen Mediziner und Apotheker hervorbringt", erwiderte der alte Mann. „In meiner Jugend war ich viel in den Städten des Heiligen Römischen Reiches unterwegs. Ich habe an der Universität in Mainz studiert, bin jedoch bald danach wieder in meine Heimatstadt zurückgekehrt, denn ich lebe gern in Prag. Es ist groß, doch nicht riesig und unüberschaubar, und – seitdem der Kaiser hierher übersiedelt ist – auch eine Stadt mit zahlreichen Menschen, die sich teure Arzneien leisten können", fügte er verschmitzt hinzu.

Gaiswinkler fing nun an, Fragen zu den präsentierten Wunderlichkeiten zu stellen, ihn interessierten ihre Herkunft und ihre jeweilige Bedeutung in der Pharmazie. Da ihm seine Wissbegier etwas unangenehm war, wollte er diese begründen: „Verzeiht bitte, dass ich Euch so mit meiner Neugier löchere. Ich habe mich zwar für das Studium der Juristerei entschieden, weil mir dieses als eine bessere Möglichkeit des Vorankommens erschien, das Fach der Heilkunde hat mich aber immer wieder fasziniert. In Padua gelang es mir einmal, einer Obduktion im Theatrum anatomicum beizuwohnen. Man sezierte ein junges Mädchen, das etliche Tage tot im Wasser des Bacchiglione gelegen war. Um die Heilpflanzen zu studieren, habe ich oft den alten botanischen Garten der Stadt besucht. Alles in allem bin ich allerdings in der Medizin leider nicht mehr als ein interessierter Laie geblieben."

Was er dabei jedoch aus Bescheidenheit nicht erwähnte, war, dass er sich nicht nur durch Vorlesungen und die Lektüre von wissenschaftlichen Büchern, sondern auch durch die Unterhaltungen mit Menschen, welche in bestimmten Bereichen über umfassende Kenntnisse verfügten, auf mehreren Gebieten eine für seinen Stand erstaunliche Bildung angeeignet hatte. Ohne nach dem Ansehen zu differenzieren, sprach er ebenso gerne mit Bauern und Landstreichern wie mit hoch gebildeten Geistlichen, Adeligen oder Gelehrten, die ihm wegen seines Scharfsinns oft viel von ihrer Zeit und Aufmerksamkeit schenkten.

Auch der Magister fand den jungen, lernbegierigen Mann mit dem dichten, dunklen Haar und dem hellwachen Blick kurzweilig und einnehmend. Vor allem dessen schnelle Auffassungsgabe und fehlende Eitelkeit, mit seinem Wissen zu protzen, beeindruckten ihn sehr. Er gab ihm bereitwillig Erklärungen und ließ ihn sogar noch einen Blick in das sich im hinteren Teil der Offizin befindliche Laboratorium werfen, wo zwei seiner Helfer in Mörsern Wurzeln und Kräuter zerrieben und einer die Destillationsapparaturen überwachte.

Als Gaiswinkler später mit dem Salbentöpfchen zurück zum Palais des Grafen schritt, dachte er noch länger über die Unterhaltung mit dem alten Mann nach und darüber, was dieser ihm zum Abschied gesagt hatte: „Wenn Ihr hier wieder vorbeikommt, auch falls Ihr nichts von unseren Arzneien braucht, so schaut herein, es ist mir ein Vergnügen, mich mit Euch zu unterhalten. Gott schütze Euch, und gebt acht. Der Hof des Kaisers ist eine Schlangengrube, in der jeder gegen jeden kämpft. Lasst Euch in keine dieser Intrigen hineinziehen. Mit Eurer offenen Art könnt Ihr dabei nur in große Schwierigkeiten kommen, denn die Falschheit und Lüge scheinen Euch fern zu sein." Ob dieser mahnenden Worte neugierig geworden, beschloss er, sich die Burg, die diesen ominösen Hof beherbergte, einmal näher von außen anzusehen.

KAPITEL 3

Die Gelegenheit dazu bot sich schon am folgenden Vormittag. Während seine eigenen Beschwerden durch die Salbe, mit der auch er sich kräftig eingerieben hatte, über Nacht vollständig verschwunden waren, laborierte sein Freund weiterhin an seinem wunden Sitzfleisch. Mit gequälter Miene und trübem Blick saß Praunfalk beim Morgenmahl, das sie diesmal gemeinsam im großen Esszimmer des Palais einnahmen. Auch nachdem man den ersten der drei Gänge serviert hatte, war seine Laune nicht besser geworden. Trotz der eingedämpften jungen Hühner, die nach Zitronen und Sellerie schmeckten, dem rauchig-würzig duftenden Spanferkel, der mit Maroni und Quitten gefüllten gebratenen Gans und der süßlich-herb gewürzten warmen Pastete von einer Schnepfe sah er so übertrieben leidend drein, dass Božena Gaiswinkler ein verschmitztes Lächeln zuwarf, als sie ihnen eine weitere Kanne mit verdünntem Wein auf den Tisch stellte.

„Ich möchte mir noch einen Tag Schonung auferlegen", erklärte Praunfalk, „aber ich benötige deine Anwesenheit nicht. Geh ruhig in die Stadt."

Und so wanderte Matthias Gaiswinkler wieder allein durch die engen, verwinkelten Gassen der Kleinseite, diesmal allerdings hinauf zum Hradschin, der kaiserlichen Burg. Hoch oben am Berg thronte diese Ansammlung von Gebäuden – Häuser und Paläste, wie ein schützender Wall aneinandergereiht. Darunter breiteten sich in einem weiten Halbkreis Gärten aus. Vom Zentrum der Bauwerke blickte mächtig der Veitsdom auf ihn herab, die Krönungskirche der böhmischen Könige. Wahrlich eine der gewaltigsten Kirchen, die er je gesehen hatte, und das, obgleich sie noch keineswegs fertiggestellt war. Wie viele Generationen würden daran wohl noch bauen?

Gaiswinkler hatte bei seinem Studienaufenthalt in Italien Rathäuser, Kathedralen und den Dogenpalast in Venedig besucht, daheim in der Steiermark kannte er etliche Burgen, so etwa Strechau, dessen Gefüge sich auf einem hohen Bergkamm erstreckte. Einer derart imposanten Anlage war er jedoch noch nie nahegekommen. Alles schien ihm auch noch viel größer und beeindruckender als die Hofburg in Wien, und er glaubte zu verstehen, warum sich der Kaiser vor einigen Jahren entschlossen hatte, seinen Hof von dort nach Prag zu verlegen. Gewiss gab es hier mehr Platz für die sagenumwobenen Sammlungen, über die so viel gesprochen wurde, die aber noch kaum jemand zu Gesicht bekommen hatte, da Rudolf der Ander seines Namens seine Schätze nur wenigen Auserwählten zeigte. Lediglich einem engen Kreis an Vertrauten gewährte er Zugang. Vor allem, so erzählte man sich, sei der Kaiser gar nicht gewillt, hochrangige Leute wie Fürsten des Reiches, Botschafter anderer Länder oder Adelige in seine Kunst- und Wunderkammern einzulassen, wenn sie nicht Verständnis und Empfinden für diese aufbrachten. Sachverstand zählte für ihn mehr als die äußere Stellung. Er sei, so sagte man weiter, ein Mann, der nach der Weisheit suchte, der sich mit der Astronomie, dem Schicksalslauf der Sterne und der Alchemie, die zu großen Erkenntnissen über die Natur beitrug, beschäftigte und sich ganz in dieser seiner Welt verlieren konnte. Böse Zungen behaupteten dabei auch, dass ihm seine Vorlieben für Kunst und Wissenschaft viel wichtiger seien als die Politik, die er häufig vernachlässigte.

Wie gerne hätte Gaiswinkler diesen seltsamen Kaiser einmal von Angesicht zu Angesicht gesehen, um sich selbst ein Bild zu machen. Doch ihm war bewusst, welch beträchtlicher Abstand in Rang und Zeremoniell ihn von diesem Wunsch trennte. Nicht einmal sein adeliger Vorgesetzter Praunfalk würde es vermutlich schaffen, bis zu Seiner Majestät vorzudringen, sondern irgendwo in der höheren oder gar der mittleren Verwaltung des Hofes hängenbleiben. Und nur mit einem der Höflinge sprechen können, der in der Hallamtsangelegenheit, derentwegen sie nach Prag gekommen waren, letztendlich eine Entscheidung treffen würde.

Der junge Salzamtsgegenschreiber, der wie die meisten seiner Zeitgenossen an dem bestehenden politischen System nichts Grundlegendes auszusetzen hatte, empfand solche Dinge dennoch als ungerecht. Die Verschiedenartigkeit der Menschen entsprach nicht den Vorstellungen der Religion. Las man doch in der Bibel nichts davon, dass die Adeligen von größerem Wert waren als die Bauern oder die Bürger der Städte, und er als frommer Lutheraner konnte nur das akzeptieren, was in der Bibel stand. Luther sprach zwar von der „gottgewollten Obrigkeit", aber bei aller Glaubensfestigkeit, da fand er den Reformator, den er glühend verehrte, etwas inkonsequent. Denn von dieser gottgewollten Obrigkeit war in der Bibel nicht die Rede. Auch wenn Sätze wie etwa im Markusevangelium 12, 13–17, „Gebt dem Kaiser, was des Kaisers ist", eine gottgewollte Ordnung der Welt nahelegten.

So vor sich hin sinnend war er auf der Schlossstiege schon fast beim Burgtor angekommen. Es lag im östlichen Bereich der Residenz, unter dem Schuldgefängnis, in einem etliche Jahrhunderte alten, rechteckigen Turm, dessen geschwärzte Mauern noch die Spuren des letzten Stadtbrandes zeigten. Plötzlich riss ihn ein durchdringendes Geschrei aus seinen Gedanken: „Penelope hierher! Du mannstolles Weibsstück. PENELOPE, Mistvieh, komm her!"

Er blickte auf und sah einen großen, schwarz-weiß gefleckten Hund in seine Richtung rennen, dem stolpernd ein winziger Mensch mit krummen Beinen hinterhereilte. Zunächst hielt er diesen für ein Kind, bis er bei genauerem Hinsehen merkte, dass es sich um einen zwergwüchsigen Erwachsenen handelte. Geistesgegenwärtig sprang Gaiswinkler zur Seite, auf das ausbüxende Tier zu. Es gelang ihm, es am Halsband zu fassen und so lange festzuhalten, bis der Zwerg keuchend bei ihm ankam. Der Mann, der ihm knapp bis zur Hüfte reichte, trug einen seltsamen, zu sechs Zöpfen geflochtenen und mit verschiedenfärbigen Schleifen versehenen Bart. Er war edel gekleidet, in ein seidenes, gelb-grün gestreiftes Wams mit gepufften blauen Hosen und einen roten, pelzbesetzten Mantel. Viele Falten durchzogen sein derbes Gesicht, doch zugleich besaß er joviale Züge und einen verschlagenen Blick, wodurch sich sein Alter nur schwer schätzen ließ.

„Euch gebührt großer Dank für Eure Hilfe, mein Herr", sagte der kleine Mann, nachdem er wieder zu Atem gekommen war. „Diese Hündin zieht mir den letzten Nerv. Sie gehört einem Bekannten, der Bereiter im Stall des Kaisers ist. Ich führe sie von Zeit zu Zeit spazieren. Ursprünglich war Penelope ein freundliches und gehorsames Tier. Seitdem jedoch einmal der rote Straßenköter, der sich unten in der Malá Strana herumtreibt, in den Burghof gekommen ist und sie besprungen hat, ist sie wie ausgewechselt. Wir haben den Köter damals verscheucht, aber sie ist ihm nachgelaufen. Nun reißt sie sich jedes Mal los, wenn sie ihn außerhalb der Burganlage wittert, um zu ihm zu stürmen. Und ich muss dieses rasende Hundeweib dann einfangen. Aber ich bitte um Entschuldigung, ich habe mich noch gar nicht vorgestellt. Mein Name ist Thommerl Niderthor. Ich bin einer der Hofzwerge des Kaisers."

Gaiswinkler nannte ebenfalls seinen Namen, und da Thommerl mit der widerspenstigen Hündin wieder zurück zur Burg spazierte, um sie bei ihrem Besitzer abzuliefern, gingen sie ein Stück des Weges gemeinsam. „Gestattet, wenn ich Euch etwas frage, aber ich bin ein überaus neugieriger Mensch. Welche Aufgaben habt Ihr bei Hof?", erkundigte er sich in das Gekläffe von Penelope hinein.

„Nun, wie Ihr vielleicht wisst, wurde unser Kaiser als Kind in Spanien erzogen. Dort sind Zwerge am Hof sehr begehrt. Doch nicht nur Leute, die so klein sind wie ich, werden gesammelt. Auch andere, die nicht so aussehen wie das, was den Menschen üblicherweise äußerlich eigen ist, holt man sich herbei. Zum Beispiel riesenhafte Gestalten oder Haarmenschen – das sind jene, die ein Fell wie ein Tier tragen. Und oft erfreut man sich auch an entstellten Kreaturen", antwortete Thommerl, während er mit aller Kraft versuchte, von der Hündin nicht in die andere Richtung gezogen zu werden. „Ich stamme aus Tirol und bin dort auf einem Bauernhof aufgewachsen. Wie sich recht früh zeigte, blieb ich immer so klein, wie ich mit sechs Jahren schon war. Für die schwere Arbeit am Hof meines Vaters war ich unbrauchbar. So war die Familie glücklich, als mich eines Tages ein Adeliger, der dem Landesfürsten etwas Gutes tun wollte, entdeckte und zum Hofzwerg machte. Vielleicht klingt es nicht ganz so erstrebenswert, wenn man wegen seines Aussehens nur wie ein Gegenstand betrachtet wird. Aber man muss wenigstens keine schwere Arbeit verrichten. Man ist allseits beliebt. Dem Herrscher gegenüber kann man sogar Witze über seine Person machen. Er nimmt sie nicht übel, da man eine ähnliche Rolle wie der Hofnarr innehat. Also bin ich mit meinem Leben sehr zufrieden und hoffe – so Gott will – bis ans Ende meines Lebens hier am Hof zu bleiben."

Nachdem Thommerl vor dem Burgtor noch einige Geschichten über bedeutende Höflinge und Künstler bei Hof geschildert hatte – er schien alles zu wissen, was sich in der Burg des Kaisers abspielte –, fragte er Gaiswinkler nach seiner Herkunft. Ehe der junge Ausseer sich's versah, hatte er viel von seinem Leben, dem Grund seines gegenwärtigen Besuchs und wer ihm in der Stadt Unterkunft bot, erzählt. Besonderes Interesse schien der Hofzwerg für seinen Gastgeber Heinrich Hoffmann von Grünbühel zu haben. Er erkundigte sich eingehend nach der Tätigkeit, der Familie und sogar nach der Ausstattung des Palais des Adeligen. Dieses Interesse erschien Gaiswinkler eigenartig. Als er sich schließlich freundlich von Thommerl Niderthor verabschiedete, konnte er sich nicht des Eindrucks erwehren, dass er von ihm systematisch ausgehorcht worden war. Zwar gab es nichts zu verbergen, es waren nicht die großen, an den Grundfesten des Reiches rüttelnden Dinge, die er preisgegeben hatte, doch er verspürte ein eigenartiges Gefühl. So kehrte er etwas verunsichert und nicht nur wegen des einsetzenden Regens schnell zurück in sein Quartier.

KAPITEL 4

Im Laufe des Nachmittags hatte sich auch Christoph Praunfalk wieder besser gefühlt. Er spazierte vor dem Abendmahl noch ein wenig durch die aufwendig gestalteten Räume des weitläufigen Palais, warf dabei aber einen weitaus kürzeren Blick auf die reich bemalten Felder der hölzernen Kassettendecken als Gaiswinkler, der die farbenfrohen Darstellungen aus der Pflanzen- und Tierwelt am vorhergehenden Tag eingehend studiert hatte. Kunst und Wissenschaft interessierten ihn im Gegensatz zu seinem Freund sowohl im Allgemeinen als auch hier, in der legendenumwobenen Stadt der hundert Türme, weniger. Sein Interesse lag vor allem darin, in den nächsten Tagen das Machtgefüge bei Hof näher kennenzulernen und, falls möglich, Bekanntschaften zu gewinnen. Denn auf dem Hradschin trafen sich bedeutende Herren aus allen Teilen des Reiches. Nicht nur Adelige aus den böhmischen Ländern, die schon durch ihre Stellung in den Ständen eine besondere Rolle innehatten, ließen sich blicken, auch Edelleute aus den österreichischen Erbländern bis ins ferne Tirol und nach Vorderösterreich, aus den Besitztümern der Habsburger in Süddeutschland und natürlich aus den ungarischen Ländern, wo es durch die lange Grenze sowie den Kriegszustand mit dem Osmanischen Reich beträchtlich viele Probleme gab, kamen immer wieder an den Kaiserhof.

Vielleicht konnte ihm ja sein Onkel dabei behilflich sein, einige Kontakte zu knüpfen? Und so beschloss er, Heinrich Hoffmann von Grünbühel, den er seit seiner Ankunft erst einmal kurz gesehen hatte, da dieser oft auswärts beschäftigt war, im Arbeitszimmer aufzusuchen. Er fand ihn, über viele Papiere gebeugt, an einem großen Schreibtisch nahe dem Fenster, durch das zu dieser Uhrzeit gerade noch genügend Licht zum Lesen fiel.

„Der Teufel soll diesen Papierkram holen. Ich kann nicht und nicht auf meine Güter in der Steiermark heimkehren. Seit Monaten habe ich hier damit zu tun, diesen Streit mit meinem Nachbarn um die großen Felder an der Enns – ohnehin nur saure Wiesen, auf denen man gerade einige Rindviecher weiden kann – zu gewinnen. Aber diese verfluchten Juristen mit ihren komplizierten Verträgen machen mich krank", meinte Grünbühel mit bitterer Stimme, nachdem Praunfalk ihn begrüßt hatte. „Mein Großvater erzählte mir immer, dass man sich früher einfach etwas ausmachte, sich dann die Hände schüttelte, und damit war alles klar. Niemandem wäre es eingefallen, diesen mündlichen Vertrag zu brechen. Aber heute ist es notwendig, alles in drei Urkunden, die sich meistens widersprechen, aufzuschreiben. Und wegen jeder Kleinigkeit muss man vor Gericht ziehen. Advokat sollte man sein in diesen Tagen. Die Einkünfte aus einer meiner Herrschaften gehen nur für diesen Prozess auf. Aber entschuldige, lieber Neffe, dass mich der Zorn so mitreißt. Wie geht es dir? Schon erholt von dem langen Ritt? Ich glaube, das Wundwerden liegt bei uns in der Familie. Ich bedarf auch jedes Mal nach einer längeren Reise einiger Tage der Schonung."

„Danke, lieber Onkel, es geht schon wieder. Morgen werde ich mich in der Stadt umsehen und dann möglichst bald mit den kaiserlichen Behörden Kontakt aufnehmen bezüglich der Salinengeschichten in Aussee, die ja der Anlass meiner Reise sind. Kennst du jemanden, der mir Türen öffnen könnte, damit ich die Sache beschleunigen kann und nicht so lange in Prag bleiben muss wie du mit deinem Prozess?"

„Na ja, einige von den Höflingen kenne ich schon. Am besten vermutlich Joachim Freiherr von Eitzing, der mehrere Besitztümer in Niederösterreich hat. Er war im Dienste Kaiser Maximilians II. und machte seine Karriere bei Hof. 1577 wurde er von Kaiser Rudolf II. als Botschafter ins Osmanische Reich geschickt, wo er Sultan Murad III. die Nachricht vom Tode Maximilians und von der Thronbesteigung Rudolfs überbringen sollte. Du wirst dich nicht daran erinnern, aber ich war damals, kaum siebzehn Lenze alt, in seinem Gefolge in der Hauptstadt des Sultans. Eitzing und ich haben uns dabei ein wenig angefreundet. So eine weite Reise voller Gefahren – mit etwas Pech hätten wir ja auch in der Festung der sieben Türme landen können – verbindet eben. Wir blieben fast fünf Jahre in Konstantinopel und kehrten erst 1582 nach Wien zurück. Es war eine spannende Zeit in meinem Leben. Ich kann dir demnächst ja einmal ausführlicher darüber erzählen, aber jetzt habe ich noch Wichtiges zu tun. In den nächsten Tagen werde ich jedenfalls einmal bei Joachim von Eitzing, der sich im Augenblick noch auf Reisen befindet, vorbeischauen und sehen, was ich für dich machen kann."

Praunfalk hatte den diskreten Hinweis verstanden und zog sich, nicht ohne sich ehrerbietigst bedankt zu haben, schnell zurück, um seinen Onkel nicht weiter von der Arbeit abzuhalten. Am Weg zu seinem Zimmer begegnete er Gaiswinkler. Dieser war gerade regendurchweicht von seinem Ausflug zur Burg heimgekommen und sah nachdenklich drein. Später bei der Abendmahlzeit vereinbarten die beiden dann, zeitig am nächsten Morgen für eine Stadterkundung aufzubrechen und das Frühmahl in einem der Wirtshäuser Prags einzunehmen.

KAPITEL 5

Es war fast noch dunkel, als sie in der Früh das Palais verließen. Über Nacht schien es wärmer geworden zu sein und statt des eisig kalten Windes der letzten Tage wehte ein mildes Lüftchen. Schon kurz nach dem Portal ihres Quartiers übernahm Gaiswinkler unwillkürlich die Führung. Sie schlenderten zunächst durch die Gassen der Kleinseite, in denen trotz der zeitigen Stunde erstaunlich viele Menschen unterwegs waren. Die meisten strömten den Hügel hinauf, offensichtlich war der Hradschin ihr Ziel. Nicht selten hörten die beiden auch das eine oder andere italienische Wort – Maurer, Steinmetze, Stuckateure und Maler, die aus verschiedenen Teilen Italiens stammten und sich hier in der Nähe der Kirche des heiligen Thomas sowie am Fuße der Weinhänge des Laurenzibergs niedergelassen hatten, eilten zu ihren Arbeitsstätten in der Burgstadt.

Bei einem von deren Landsleuten, einem fröhlich aussehenden Krämer, der Stoffe aus Seide und Brokat in das Gewölbe eines der Giebelhäuser trug und dabei mit sonorer Stimme ein venezianisches Volkslied schmetterte, hielt Gaiswinkler inne. „Buongiorno, mio signore", sagte er und erkundigte sich dann höflich, wo denn in der Gegend ein gutes Wirtshaus zu finden sei. Danach plauderte er eine Weile mit dem Kaufmann, zwar nur ganz allgemeine Dinge, doch es freute ihn, sich wieder einmal in der italienischen Sprache unterhalten zu können. So bemerkte er fast nur am Rande, dass sich Praunfalk inzwischen entfernt hatte. Rasch verabschiedete er sich, um nach dessen rotem Schopf Ausschau zu halten. Er erblickte seinen Gefährten erst nach einiger Zeit und nur für einen kurzen Moment. Denn fast in derselben Sekunde entwich dieser, bereits mehrere Häuser weiter unten, dort in eine Seitengasse. „Merkwürdig", dachte er, die Straße hinuntereilend, „vorher ist Christoph fast wie

Leim an mir geklebt, jetzt macht er sich geradezu aus dem Staub." Als er ihm dann jedoch in das düstere Gässchen gefolgt war und hier gerade noch ein Mädchen in einem flatternden blausilber schimmernden Rock hinter einem der Haustore verschwinden sah, schmunzelte er innerlich: Sein Freund besaß ein reges Interesse an jungen Frauen, auch häufig an solchen, die nicht seiner Schicht angehörten.

Seiner anvisierten Beute beraubt, machte Praunfalk kehrt. Mit leicht gerötetem Antlitz und verlegen wirkend kam er auf ihn zu. Doch nicht, weil dieser Situation eine gewisse Peinlichkeit eigen war, blieb Gaiswinkler wortkarg. Seine Aufmerksamkeit wurde von etwas anderem gefesselt: Ein gutes Stück entfernt, ganz am dunklen Ende der engen Gasse, die nur von einer Seite her einen Zugang hatte, glaubte er, eine am Boden ausgestreckte menschliche Gestalt wahrzunehmen. Einen Augenblick lang dachte er, dass es sich um einen Habenichts handle, der dort sein Nachtlager aufgeschlagen hatte oder seinen Rausch ausnüchterte. Doch irgendetwas an den Beinen – mehr erkannte er von seiner Position aus nicht – irritierte ihn. „Die Strümpfe …", murmelte er vor sich hin, während er, am verdutzten Praunfalk vorbei, näher an die Person heranschritt. Die letzten Häuser des Gässchens waren windschief und verfallen, sie schienen verlassen. Vor dem hintersten lag, mit Kopf und Rumpf unter dem morschen Eingang des Gebäudes verborgen, ein bewegungsloser Mann, dessen Kleidung ihn auf den ersten Blick als einen Bessergestellten auswies. Es war also eindeutig kein Bettler, der hier genächtigt hatte, sondern ein Edelmann, den er vor sich fand.

Gaiswinkler beugte sich zu dem Mann herab, um herauszufinden, ob dieser noch lebte. Der Körper war eiskalt, es gab keine Regung in ihm. „Der armen Seele hilft niemand mehr. Dieser Mensch ist tot, und wie ich am Geruch festzustellen glaube, schon seit längerer Zeit. Hätten wir sommerliches Wetter, würden hundert Fliegen auf ihm sitzen", stellte er fest, an seinen mittlerweile hinzugekommenen Gefährten gewandt, der solche Szenen nicht vertrug und bleich und leicht zitternd die Leiche betrachtete.

Der Tote – er mochte so um die vierzig sein – trug ein besticktes graues, eng anliegendes Wams und dazu kurze schwarze, gepuffte Hosen, wie es die spanische Mode vorschrieb. Seine langen roten Strümpfe steckten in engen, bis zu den Knöcheln reichenden Schuhen. Das Barett lag neben seinem Körper, den ein dunkler Mantel teilweise verdeckte. Drei Dinge sprangen sofort ins Auge: das schmerzverzerrte, blau angelaufene Gesicht mit der heraushängenden Zunge, das einen Ausdruck von Überraschung und Schreck zu zeigen schien, die dicke Schnur, die um den Hals zusammengezogen war, und der kurze, abgerissene Teil einer goldenen Kette, der sich am Gelenk seiner verkrampften rechten Hand befand. Es stand eindeutig fest: Dieser Mann war nicht eines natürlichen Todes gestorben, sondern ermordet worden.

„Ich denke, wir müssen am Hradschin oben das Verbrechen melden. Einer von uns sollte aber hierbleiben, um die Leiche zu bewachen", meinte Gaiswinkler, der entschieden der praktischer Veranlagte der beiden war.

„Mir wäre lieber, wenn du hinauf gehen würdest, Matthias. Du warst ja schon beim Schloss und findest den Weg dorthin leichter als ich."

„Gut, dann machen wir das so. Du hättest zwar als Adeliger sicherlich mehr Einfluss, allerdings könnte es auch notwendig sein, eine energischere Seite zu zeigen. Und die besitze ich wohl eher als du."

Praunfalk murrte über diese Bemerkung zwar ein wenig, war aber letztlich ganz zufrieden, sich den Weg bergauf im Eilschritt zu ersparen. Vielleicht würde ja auch das Mädchen nochmals vorbeikommen und sich ein Gespräch mit ihm ergeben.

Es mochte hierauf knapp eine Stunde vergangen sein, bis der junge Salzamtsgegenschreiber, der mit großer Geschwindigkeit zum Burgtor hinaufgelaufen war und dort die Wache informiert hatte, zurückkehrte; in Begleitung einiger Trabanten und des Obersthofmeisters, welcher für die Angehörigen des Hofes – und einen solchen vermutete man in dem Toten nach der sehr klaren Schilderung seines Aussehens – zuständig war. Am Fundort der Leiche stand Praunfalk eng umringt von einer Menge an Menschen, eifrig bemüht, diese in ihre Schranken zu weisen. Mit einem Lächeln bemerkte Gaiswinkler, dass sich unter den drängenden Neugierigen auch eine sehr hübsche junge Frau in einem blauen, mit Silber durchwirkten Rock befand. Wäre sein Freund ihr nicht gefolgt, hätte wohl jemand anderer die Leiche gefunden.

KAPITEL 6

Obersthofmeister Wolf Siegmund Rumpff vom Wullross ließ sich von einem riesenhaften Trabanten den Weg zu dem Toten bahnen und studierte diesen eingehend, wobei er sich mehrmals über seinen gezwirbelten Schnurrbart strich. „Den Mann kenne ich nicht mit Namen", sagte er schließlich. „Obwohl ich mir nicht sicher bin, ob ich ihn nicht schon in der Burg gesehen habe. Vielleicht ein Bittsteller, der zu Seiner Majestät zur Audienz kommen wollte?", grübelte er laut vor sich hin. Danach wandte er sich unwirsch an den nahe der Leiche stehenden Praunfalk. „Wer seid ihr, und was habt ihr hier zu suchen?", grollte er und schloss damit auch gleich Gaiswinkler ein, dem er am Weg vom Burgtor herunter keine Gelegenheit gegeben hatte, sich näher vorzustellen. „Vielleicht seid ihr beiden ja gar die Strauchdiebe, die diesen Mann umgebracht und ausgeraubt haben. Und nun tut ihr so, als ob ihr den Toten gefunden hättet."

Praunfalk nannte seinen Namen und stellte sich und seinen Begleiter als Hallamtsverweser und Salzamtsgegenschreiber der Ausseer Saline vor. In seinen Augen zeigte sich ein dunkles Funkeln, was für ihn ungewöhnlich war, denn auch nur der leiseste Anflug eines Aufbrausens schien ihm üblicherweise fremd. Der Obersthofmeister wurde daraufhin aber ein wenig freundlicher und murmelte sogar so etwas wie eine Entschuldigung. Dann stellte er sich selbst und den Umstehenden die Frage, was jetzt zu geschehen habe.

Gaiswinkler, der das Geschehen still beobachtet und sich die Gesichter der Schaulustigen eingeprägt hatte, überraschte diese Unsicherheit. Galt doch der Obersthofmeister als einer der wichtigsten Politiker des Hofes. Soweit er aus Klatsch und Tratsch wusste, hatte Wolf Siegmund Rumpff vom Wullross, dessen Vater aus einer unbedeutenden niedrigen Adelsfamilie stammte und unter Kaiser Ferdinand I.

aufgestiegen war, den späteren Kaiser Rudolf II. und dessen Bruder Ernst in deren Jugend nach Spanien begleitet. Wohl nicht zuletzt durch die enge Beziehung aus jenen Jahren genoss der auch zum Oberstkämmerer, Geheimen Rat und Freiherrn ernannte Rumpff das volle Vertrauen Seiner Majestät. Er selbst hingegen sah als frommer Protestant in dem Obersthofmeister nicht viel Positives, denn dieser hatte, wie man hörte, auf seiner einträglichen Herrschaft Weitra in Österreich unter der Enns, die ihm vom Kaiser geschenkt worden war, brutal den Katholizismus wieder eingesetzt. Doch nichtsdestotrotz, Gaiswinkler musste seine Voreingenommenheit jetzt hintanhalten und versuchen, sich in die Sache einzuschalten. So ergriff er – ganz gegen das Zeremoniell, das durch die ungewöhnliche Situation aber ohnehin etwas unpassend erschien – mit erstaunlich fester Stimme das Wort: „Eure Exzellenz, vielleicht sollte man den Hofmedicus holen. Dieser kann nicht nur mit Sicherheit sagen, ob dieser Edelmann wirklich erwürgt wurde, sondern uns möglicherweise auch mitteilen, wie lange er schon tot ist."

„Ja, ich denke, das ist eine gute Idee", antwortete Rumpff überraschenderweise und gab einem seiner Begleiter eine kurze Anweisung.

Wieder dauerte es geraume Zeit, bis der kaiserliche Leibarzt Giovanni Pietro Magni, ein hagerer Mann in mittleren Jahren, erschien. Dieser inspizierte die Leiche eine knappe Weile und bemerkte dann kurz: „So kann ich wenig sagen, nur so viel: Die Person scheint tatsächlich mit dem Strick erdrosselt worden zu sein. Und das schon vor längerer Zeit, ich würde meinen, vor zwei, drei Tagen. Aber ich werde den Toten mitnehmen und ihn mir genauer ansehen, dann weiß ich hoffentlich mehr."

„Wenn der Mann schon so lange tot ist, dann sind mein Herr und ich von jedem Verdacht, der ohnedies nicht sehr stichhaltig ist, befreit", warf Gaiswinkler ein, „denn wir sind erst seit diesem Morgen in der Stadt unterwegs. Wir kamen am Abend vor drei Tagen in Prag an, und mein Herr hat bis heute früh das Haus nicht verlassen und sich von den Strapazen der Reise erholt."

„Und Ihr selbst", fragte darauf der Obersthofmeister mit durchdringendem Blick, „habt Ihr Euch in den letzten beiden Tagen in den Straßen Prags aufgehalten?"

„Ja, ich war vorgestern in der Apotheke in der Altstadt, um eine Salbe zu besorgen, und gestern auch schon hier auf der Kleinseite. Aber in dieser kleinen Gasse war ich nicht."

Rumpff schaute skeptisch, ließ die Sache jedoch fürs Erste auf sich beruhen. Stattdessen wandte er sich forsch an die umstehenden Neugierigen, die von den Trabanten zurückgedrängt worden waren: „Wer von Euch lebt in dieser Gegend?"

Die junge Frau mit dem auffallenden blauen Rock und ein älterer Mann meldeten sich. Sie erklärte, eine Verwandte des Besitzers eines weiter unten in der Gasse liegenden adeligen Hauses zu sein, er dort Dienstbote. In diesen dunklen Winkel seien sie in den vorherigen Tagen nicht gekommen, auch sonst nicht, denn wenige Fuß später endete ja das Gässchen. Es bestand keine Notwendigkeit, da hinzugehen, zumal hier die Gebäude ja brüchig und unbewohnt waren. Das Mädchen, das durch den hohen Beamten des Hofes eingeschüchtert schien, meinte allerdings, es habe den Mann schon vor zwei Tagen gesehen, ihn jedoch für einen Bettler gehalten, der in dieser windgeschützten Ecke sein Nachtlager gefunden hatte. Und mit so einem habe es nichts zu tun haben wollen.

„Von wo aus habt Ihr die Gestalt gesichtet?", bohrte nun Gaiswinkler nach. Als die junge Frau antwortete, vom Tor des Palais aus, stellte er kühn fest: „Aus dieser Entfernung könnt Ihr nur den dunklen Mantel wahrgenommen haben, wodurch Eure Vermutung mit dem Bettler sehr wahrscheinlich ist." Zustimmend nickte der Obersthofmeister und warf dem Mann, den er gerade noch verdächtigt hatte, einen anerkennenden Blick zu. „Ihr seid ein guter Beobachter, und Eure Schlüsse verraten, dass Ihr ein Auge für solche Dinge habt. Vielleicht wollt Ihr", erkundigte er sich dann halb sarkastisch, halb bewundernd, „in meine Dienste treten. Bei meinen Ermittlungen könnte ich so einen hellen Kopf gut gebrauchen."

Gaiswinkler ignorierte den Unterton und meinte: „Danke, Exzellenz, für dieses Angebot, aber ich fühle mich in meiner Heimat Aussee und bei der Salinenverwaltung sehr wohl. Doch ich kann, wenn Exzellenz es wünschen, in diesem Mordfall gerne meine ganz bescheidenen Fähigkeiten zur Verfügung stellen."

An dieser Stelle schaltete sich Praunfalk in die Unterhaltung ein und berichtete dem Obersthofmeister, dass sein Begleiter durch seinen Scharfsinn schon einige Verbrechen aufgeklärt habe. Dieses Lob war Gaiswinkler unangenehm, doch Rumpff fragte daraufhin nach, um welche Verbrechen es sich dabei gehandelt habe.

„Nun, es gab vor einiger Zeit eine üble Geldunterschlagung in der Saline. Mein Untergebener stellte demjenigen, der in der Sache verdächtig schien, eine Falle, in die dieser auch prompt hineintappte", erläuterte ihm der Salzamtsverweser und ließ nicht davon ab, seinen Gefährten im besten Licht erscheinen zu lassen. „Ein komplizierter Fall, den er löste, war ein Mord in Aussee. Der reichste Gastwirt des Ortes verstarb plötzlich und unerwartet. Sein Konkurrent geriet in Verdacht, denn er hatte mit dem Wirt knapp vor dessen Tod ein Bier getrunken. Matthias Gaiswinkler, der sich zufällig vor Ort befand, gab den Rest des Gebräus einem streunenden Hund – eine Idee, auf die der ermittelnde Beamte des Ortes nicht gekommen war. Da der Hund überlebte, musste dem Opfer das Gift auf einem anderen Wege eingeflößt worden sein. Gaiswinkler nahm deshalb weitere Nachforschungen vor und fand schließlich heraus, dass die um viele Jahre jüngere Ehefrau des Wirtes mit ihrem Liebhaber, einem Holzknecht, den Mord verübt hatte. Ohne seine hartnäckigen Ermittlungen hätte der unschuldige Konkurrent wohl unter der Folter gestanden und wäre grausam hingerichtet worden."

Die beiden Geschichten schienen den Obersthofmeister zu beeindrucken. Er murmelte etwas Undeutliches, das aber mehr als ein vorsichtiges Interesse an dem Vorschlag erkennen ließ, den jungen Salzamtsgegenschreiber in die Ermittlungen einzubeziehen. Ganz Feuer und Flamme, nutzte dieser die Gunst der Stunde: „Eure Exzellenz, gestattet Ihr, wenn ich mir noch einen Gedanken erlaube. Ich glaube, dass es zunächst notwendig wäre, festzustellen, wer der Tote ist. Vielleicht könnte man die Leiche bei Hof ausstellen und die Höflinge befragen, ob einer von ihnen den Mann kennt?"

Während Rumpff zustimmend nickte, gewann Gaiswinkler immer stärker den Eindruck, dass jener mit dem Fall entweder etwas überfordert oder einfach nicht sehr bemüht war. Wie ging er wohl sonst mit solchen Fällen um? Für ihn selbst wäre jedenfalls eine Einschaltung in diesen geheimnisvollen Todesfall nicht nur ein spannendes Unterfangen, sondern auch eine Beschäftigung in Prag, die es ihm ermöglichte, sein Leben in den nächsten Tagen eventuell etwas freier zu gestalten. So teilte er dem Obersthofmeister mit, dass sein Herr und er im Palais des Freiherrn Heinrich Hoffmann von Grünbühel wohnten, in dem sie jederzeit erreichbar wären, um zu helfen. Und noch während er sprach, trugen einige Helfer des Medicus den Leichnam fort, woraufhin sich dann bald auch die Menge zerstreute.

KAPITEL 7

In der Aufregung war ihre eigentliche Absicht, das Frühmahl in einer Schenke einzunehmen, in den Hintergrund geraten. Doch nun, nachdem die Leiche entfernt worden war und auch Wolf Siegmund Rumpff vom Wullross mit seiner Entourage den Fundort verließ, machte sich der Hunger deutlich bemerkbar, ihre Mägen knurrten unüberhörbar.

Schnellen Schrittes gingen Gaiswinkler und Praunfalk zum alten Wirtshaus *Zum Mäzen*, das der italienische Krämer empfohlen hatte und das, nicht allzu weit entfernt vom Tatort, auf einem kleinen Platz zwischen der Steinernen Brücke und dem Hradschin lag. Schon am Fuße der Treppe zum Kellergewölbe empfing sie der Geruch von gebratenem Fleisch und diversen Süßspeisen sowie der kräftige Hall von Tellergeklirr und allerhand Stimmen. Die langen Holztische in dem aus grobem Stein gehauenen Saal waren stark besetzt, nur mit Mühe fanden sie einen Platz. Die meisten der Gäste schienen Handwerker und andere Leute aus den niederen Schichten zu sein, in einem hinteren, etwas abgesonderten Teil des Raumes erblickten sie allerdings auch edler Gekleidete, vermutlich Patrizier, also reiche Bürger, und Beamte der Hofverwaltung. Noch kaum, dass sie saßen, brachte ihnen der Schankbursche – als könnte er Gedanken lesen – zwei große Krüge Bier. Danach zählte er auf, welche Speisen es gab, und als er merkte, dass die beiden keine einfachen Leute waren, wurde die Liste immer reicher. Praunfalk bestellte, obwohl er Gaiswinklers Rechnung ebenfalls begleichen würde, großzügig: Kapaunen in einer Suppe mit geräuchertem Fleisch und Lungenbraten, gesottenes Rindfleisch mit Meerrettich, geräucherte Ochsenzunge, Kohl mit Bratwürsten, Schweinsbraten mit Zwiebel, gelbe Rüben, eingemachten Hasen mit schwarzem Pfeffer, Apfeltorte und vielerlei Käse. Alles in allem ein fettes, deftiges Mahl, das, trotzdem der heutige Tag etwas wärmer war, gut zu der Jahreszeit passte. Das lange Herumstehen in der düsteren Gasse rief geradezu nach einer solch herzhaften Kost.

Während sie die Gerichte ihrer später als gedacht ausgefallenen Morgenmahlzeit zu sich nahmen, blieben sie nicht zuletzt wegen des Hintergrundlärms, der eine Unterhaltung erschwerte, wenn nicht sogar unmöglich machte, zunächst weitgehend schweigsam. Erst nachdem ihr Tisch zunehmend leerer geworden war, begannen sie, fast ohne Zuhörer, über die Erlebnisse des Vormittages zu sprechen. Vor allem Gaiswinkler beschäftigte der erdrosselte Mann außerordentlich, auch wenn er sich nach den vagen Andeutungen des Obersthofmeisters kaum Hoffnungen machte, dass jener ihn wirklich zu den Ermittlungen heranziehen würde. „Mir geht wegen dieses Mordes so einiges durch den Kopf. Manches erscheint mir dabei sehr undurchsichtig", meinte er, während er an den letzten Bissen von dem eingemachten Hasen kaute. „Gewiss ist ja nur, dass der Tote ein Adeliger ist, den man möglicherweise am Kaiserhof schon einmal gesehen hat. Und auch, dass er mit an Sicherheit grenzender Wahrscheinlichkeit erdrosselt worden ist. Aber wieso hat er sich nicht gewehrt und seinen Degen in der Scheide belassen?"

„Ja, das ist wirklich sonderbar in der grauslichen Sache, in die wir da hineingeraten sind. Ich kann es mir auch nicht recht erklären, warum der Unglücksrabe den Täter so nah an sich heranließ", stimmte ihm Praunfalk zu und winkte dem Schankburschen um zwei weitere Krüge Bier.

„Vielleicht kannte er seinen Angreifer und dachte daher nicht daran, sich zu verteidigen? Oder dem Verbrecher gelang es, ihn von hinten zu überraschen?"

„Das könnte natürlich sein, ganz überzeugt mich das allerdings nicht, Matthias."

„Mich ehrlich gesagt auch nicht. Außerdem beschäftigt mich noch etwas anderes: Ich finde es nämlich zweifelhaft, ob der Mann tatsächlich vor dem Tor der Bruchbude zu Tode gekommen ist. Der Mörder könnte ihn an einem anderen Ort umgebracht und danach in das dunkle Eck der Seitengasse geschleppt haben", sagte Gaiswinkler und stellte gleich darauf auch die Frage in den Raum, in welchem Umfeld der Täter zu suchen sei. Als Praunfalk meinte, es sei vermutlich ein zufälliger Raubmord gewesen, ohne dass das Opfer seinen Mörder kannte oder persönliche Gründe zu der Tat führten, widersprach er ihm: „Einen Straßenräuber schließe ich eher aus, denn weder die eleganten Gewänder noch der teuer wirkende Mantel oder der schön verzierte Degen fehlten. Was könnte jedoch sonst das Motiv gewesen sein?"

Die beiden grübelten noch ein Weilchen, und Gaiswinkler wurde sich dabei immer sicherer, etwas übersehen zu haben. Kurz darauf fiel ihm ein, was es war: Am Handgelenk des Ermordeten hatte sich ja ein Teil einer goldenen Kette befunden, die aussah, als wäre sie abgerissen worden.

„Spricht das nicht doch für einen Raubmord?", fragte Praunfalk. „An der Kette könnte etwas Wertvolles gehangen sein. Dies war vielleicht das Ziel des Bösewichts. Der andere Kram, wie Gewand und Degen, interessierten ihn nicht."

„Das klingt realistisch, Christoph. Sei es, dass man dabei an einen Zufallsdieb glaubt oder an einen Mann, der gezielt diesen Menschen bestehlen wollte. Wie erklärst du dir aber den Meuchelmord? Hätte der Verbrecher nicht mit dem gleichen Aufwand das Opfer von hinten nur bewusstlos schlagen und dann ausplündern können? Außerdem bleibt es mir ein Rätsel, weshalb er sich nicht die Mühe gemacht hat, den restlichen Teil der Kette vom Handgelenk des Opfers zu entfernen. Warum hat er nicht das ganze Stück mitgenommen? Ein Räuber hätte das sehr wohl getan, außer er wäre überrascht worden. Ich glaube nicht, dass er bloß liederlich war. Wollte er vielleicht wirklich nur in den Besitz des daran hängenden Objekts kommen, bei dem man – wie du sagtest – ohne Zweifel davon ausgehen kann, dass es von einigem Wert ist? Oder hat der Übeltäter den Mann aus persönlichen Gründen erdrosselt, dies aber zu verschleiern versucht? Und das kostbare Stück lediglich beseitigt, damit man an einen Raubmord denkt?"

Sie sprachen noch eine Zeit lang darüber und gelangten zu dem gemeinsamen Schluss, dass man in dem Fall ein großes Stückchen weiter wäre, wenn man wüsste, was an dieser abgerissenen Kette gewesen war. Nun galt es jedoch, erst einmal herauszufinden, um wen es sich bei dem Ermordeten handelte, und das lag ja nicht in ihrer Verantwortung. Das sei auch besser so, bemerkte Praunfalk, denn wer konnte schon wissen, in welche Hofintrige man hier sonst geriet.

KAPITEL 8

Am nächsten Morgen, gerade als es sich Gaiswinkler in dem breiten Stuhl mit Armlehnen – dem besten Stück der Einrichtung, wie er fand – bequem machen wollte, um einige für die Hallamtsangelegenheit nötige Papiere nochmals durchzugehen, klopfte es an der Tür seiner Stube. Es war wieder die feiste, ältliche Dienerin, die ihm kurz zuvor den morgendlichen Becher Wein gebracht hatte, den er ansonsten immer von der liebenswerten Božena bekam. Es ständen zwei kaiserliche Trabanten vor dem Tor des Palais. Diese wünschten, dass der Salzamtsgegenschreiber aus Aussee sie auf den Hradschin begleite, meldete sie.

Etwas überrascht zog er sich Mantel und Stiefel über und marschierte schnell von seinem im hintersten Winkel des Hauses gelegenen Zimmer zum Portal. Dort traf er auch seinen noch verschlafen aussehenden Freund Christoph an, dem eben mitgeteilt wurde, dass der Befehl lautete, ausschließlich den ihm Untergebenen zu holen. Während Praunfalk daraufhin beleidigt die müde Miene verzog, war Gaiswinkler nun hingegen verunsichert. Zwar hatte der Oberstfofmeister gesagt, er wolle mit ihm sprechen, aber vielleicht hatte es sich Wolf Siegmund Rumpff vom Wullross ja mittlerweile anders überlegt und beabsichtigte, doch seinem zunächst geäußerten Verdacht ihm gegenüber nachzugehen. Auch wenn man unschuldig und keineswegs für diesen Mord verantwortlich war, konnte man ja nie wissen, was passieren würde, wenn sich die Bürokratie gegen einen richtete.

So schritt Gaiswinkler mit einem eher mulmigen Gefühl zwischen den Leibgardisten, von denen ihn jeder der beiden – obwohl er selbst ein stattliches Maß besaß – um einen Kopf überragte, den inzwischen gut bekannten Weg zum Burgtor hinauf. Bei Eiseskälte, denn das wärmere Wetter war rasch über Nacht wieder verflogen. Einer der jungen Trabanten, der sich freundlich als Miguel vorstellte und aus Spanien stammte, zeigte sich sehr redselig. Als sie den inneren Bereich der Residenz erreicht hatten, erläuterte er ihm die Gebäude, die sich dort vor ihren Augen erstreckten. Wie der Leibgardist erklärte, gingen sie an den Häusern der bedeutendsten Adelsfamilien vorbei, dem der Lobkowitz und dem riesigen, von vier schmalen Kuppeltürmchen gezierten Palais der mächtigen südböhmischen Familie der Rosenberger, von dem ein überdachter Verbindungsweg zum königlichen Palast führte. Zu ihrer Rechten befänden sich die beiden mehrere Jahrhunderte alten Türme der Sankt-Georgs-Kirche und das daran anschließende Nonnenkloster der Benediktinerinnen, dessen Äbtissinnen bei der Krönung der böhmischen Königinnen eine wichtige Rolle einnahmen.

„Auf diesem Flecken stehen die ältesten Teile der Burganlage. Die Allerheiligenkapelle auf der linken Seite von uns ist – so wie vieles andere – durch den schrecklichen Brand vor dreiundfünfzig Jahren, von dem Ihr sicherlich gehört habt, zerstört worden", erzählte Miguel. „Nur der gütigen Schwester seiner Majestät Rudolfs II., der französischen Königswitwe Elisabeth, haben wir es zu verdanken, dass sie nun wieder in ihrer vollen Herrlichkeit erstrahlt. Sie hat die Kapelle vor einem Jahrzehnt wiederherstellen lassen. Hinter dem Gotteshaus befindet sich jener Saal, der unter König Vladislav II. aus der polnischen Dynastie der Jagellonen erbaut worden ist. Wer ihn zum ersten Mal sieht, will seinen Augen nicht glauben. Es ist", wie der gesprächige Trabant meinte, „der größte und schönste Saal der Welt."

Als sie schließlich die eigentliche Burg, den Alten Königspalast, betraten, wurde Gaiswinkler in einem spärlich beleuchteten und lediglich mit zwei steinernen Bänken versehenen Raum zum Warten aufgefordert. Erst gefühlt eine halbe Stunde später holte ihn ein Diener ab. Dieser führte ihn in ein erheblich komfortableres Zimmer, das mit prachtvollen Tapisserien ausgekleidet war und aus seinen Fenstern einen weiten Blick auf die zu Füßen des Hradschins liegende Stadt bot. Hier erwartete ihn vor einem großen Kamin, von dem sich eine wohlige Wärme verbreitete, Wolf Siegmund Rumpff vom Wullross, der ihn durchaus wohlgesonnen begrüßte und sagte: „Der Hofmedicus hat nach eingehender Untersuchung des Toten festgestellt, dass dieser schon drei Tage in der kleinen Gasse gelegen haben muss, womit natürlich bewiesen ist, dass weder Euer Herr noch Ihr mit der Tat zu tun habt. Meine Leute haben sich erkundigt, ob jemand bei Hof verschwunden ist und den Leichnam auch einigen Personen gezeigt. Diese waren entsetzt über dessen Aussehen, aber keiner von ihnen hat den Mann erkannt. Die Trabanten haben sich auch in den besseren Herbergen der Stadt umgehört. Dort wird kein Gast vermisst. Nun wissen wir allerdings leider nicht, was wir hier Weiteres tun können, um in Erfahrung zu bringen, um wen es sich handelt."

„Exzellenz, wenn ich mir einen Vorschlag erlauben dürfte", erwiderte Gaiswinkler, dem am Abend des vorherigen Tages noch etwas eingefallen war. „Man könnte einen Hofkünstler bitten, eine Zeichnung von dem Ermordeten anzufertigen, auf der er ihn ohne die verzerrten Züge des Todes darstellt. Dieses Porträt sollte man dann an einer Stelle der Burg aufstellen, die möglichst viele Höflinge passieren, um sie zu befragen, ob ihnen der Abgebildete bekannt ist."

„Das scheint mir ein guter Plan zu sein", meinte der Obersthofmeister, bemüht, sich nicht anmerken zu lassen, dass er sich ein wenig ärgerte, nicht selbst auf diese Idee gekommen zu sein. „Ich werde das gleich veranlassen. An dem Tag, an dem das Bildnis präsentiert wird, bitte ich jedoch um Eure Anwesenheit. Eure Beobachtungsgabe ist nämlich, wie ich gestern gesehen habe, sehr ausgeprägt. Ihr könntet eine Reaktion bemerken, die darauf hinweist, dass jemandem dieser

Mann zwar bekannt ist, er aber, aus welchen Gründen immer, keine Hilfe leisten möchte, die uns zum Namen des Mordopfers führt. Ich wäre Euch sehr dankbar, wenn Ihr uns hierbei unterstützt, denn der Büttel, der für gewöhnlich mit solchen Ermittlungen betraut ist, liegt derzeit krank darnieder. Er ist gänzlich von seinen Kräften und kann uns daher nicht dienlich sein. Nun aber lasst uns abwarten, ob entweder Hans von Aachen, Bartholomäus Spranger oder Joseph Heintz, unsere begabtesten Maler, rasch ein Porträt zeichnen können. Dieses werden wir hernach wohl am besten im Vladislav-Saal zeigen. Ich werde das Gerücht streuen lassen, man solle dorthin kommen, und wie ich die Neugier unserer Höflinge kenne, werden noch mehr als sonst erscheinen."

Nachdem Rumpff einen Diener zu den Künstlern geschickt hatte, wurde ihm bald gemeldet, dass Bartholomäus Spranger vor der Tür wartete. Spranger trat mit einer so tiefen Verbeugung ein, dass sein schwarz gelocktes Haar beinahe den Fußboden berührte. Sein unwirscher Blick und sein ungepflegter, spärlicher Bart ließen ihn jedoch nur wenig sympathisch wirken. Als der Obersthofmeister ihm darlegte, was er von ihm wollte, und dabei nicht vergaß anzumerken, von wem dieser Vorschlag stammte, konnte man an dem Maler ein leichtes Missfallen erkennen. Aber er erklärte sich mit dem Auftrag einverstanden. „Ich werde", sprach er, „sofort mit der Skizze beginnen und diese in etwa zwei Stunden liefern können. Ich hoffe, sie zu Eurem Wohlgefallen auszuführen und dass Euer Plan damit von Erfolg gekrönt sein wird." Ohne dem Salzamtsgegenschreiber jegliche Beachtung zu schenken, verabschiedete sich Spranger darauf mit einer wieder leicht übertriebenen Ehrenbezeugung, um sich mit dem Diener zu dem Leichnam aufzumachen. Rumpff schien zufrieden und entließ knapp danach auch Gaiswinkler. Dieser solle sich nicht allzu weit entfernt von der Burg aufhalten und sich eine Stunde nach Mittag wieder bei ihm melden.

KAPITEL 9

Am frühen Nachmittag war die kolorierte Skizze fertiggestellt. Die markant gezeichneten Wangenknochen, die breite, an der Spitze knollige Nase, die dichten dunklen Augenbrauen und das schwarze Haar, das über der hohen Stirn gelichtet und an den Schläfen ergraut wiedergegeben war, ließen den Toten gut erkennen. Mit einem forschen Blick in den bernsteinfarbenen Augen, einer gelockerten Mimik und einem goldbeigen Teint hatte Bartholomäus Spranger dem Abgebildeten jedoch ein deutlich lebendigeres Aussehen verliehen. Nun stand das Porträt unübersehbar auf einer Staffelei vor der breiten Treppe am Ende des Vladislav-Saals, der – obgleich wohl nicht der größte Saal der Welt – Gaiswinkler tatsächlich den Atem verschlug.

Vor ihm erstreckte sich ein Raum von gewaltigem Ausmaß. Er schätzte, dass weit über tausend Personen hier Platz finden konnten. Die Mauern waren an beiden Längsseiten von hohen Rundbogenfenstern durchbrochen, darüber öffnete sich ein weites, sternenförmiges Rippengewölbe, das nicht schwer und drückend wirkte, sondern leicht und verspielt, fast schwebend, den Saal überspannte. Fünf prächtige Kronleuchter erhellten nicht nur die mächtigen Gemäuer, sondern auch die kleinen Krämerkästen zwischen den Fenstern, vor denen sich etliche Menschen tummelten. Diese Verkaufsstände boten vieles, von grafischen Blättern und Büchern bis zu Alltagsgegenständen und filigranen Kunstwerken.

„Welch herrlicher Saal! Wie ich erfahren habe, finden in ihm die großen Krönungsmahle der böhmischen Könige statt. Gestattet Ihr mir die Frage, auf welche Weise er ansonsten noch genutzt wird?", erkundigte sich Gaiswinkler bei seinem wohlgenährten Begleiter, als er mit diesem in Richtung der wenige Fuß hinter der Staffelei liegenden Stufen schritt, von denen aus er die Reaktionen der Höflinge beobachten sollte. Johann Barvitius, der als Reichshofrat einen großen Teil der Hofgesellschaft kannte und ihm daher mit Namen behilflich sein konnte, hatte sich auf Rumpffs Wunsch hin kurz zuvor zu ihm gesellt. Allerdings nicht, ohne ihn dabei zuallererst einmal kritisch von Kopf bis Fuß zu mustern.

„Nun, Seine Majestät empfängt hier meist Botschafter zur Audienz. Es werden jedoch auch Versammlungen, Gerichtsprozesse und – wie Ihr seht – vor allem Märkte abgehalten. Früher wurden an diesem Ort Turniere und Reiterspiele veranstaltet, aber diese kann man schon seit Langem nur mehr sehr selten hier drinnen sehen", führte Barvitius, inzwischen ganz freundlich, aus, bevor er an die Staffelei herantrat, um die Skizze ausgiebig zu studieren und dann mit fragendem Blick festzustellen: „Da hat sich Spranger mit seiner Vorstellungskraft wieder selbst übertroffen. Einen vom Todeskampf entstellten und nach Fäulnis stinkenden Leichnam zeichnen zu müssen, ist ja wahrlich kein Vergnügen. Wer diese vom Unglück beseelte Person wohl ist?"

Nachdem die beiden ihren Platz seitlich auf der Treppe eingenommen hatten, strömten immer mehr Leute in den Saal, um das Bild, zu dem es viel Getratsche gab, zu betrachten. Offensichtlich war das Gerücht blitzschnell in der Burg verbreitet worden und die Neugierde groß, was herinnen ablief. Alle der Adeligen trugen die spanische Mode mit den kurzen Pluderhosen und den bunten Strümpfen, mit denen auch der Tote bekleidet gewesen war. Bei vielen zeigte der Oberkörper die Harnischbrust, die unten spitz zusammenlief und zu den erstaunlich engen Taillen der Männer passte. Eine sich farblich von der Hose abhebende und bei einigen mit Schleifen und Bändern geschmückte Schamkapsel betonte den Penis. Sie war weniger ein Schutz der Genitalien als eine Anspielung auf die Potenz und, wie Gaiswinkler fand, in gewissem Maße auch eine Art von Hochstapelei. Je näher einer der Schaulustigen der Staffelei kam, desto intensiver versuchte der junge Ausseer, dessen Mimik zu lesen. Die meisten betrachteten die Zeichnung ohne jegliche Regung, die vermuten ließ, dass ihnen der Porträtierte bekannt vorkam. Andere schüttelten dabei, sichtlich unbewusst, leicht den Kopf, wohl deshalb, weil ihnen die abgebildete Person ebenfalls nichts sagte.

In seinem Hirn schwirrten unzählige Namen adeliger Familien, denn Johann Barvitius fühlte sich bemüßigt, ihm die Herkunft jedes einzelnen Höflings zu nennen. Es war unmöglich, sie sich alle zu merken. Er begann immer mehr zu zweifeln, ob dieser aufwendige Versuch wirklich weiterhelfen würde. Bis plötzlich ein feister älterer Herr im Ornat eines Jesuiten in Erscheinung trat, laut dem Reichshofrat ein Spanier namens José Alvarez. Trotz der Leibesfülle waren die Bewegungen des Geistlichen zierlich und elegant. Sie hatten etwas Weibisches an sich, ähnlich seinem Gesicht, das kaum eine männliche Prägung aufwies, ein nicht seltenes Phänomen beim Klerus der Papisten. Noch während sich der Jesuit dem Bild näherte, weiteten sich auf einmal seine Augen, nicht sehr deutlich wahrnehmbar, aber doch. Gaiswinkler glaubte, ihnen Angst zu entnehmen. „Dieser Pfaffe hat ihn erkannt, versucht aber, es sich nicht anmerken zu lassen", notierte er in seinem Kopf und setzte Alvarez auf die Liste derjenigen, die man befragen sollte. Dass gerade ein Jesuit seine Stimmung hob, machte für ihn als Protestanten die Sache nur spannender. Seine Idee schien ihm nun nicht mehr ganz verloren.

So ging es auch weiter. Wenig später veränderte sich beim Anblick des Porträts das Mienenspiel eines schlanken, hochgewachsenen Mannes von südländischem Äußeren, der zuvor gemächlich durch den Saal geschlendert war, so sehr, dass selbst ein Blinder es wahrgenommen hätte: Mit erstarrtem

Blick und offenem Mund blieb dieser bereits mehrere Schritte vor der Skizze stehen. „Sieh an, sieh an, Conte Andrea Galeazzo, der Botschafter von Mantua. Scheint mir sehr erschrocken zu sein, der Gute", sagte Barvitius, der dem Schauspiel mittlerweile belustigt zusah.

Als sich kurz darauf der Saal schon wieder leerte, sollte noch eine dritte Person auf Gaiswinklers Liste kommen: ein in einen langen schwarzen Mantel gekleideter, weißbärtiger Herr, in dessen Gesicht sich nichts anderes als Verwunderung spiegelte, so als ob er nach vielen Jahren einen alten Bekannten auf der Staffelei wiedergesehen hatte. „Salomon Porticus, er stammt aus Siebenbürgen und ist Alchemist. Mit welchen mystischen Dingen er sich sonst beschäftigt, weiß hier niemand genau", erläuterte der Reichshofrat.

Alles in allem war Gaiswinkler mit dem Resultat dieses Nachmittags nicht unzufrieden, wenngleich man den Namen des Ermordeten immer noch nicht wusste. Nach dem Ende der Zurschaustellung dankte er Barvitius für dessen Unterstützung und erkundigte sich bei ihm, ob er den spanischen Jesuiten, den italienischen Botschafter und den Alchemisten besser kenne. „Ist diesen drei Männern eine Gemeinsamkeit eigen", fragte er, „außer, dass sie jetzt in Prag leben?"

„Darüber kann ich leider nur wenig aussagen, denn die ersten beiden, José Alvarez und Andrea Galeazzo, sind nicht sehr eingebunden in die Gesellschaft bei Hof."

Gaiswinkler bedankte sich nochmals, verließ den Saal und machte sich auf den Weg hinüber zum Obersthofmeister.

„Ich bin, muss ich gestehen", bekundete Rumpff erleichtert, „sehr erstaunt und gleichzeitig sehr froh, dass diese Präsentation des Bildes eine erste Spur eröffnete. Man sollte diese Personen in den nächsten Tagen ins Gebet nehmen. Kraft der Macht meines Amtes werde ich dafür sorgen, dass Ihr mit ihnen baldmöglichst ein Gespräch führen könnt."

KAPITEL 10

Im Palais Grünbühel herrschte derweil eine hektische, ja geradezu chaotische Aufregung. Der Herr des Hauses hatte sich am späten Vormittag sein Pferd satteln lassen, da er in der Sache seiner Besitzstreitigkeiten bei Gericht vorsprechen musste. Doch als er sich erheben wollte, um in den gepflasterten Hof zu gehen, wo der Stallknecht mit dem aufgezäumten Rappen auf ihn wartete, war er plötzlich mit einem lauten Stöhnen wieder in den Sessel zurückgesunken. Alle Bediensteten waren sofort aus den verschiedenen Räumen des Palais herbeigelaufen, und nachdem der Graf langgezogen – fast ähnlich dem Heulen eines Wolfes – nochmals wehgeklagt hatte, kam auch Christoph Praunfalk aus seinem Zimmer geeilt.

Heinrich Hoffmann von Grünbühel saß, umringt von den aufgeregten Hausangestellten, zusammengesunken im großen Vorraum des Hauses. Mit aschfahlem und feucht glänzendem Gesicht, das den Vierunddreißigjährigen, der ansonsten für sein Alter durch seine fast faltenlosen Züge und sein volles braunes Haar sehr jugendlich aussah, deutlich älter wirken ließ.

„Mein Podagra hat mich schon wieder einmal heimgesucht. Der Teufel soll diese verfluchte Krankheit holen. Ich bin ein frommer Mensch, und dennoch straft mich Gott beharrlich mit diesen schrecklichen Schmerzen. Au weh, au weh", ächzte er und wischte sich mit einer Hand kraftlos den Schweiß von der Stirn.

„Sollen wir einen Arzt kommen lassen, lieber Onkel?", fragte Praunfalk, bemüht, das Jammern zu unterbrechen. Eine Unterhaltung über die Schmerzen war das Letzte, was er brauchte. Obwohl er sich selbst so gerne im Lamentieren sonnte, vertrug er auch nur die leiseste Form von Wehleidigkeit bei anderen so gar nicht.

„Nein, das ist nicht notwendig", äußerte Grünbühel zunächst. Dann aber, nach einigem Nachdenken, wandte er sich an einen der Diener, die neben ihm standen: „Oder doch. Karel, bitte geh und hol Doktor Schrattenbach. Er ist mir in solchen Augenblicken immer Hilfe und Trost. Gestern Abend müsste er zurück in die Stadt gekommen sein, von seinen Tagen auf der Jagd bei der Familie Sternberg."

Albrecht Schrattenbach, der auch auf der Kleinseite wohnte und bald darauf erschien, war ein schlanker Mann von um die vierzig Jahren, mit hellen, eng zusammenstehenden Augen und sehr schmalen Lippen. Nach ein paar Begrüßungsworten und einem kurzen, prüfendem Blick auf seinen Patienten, mit dem er sich sichtlich ein Bild über dessen Zustand verschaffte, stellte er sich Praunfalk vor. Als er sich neugierig erkundigte, weshalb sich der Salzamtsverweser in Prag aufhielt, erfuhr er von diesem auch gleich, in welches Geschehen er hier hereingeraten war. „Eine Leiche in einer der Gassen bei uns, das klingt ja interessant. Wie gerne wäre ich zu dem Toten gerufen worden", sagte Schrattenbach und machte noch andere Bemerkungen dazu, ehe er sich endlich dem Kranken widmete, der bereits mehrfach durch Seufzen die Aufmerksamkeit auf sich zu ziehen versucht hatte. „Werter Herr Graf, um nun zu Euch und Eurem Leiden zu kommen. Die Küche Eures Hauses scheint wahrlich meisterlich zu sein. Als Euer Arzt muss ich Euch allerdings zum wiederholten Male sagen, dass Euer Lebensstil zu gut ist. Zu viel Fleisch von Rind und Wild, zu viele Kannen des roten Weines. Ihr müsst, verdammt noch einmal, endlich wirklich etwas gesünder essen. Ansonsten kann ich Euch heute nur anraten, wie gewohnt bei einem solchen Anfall zu verfahren", erklärte er streng und presste dann seinen Mund zu einem noch dünneren Strich zusammen.

Nachdem sichergestellt worden war, dass es genügend von der üblichen Medizin im Arzneischränkchen gab, und er zwei der Diener angewiesen hatte, Heinrich Hoffmann von Grünbühel in sein Bett zu tragen, verabschiedete sich der Doktor unverzüglich wieder. Praunfalk verschwand erleichtert in sein Gemach. Es gab genug zu tun. Da Matthias sich nun ausschließlich mit dem Verbrechen auf der Kleinseite beschäftigte, musste er sich wohl allein um die weiteren Schritte in der Hallamtsangelegenheit kümmern. Zumal sichtlich ja niemand wünschte, seinen Sachverstand in der üblen Mordsache hinzuzuziehen.

Am späten Nachmittag kehrte Gaiswinkler, völlig durchgefroren von der Kälte, zurück und war äußerst verwundert. Schon von der Gasse aus hatte er kaum Kerzenschein hinter den Fensterscheiben gesehen, und im Palais herrschte eine beinahe gespenstische Stille. Keiner der Bediensteten huschte wie üblich geschäftig von Raum zu Raum, er begegnete lediglich einer schweigsamen Dienerin mit einem Korb Wäsche unter dem Arm. In der Nähe der Küche kam ihm schließlich Božena entgegen, die zwei große Gläser Apfelkompott aus der Speisekammer brachte.

„Guten Abend Božena, um Himmels Willen, was ist denn hier passiert?", fragte Gaiswinkler, in der Meinung, dass sich im Hause eine Tragödie abgespielt haben musste.

„Ach, der arme gnädige Herr leidet wieder einmal an seinem Podagra. Das kommt von Zeit zu Zeit vor. Er hütet für mehrere Tage das Bett, hernach sind die Beschwerden vorbei. Eigentlich nichts besonders Aufregendes, aber alle im Hause sind davon betroffen, denn rund um den Herrn Grafen muss es nun tagelang ganz ruhig sein. Und die Bediensteten mögen es gar nicht, wenn sie ihrer Arbeit nicht so nachgehen können wie sonst", erwiderte die junge Magd. „Dein Vorgesetzter hat übrigens mit der Einnahme des Nachtmahls auf dich gewartet. Jetzt, wo du hier bist, werden wir gleich damit beginnen, die Speisen aufzutragen. Gib mir deinen Mantel, ich hänge ihn in deiner Stube auf, sodass du sofort zu Tisch gehen kannst", setzte sie fort und schenkte ihm eines ihrer herzlichen Lächeln. Der junge Ausseer reichte ihr dankend den Mantel und ertappte sich dabei, ihr wieder einmal länger als nötig in die Augen zu sehen.

Im Esszimmer fand er Praunfalk auf dem Sessel wippend vor, er platzte geradezu vor Neugierde. „Erzähl, erzähl, Matthias, was hat sich oben auf der Burg getan?"

So lieferte Gaiswinkler ihm einen kurzen Bericht über seinen Besuch bei Wolf Siegmund Rumpff vom Wullross sowie über die Ausstellung der Skizze im Vladislav-Saal. Schlussendlich meinte er: „Eigentlich hätte ich erwartet, dass jemand von den drei Männern beim Betrachten des Bildes etwas sagt, aber nein, sie blieben alle stumm. Weshalb sie schweigen, weiß ich nicht. Möglicherweise verbindet sie und den Toten eine Gemeinsamkeit, die sie lieber im Dunklen lassen möchten. Aber es kann auch nur sein, dass keiner von ihnen etwas mit dem Mord zu tun haben will. Ich habe leider keine Befugnis, sie unter Druck zu setzen. Wenn sie nicht von sich aus etwas erzählen, stehe ich da, ohne einen Schritt weitergekommen zu sein."

„Dass deine Idee funktioniert hat, finde ich jedenfalls sehr fein. Wenn du Glück hast, werden die drei bei den Befragungen ihr Schweigen brechen. Schade, dass der Obersthofmeister nur mit dir zusammenarbeiten will. Ich hätte dich gerne mehr unterstützt. Aber ich muss mich ohnehin demnächst mit den Behörden des Hofes herumstreiten. Da mein Onkel nun unpässlich ist, wird er mir nicht behilflich sein können, die Wege dabei etwas abzukürzen. Somit bleibt mir wohl auch kaum Zeit für dich."

„Mir wäre deine Mithilfe jedenfalls sehr recht gewesen. Ich werde dich auf alle Fälle auf dem Laufenden halten."

KAPITEL 11

Noch kaum, dass Gaiswinkler am folgenden Tag die Augen aufgeschlagen hatte, erhielt er die Nachricht, er könne die erste Befragung vornehmen. „Einen recht schönen guten Morgen, junger Herr. Obersthofmeister Wolf Siegmund Rumpff von Wullross lässt Euch ausrichten, dass der Botschafter von Mantua bereit ist, Euch Audienz zu gewähren. Er speist bis zwölf Uhr, und danach will er Euch kurz Auskunft geben", begrüßte ihn der Trabant Miguel, der mit von der Kälte geröteter Nase im Eingangsbereich des Palais stand. Gleich darauf nannte der Leibgardist ihm auch eine Adresse unweit der Moldau und fügte bedauernd hinzu: „Viel Glück, erwartet Euch aber nicht zu viel."

Das unfreundliche, frostige Wetter, das Gaiswinkler begleitete, als er ein paar Stunden später durch die Gassen zum Flussufer hinunterwanderte, sollte ganz seinem Besuch bei Andrea Galeazzo entsprechen. Der Empfang durch den Botschafter war von Beginn an distanziert und eiskalt. Offensichtlich hätte dieser einen Nicht-Adeligen ohne die Bitte oder Anweisung des Obersthofmeisters nicht einmal ins Haus gelassen, ganz zu schweigen von dem pompösen Zimmer, in dem er den Salzamtsgegenschreiber mürrisch aufforderte, Platz zu nehmen. Alles in dem Palais wirkte opulent, geradezu protzig. Die Räume wurden von üppigen Fresken, unzähligen orientalischen Teppichen und prunkvollen Waffen fast schon erschlagen.

Galeazzo schien nicht nur das Prahlerische zu lieben, sondern auch sehr eitel zu sein. Immer wieder strich er sich durch seine Haare, die ihm in kräftigen Wellen bis auf die Schultern fielen. Er saß keineswegs entspannt in dem breiten Armstuhl und versprühte eine unbeschreibliche Verachtung für seinen Besucher, den er wohl am liebsten gleich wieder hinaus auf die Straße geschickt hätte. Lediglich mit einem hochmütigen Blick bedachte er ihn, keine Miene machend, das Gespräch zu eröffnen. Obwohl die Stimmung mehr als unterkühlt war und er unter anderen Umständen sofort aufgestanden und mit einem scharfen Wort von dannen gezogen wäre, blieb Gaiswinkler in dieser Situation nichts anderes übrig, als selbst zu versuchen, eine Unterhaltung zu beginnen.

„Eure Exzellenz waren gestern im Vladislav Saal, wo das Bild eines Mannes, der in einer kleinen Gasse der Kleinseite ermordet aufgefunden wurde, aufgestellt war", hob er an, während er sich bemühte, die ihm entgegengebrachte Feindseligkeit an sich abprallen zu lassen. „Ich habe bemerkt, dass Eure Exzellenz sehr heftig auf dieses Porträt reagiert haben. Kennt Exzellenz vielleicht die Person, die Bartholomäus Spranger abgebildet hat?"

„Was fällt Ihm ein, mich mit einem abscheulichen Verbrechen in einem Atemzug zu nennen? Ich konnte den Mann nicht erkennen, weil ich ihn noch nie gesehen habe. Aber natürlich hat mir der arme Teufel leidgetan, daher wohl meine Reaktion. Jedenfalls kann ich mich nicht an jemanden erinnern, dem ich nie begegnet bin. Um was geht es hier eigentlich?"

Gaiswinkler schwenkte nun ins Italienische, in die Muttersprache des Botschafters, denn er hoffte, dass dies der Sache dienlicher wäre: „Wir sind ohne jede Vermutung, wer der Tote ist. Weder kennen wir seinen Namen, noch haben wir eine Ahnung über sein Leben. Daher suchen wir jemanden, der Bekanntschaft mit ihm gemacht hat und etwas über seine Person preisgeben kann. Der Obersthofmeister, der mich mit der Nachforschung beauftragt hat, appelliert an alle, die etwas wissen, und sei es auch noch so wenig, ihre Kenntnis weiterzugeben. Immerhin handelt es sich dem Gewand und der Erscheinung nach bei dem Mordopfer sehr wahrscheinlich um einen Adeligen. Es ist also nicht die Frage, wer einen Bettler oder Landstreicher getötet hat, sondern jemanden von Euresgleichen. Jeglicher Hinweis wäre daher für den Obersthofmeister äußerst wichtig, und ich bitte Eure Exzellenz, mit dem Hof zusammenzuarbeiten."

„Es nutzt Ihm auch nichts, wenn Er in einem schlechten, bäuerlichen Italienisch mit mir spricht. Selbst, wenn ich ihn gekannt hätte, was hat das mit dem Mord zu tun? Ich habe bereits gesagt, ich weiß nichts über diesen Mann und will, oder besser kann, Ihm nicht helfen. Auf meinen zahlreichen Reisen in unterschiedliche Länder bin ich so vielen Menschen begegnet. Sei es am spanischen Hof der Habsburger oder in Frankreich, wo ich am Zustandekommen eines bedeutungsvollen Friedensvertrages mitgearbeitet habe. Auch in Rom beim Papst, in Florenz bei Francesco I. de Medici, in Urbino bei den della Rovere, im grandiosen Venedig mit seinen Kanälen und Brücken und in der glanzvollen Hafenstadt Genua lernte ich zuhauf Leute kennen. Ich war sogar Botschafter im Osmanischen Reich, in Konstantinopel, das ich viel wunderbarer empfunden hätte, wenn es eine christliche Stadt geblieben wäre. Die schönsten Frauen sind dort verschleiert und gänzlich verhüllt. Sie hätten einem viel sinnliche Freude und Lust bieten können", schnaubte Galeazzo, und etwas an seinem Blick schien plötzlich gierig geworden. „Wie gesagt, ich bin in meinem Leben viel herumgekommen, und es ist unmöglich, sich alle, die man dabei getroffen hat, zu merken. Und nun Schluss, es reicht mir, ich habe dieses Gefrage satt. Er soll mein Haus wieder verlassen, ich habe Wichtigeres zu tun." Mit einer wegwerfenden Handbewegung unterstrich er, dass die Audienz damit beendet war.

Da es ihm mehr als aussichtslos erschien, sinnvolle Antworten zu bekommen, bedankte sich Gaiswinkler und verließ das Palais. Er wusste so viel, oder besser so wenig wie zuvor. Niedergeschlagen steuerte er die Burg an, um Wolf Siegmund Rumpff vom Wullross Bericht zu geben. Da sich dieser noch bei Rudolf II. aufhielt, musste er länger auf ihn warten. Es war einer jener Tage, an dem der launische Kaiser ausschließlich seinem Obersthofmeister Zutritt gewährte.

Rumpff sah nach der Unterredung mit Seiner Majestät ziemlich gereizt aus, doch nachdem er Gaiswinkler in seinem Zimmer begrüßt hatte, erhellte sich langsam seine Miene. Sein prüfender Blick hatte festgestellt, dass der junge Salzamtsgegenschreiber bedrückt wirkte.

„Wie ich befürchtet habe, macht Ihr mir keinen zufriedenen Eindruck."

„Da gehen Eure Exzellenz leider recht in der Annahme. Mein Versuch, mehr über den Toten herauszufinden, ist gescheitert. Der mantuanische Botschafter hat mich deutlich spüren lassen, dass ich ihm nicht ebenbürtig bin, und hätte sicher nichts Lieberes getan, als mich auf der Stelle hinauszuwerfen. Er beteuerte lediglich, das Mordopfer niemals gesehen zu haben, geschweige denn zu kennen. Was ich allerdings nicht glaube. Dazu war sein Ausdruck des Erschreckens im Vladislav-Saal zu deutlich. Einem Menschen gegenüber, der ihm angeblich unbekannt ist, hätte er nicht so intensive Gefühlsregungen gezeigt. Und bei dem Wenigen, was er mir schilderte, kam es mir so vor, als ob er von etwas ablenken wollte."

Rumpff nickte verständnisvoll. „Galeazzo ist ein eitler Mann, an den man nicht herankommt. Er spricht immer nur von sich und was er als Diplomat schon alles erreicht hat. Wenn es Euch beruhigt, er ist auch gegenüber den Aristokraten aus der Habsburgermonarchie voreingenommen. Seine Familie stammt ursprünglich aus der Toskana. Die Toskaner sind der Meinung, dass sie die Größten sind und die Kultur, die Diplomatie und auch sonst noch alles erfunden haben. Mit einigen dieser Menschen habe ich mehrmals vergeblich versucht, ein Thema abzuhandeln. Also nehmt es nicht zu ernst, wenn dieser erste Versuch nicht erfolgreich war."

Dass der Obersthofmeister mit dem Botschafter auch nicht zurechtkam, war zwar tröstlich, Gaiswinkler blieb aber dennoch verdrossen. Alle Aristokraten, mit denen er bisher zu tun gehabt oder auch längere Gespräche geführt hatte, waren zumindest stets oberflächlich freundlich geblieben. Keiner von ihnen hatte so offensichtlich auf ihn herabgeblickt. Galeazzo aber verletzte jegliche Gesetze der Höflichkeit.

KAPITEL 12

Als er die Gemächer der Burg verließ, umfing ihn wieder bitterkalte Luft. Sie tat seiner Erregung allerdings gut, und während er, tief durchatmend, die Schlossstiege hinabmarschierte, legte sich langsam sein Missmut. Die Stiege war menschenleer. Nur an ihrem Fuße erblickte er in der seitwärts führenden Gasse eine Gruppe von Bettlern, die, an eine Hauswand gedrückt, auf den eisigen Pflastersteinen herumlungerten und in ihren zerlumpten, dünnen Kleidungsstücken wohl schrecklich frieren mussten. Selbst in einer so prächtigen Stadt wie Prag gab es offensichtlich viele arme und von der Gesellschaft verachtete Menschen. Vor den Obdachlosen stand eine kleinwüchsige Gestalt in einem roten Mantel. Es war Thommerl Niderthor, der ihnen, wie Gaiswinkler anerkennend feststellte, Geldmünzen und einige Stückchen Brot zusteckte. Der kleine Mann befand sich diesmal nicht in Begleitung der närrischen Hündin Penelope und schien ihn, nachdem er sich umgewandt und ihn erspäht hatte, sofort erkannt zu haben, denn er lief schnurstracks auf ihn zu.

„Gott zum Gruße. Es ist mir eine Freude, Euch hier zu sehen. Seid Ihr in Eile oder haben der junge Herr Zeit und Lust, mit mir ein Bier im nahen *Goldenen Bären* zu trinken?"

„Anstatt weiter einsam in der Kälte über die Welt zu grübeln, gehe ich lieber mit Euch mit. Meinem Ärger wird es sicher guttun, wenn ich die Kehle nicht verdorren lasse," erklärte Gaiswinkler.

Noch bevor er seine schlechte Laune begründen konnte, waren sie auch schon bei dem Gasthaus, das der Hofzwerg angesteuert hatte, angekommen. Bei der Tür der Schenke lehnten zwei nicht mehr ganz nüchterne junge Männer. Sie musterten Thommerl verächtlich, um ihm dann lauthals einige Worte auf Böhmisch zuzuwerfen. Plötzlich packten sie ihn und schoben ihn unter Grölen und Lachen hin und her. Da Gaiswinkler des Böhmischen nicht mächtig war, verstand er zwar kein Wort, ihre Körpersprache verriet ihm jedoch eine immer deutlicher werdende Aggression. Im Wirtshaus in Aussee hatte er öfters Ähnliches erlebt; Grausamkeit gegenüber Leuten, die sich nicht recht wehren konnten – wenn auch nicht gegenüber Hofzwergen, sondern Krüppeln oder Geistesschwachen. Und so reagierte er mit demselben Reflex wie bei der Schlichtung von Raufereien in der Schankstube seines Vaters: Er schlug zu. Ehe sie sich versahen, bekam jeder der Burschen einige saftige Ohrfeigen, was zur Wirkung hatte, dass die beiden Thommerl zu Boden stießen und schnell davonrannten.

Der Hofzwerg rappelte sich auf, putzte seine Kleidung ab und schüttelte sich, wobei die Zöpfe seines Bartes munter hin und her flogen. In der warmen Stube des Gasthauses, in der sich bloß wenige Tische befanden, meinte er dann: „Seid tausend Mal bedankt für Eure Hilfe. Ich allein wäre ganz schön zerzaust heimgekommen. Weil ich klein bin, glauben viele, es wäre einfach, mich zu erniedrigen. Nicht immer widerfährt mir dabei das Glück, jemanden zur Seite zu haben, der so heftig zuschlagen kann wie Ihr. Wie ich erfahren habe, hat Euch der Obersthofmeister zu demjenigen auserwählt, der den Fall des Ermordeten auf der Kleinseite untersuchen soll. Das hat er wohl wegen Eures Mutes getan."

„Ich bin ja am Land aufgewachsen. Da gibt es viele Vorurteile, und man begegnet oft Leuten in misslichen Lagen, in denen nur die Fäuste helfen. Ihr erzähltet mir das letzte Mal, Ihr wäret in einem kleinen Dorf in Tirol geboren. Dort wird es wohl nicht viel anders gewesen sein. Wolf Siegmund Rumpff vom Wullross hat mich aber nicht wegen meiner Schneid beauftragt. Als ich die Leiche auf der Kleinseite fand, machte ich ein paar Beobachtungen, die ihn offensichtlich beeindruckt haben. So kam er mit dem Vorschlag, ihn zu unterstützen, das Verbrechen zu klären. Aber bis jetzt bin ich noch nicht weit gekommen", seufzte Gaiswinkler und nahm einen Schluck Bier, wobei er Thommerl genauer betrachtete. Mit seinem schlauen, aber auch neugierig verschlagenen Blick und der bunten Farbenmischung seiner Zopfschleifen und Kleidung, die ihn so völlig von jener der anderen Höflinge unterschied, war der kleine Mann einer der wunderlichsten und exotischsten Menschen, denen er je begegnet war. Er dachte an all die Geschichten über Zwerge, viele sprachen davon, dass diese mystische Fähigkeiten besäßen und eine besondere Begabung der Beobachtung. Die meisten Menschen gingen jedoch wohl achtlos an ihnen vorbei, sahen sie als harmlose Kinder, vor denen man sich unbeschwert unterhielt. Und auf einmal kam ihm ein Gedanke. Vielleicht, dachte er, war ja gerade aus diesem Grund Thommerl einer der am besten Informierten bei Hof und könnte ihm helfen. „Habt Ihr mehr in dieser Geschichte mit dem Opfer, dessen Namen wir nicht wissen, gehört?", fragte er daher. „Ihr seid doch mit der Stadt und allen Ereignissen, vielen Leuten und Gerüchten vertraut. Könnt Ihr mir womöglich etwas der Sache Dienliches berichten?"

„Das will ich gerne tun, denn ich bin Euch für Euer Eingreifen vorhin ohnehin verpflichtet. Als Gegenleistung möchte ich allerdings, dass Ihr mir alles erzählt, was Ihr herausbekommt."

„Sollte es mir gelingen, diesen Mordfall zu lösen, verspreche ich Euch, Ihr seid einer der Ersten, der alle Details von mir erfährt."

„Nun gut. Da ich privilegiert bin und unauffällig, war ich vor allen anderen im Vladislav-Saal. So konnte ich Sprangers Zeichnung in Ruhe alleine betrachten."

„Habt Ihr den Mann auf dem Bild erkannt?"

„Ja, denn ich habe ihn, als er noch lebte, gesehen. Jedoch ohne dabei zu wissen, wie er hieß. Er schien erst seit kurzer

Zeit in Prag gewesen zu sein und pflegte mit einigen Leuten im Umfeld des Hofes einen Umgang."

„Könnt Ihr mir verraten, mit wem der Ermordete in Kontakt trat? Ich wäre besonders an drei Männern interessiert: dem Botschafter Mantuas, Andrea Galeazzo, dem Alchemisten Salomon Porticus und dem Jesuiten José Alvarez. Sie haben sich beim Anblick des Porträts sehr auffällig verhalten."

„Bei Alvarez und Porticus verwundert mich das nicht, denn diese zwei waren es, die der Unbekannte aufgesucht hat. Er blieb relativ lange bei jedem von ihnen. Was dabei geredet wurde, ist mir natürlich nicht bekannt, doch der Fremde kam mir danach immer ein wenig aufgebracht vor."

„Wisst Ihr Näheres über die beiden und über Galeazzo?"

„Da kenne ich einige Dinge, die ich im Laufe der Zeit über sie in Erfahrung gebracht habe. Ich habe diese Gerüchte und Beobachtungen allerdings noch niemand anderem erzählt und bitte Euch daher, nicht preiszugeben, von wem Ihr sie habt." Thommerl lehnte sich zurück und schloss die Augen, so als wolle er sich die mit den drei Männern erlebten Szenen in sein Gedächtnis zwingen. Gaiswinkler wartete geduldig, bis der kleine Mann wieder zu sprechen begann. „Fangen wir also mit Alvarez an. Er ist ein verbissener Jesuit, der keine Möglichkeit auslässt, jemanden zu bekehren, und er hat damit schon einige Erfolge gehabt. Ich bin zwar katholisch getauft, nehme es aber mit der Religion nicht so genau. Für mich sind die Protestanten, wie Ihr, keine bösen Menschen, die man verfolgen sollte. Durch meine Stellung bei Hof muss ich immer wieder an Messen oder Prozessionen teilnehmen. Innerlich bin ich dabei nie bei der Sache. Was mich interessiert, ist die Beobachtung der Leute bei allen Gelegenheiten, so auch bei den religiösen Zeremonien. Nicht wenige wohnen den rituellen Handlungen ohne Freude und ohne starken Glauben bei. Alvarez jedoch zeigt – oder vielmehr heuchelt – tiefe Frömmigkeit. Ich halte ihn für einen

Pharisäer, der es mit den meisten Dingen nicht so genau nimmt. Um ihn herum obwalten verschworene Personen, die in ihrem religiösen Wahn alles für ihn machen würden. Diese Jesuiten sind wie ein Geheimbund. Man kann in ihre Geheimnisse und ihre Welt nicht eindringen. Aber ich habe auch noch etwas anderes beobachtet. Alvarez berührt Ministranten unsittlich mit seinen Händen, und einige Male nahm er einen dieser Knaben zu sich in sein Haus. Ich vermute, dass er nicht keusch lebt. Anders als bei vielen Klerikern scheint sein Interesse allerdings nicht Frauen, sondern sehr jungen Männern zu gelten. Gewiss kann ich es nicht beschwören, doch ich zog daraus den Schluss, dass er ein Sodomit ist. Wenn dies zutrifft, müsste er alles tun, um es zu verbergen."

„Diese Beobachtungen sind sehr wichtig, denn er würde, falls das allgemein bekannt wird, nicht nur seine Stellung im Orden verlieren. Auch die Strafe der Inquisition wäre ihm sicher. Und dann droht ihm der Tod durch Verbrennung, wie den sogenannten Ketzern."

„Zweifellos. In seiner Beziehung zu dem Toten dürfte Unkeuschheit allerdings keine Rolle gespielt haben. Dieser war von seinem Aussehen her ja fast so alt wie er. Kommen wir nun aber zu Galeazzo. Er ist ein großer Intrigant, besitzt überall seine Spitzel und umgibt sich – natürlich geheim – mit windigen Gestalten. Wie mir scheint, sind es Verbrecher, die um wenige Goldstücke seine kriminellen Wünsche erfüllen. Das ist freilich nichts, was ich beweisen kann, lediglich eine Vermutung, denn was hätte ein adeliger Botschafter sonst mit diesem Gesindel zu tun. Außerdem ist Galeazzo ein aufgeblasener Gockel, der besonders gern vor jungen Weibern kräht. Mit welchem Erfolg sei dahingestellt. Einmal erblickte ich ihn des Nachts, wie er sich mit einer käuflichen Dirne in der Stadt traf. Ich habe die beiden dann aus den Augen verloren, doch er begleitete sie wohl, um seine Lust auszuleben."

„Das passt gut zu meinen Wahrnehmungen. Er sprach voller Begehren über die verschleierten Frauen, denen er in Konstantinopel begegnet ist."

„Der Botschafter hat Euch von seinem Aufenthalt im Osmanischen Reich erzählt? Seid Ihr darüber informiert, dass Alvarez ebenfalls vor weit über einem Dutzend an Jahren am Hof des Sultans im Gefolge der Gesandtschaft des Freiherrn von Eitzing war?"

„Wie interessant. Nein, das war mir noch nicht bekannt. Hielt sich gar auch der dritte Mann, den das Opfer aufsuchte, damals in der Stadt am Bosporus auf?"

„Ob Salomon Porticus in jener Zeit in Konstantinopel weilte, weiß ich leider nicht. Möglich wär's, denn er kam erst 1584 nach Prag."

„Vielleicht lässt sich das ja herausfinden. Könnt Ihr mir mehr von dem Alchemisten berichten?"

„Nun, ich war durch einen Zufall gerade bei einem Händler im Goldschmiedegässchen, als der unbekannte Tote zu ihm ging. Porticus hat in dieser Gasse sein Laboratorium, denn Kaiser Rudolf II. ist fraglos von der Magie, der Kabbala und der Alchemie völlig vereinnahmt."

„Es tut mir leid", unterbrach ihn Gaiswinkler, „aber ich habe keinerlei Kenntnis darüber, was Kabbala bedeutet. Davon habe ich noch nie gehört."

„Die Kabbala ist ein mystisches Wissen der Juden, eine Suche nach einer unmittelbaren Beziehung zu Gott. Das Universum und die Menschen werden dabei in ihrer Einheit betrachtet. Das ist etwas, das man auch in den Schriften unseres christlichen Glaubens finden kann. Und in der Kunstkammer Seiner Majestät hier in Prag. Sie spiegelt im Kleinen die ganze Welt und alles, was in ihr vorhanden ist. Der Kaiser interessiert sich im Besonderen dafür, dass man in der jüdischen Schrift jeden Buchstaben auch als eine Zahl zu lesen vermag. Worte und Namen können in Zahlen und

Zahlen in Wörter umgewandelt werden. Der Überlieferung nach ist es mit dieser Herangehensweise möglich, zu zaubern."

„Habt Dank für die Belehrung! Mir scheint, von Euch kann ich noch vieles lernen. Doch lasst uns nun wieder zu Salomon Porticus zurückkehren."

„Was Porticus mit dem Ermordeten in seinem Laboratorium sprach, bleibt natürlich im Dunkeln. Vermutlich unterhielten sie sich über die Alchemie, welche die Welt in allen Dingen zum Guten verwandeln soll und auf die Veränderungen der Menschen ausgerichtet ist. Die Alchemie ist nicht nur mit der Astronomie und der Astrologie, sondern auch eng mit der Magie verflochten und somit mit der Zauberei, aus unedlen Stoffen Gold zu erzeugen. Was für einen Herrscher in ständiger Geldnot ein wesentlicher Grund ist, die Alchemisten zu fördern. Vielleicht war unser unbekannter Toter ja am Lapis philosophorum, dem Stein der Weisen, interessiert. Denn dieser soll die Kraft besitzen, weniger kostbare Gegenstände in Gold zu verwandeln, sodass er einem unermesslichen Reichtum schenken kann."

„Denkt Ihr, dass Salomon Porticus fähig ist, Gold herzustellen?"

„Ob ihm das einmal gelingt, wird sich weisen. Der Alchemist birgt jedenfalls etliche Geheimnisse, und es ranken sich viele Gerüchte um ihn. Eine der Geschichten, die man über ihn berichtet, besagt, dass er als junger Mensch unter der Anklage der Zauberei und Magie stand. Er wurde dann plötzlich freigelassen – wie das genau möglich war, wissen wir nicht – und machte eine erstaunliche Karriere unter dem Fürsten Sigismund Báthory in Siebenbürgen. Über sein weiteres Leben gibt es nur wenig Tatsachen und noch mehr Fama. Man sagt, er reise viel, nicht nur in Europa. Er selbst hüllt sich über seine Vergangenheit ganz bewusst in einen Nebel, und man kann sich bei ihm nie sicher sein, ob die wenigen Dinge, die er einem erzählt, stimmen oder frei erfunden sind. Er ist auch sehr schwer zu verstehen. Am besten ist es, sich mit ihm in der lateinischen Sprache zu unterhalten, wenn man nicht Ungarisch oder Rumänisch beherrscht. Doch auch das ist anstrengend, denn obwohl er weder Deutsch noch Böhmisch fließend spricht, mischt er einzelne Ausdrücke davon ins Lateinische."

„Wenn sich der Alchemist mit dem Fürsten Sigismund Báthory so gut verstand, wieso verließ er das Land und pilgerte herum? Hat er versagt in seinen Bemühungen, den Fürsten reich zu machen? Oder wurde er gar als Schwindler entlarvt?"

„Das alles liegt vollkommen im Dunklen. Erstaunlich ist, dass er seine Forschungen am Prager Hof, gefördert von Seiner Majestät, betreiben kann. Entweder hat sich der Kaiser nicht genügend über ihn informiert, oder er ist so leichtfertig, all seinen Versprechungen zu glauben", bemerkte der Hofzwerg und zuckte ratlos mit den Schultern. Dann bestellte er noch für jeden von ihnen ein Glas mit süßem Wein, auf das er Gaiswinkler als Dank für den Schutz vor den betrunkenen Burschen einlud. Da die Dämmerung aber schon früh einsetzte, machten sie sich bald auf den Heimweg, wobei der Salzamtsgegenschreiber darauf beharrte, Thommerl bis zu dessen Haus, das sich außerhalb der Burg in einer kleinen Gasse beim Kloster Strahov befand, zu begleiten.

Als er sich schließlich von dem kleinen Mann verabschiedet hatte, kam ihm doch so manches seltsam vor. Selbst für einen Hofzwerg war es schon mehr als eigenartig, dass er alle möglichen Leute kannte, darunter auch jene drei Personen, von denen er sogar wusste, wann sie der Tote aufgesucht hatte. Thommerl Niderthor besaß ein Wissen über Dinge, das er nur durch eine Reihe von merkwürdigen Zufällen oder durch systematische Nachforschungen erlangt haben konnte. Und wie nach ihrer ersten Begegnung fragte sich Gaiswinkler, ob er nicht auch ihn aushorche.

KAPITEL 13

Am nächsten Vormittag wartete der kaiserliche Trabant Miguel erneut vor der Tür. Diesmal war er gekommen, um Gaiswinkler mitzuteilen, dass der Obersthofmeister ein Gespräch mit José Alvarez für ihn vereinbart hatte. Es sollte in einer Stunde stattfinden und Miguel würde ihn dorthin begleiten. Ob er das tat, um ihn zu überwachen oder als Leibwächter zu beschützen, sagte der junge, mit einer Hellebarde und einem Degen bewaffnete Spanier nicht.

„Nicht schlecht", befand Gaiswinkler bei sich, „der Sohn eines Wirtes im entlegenen Aussee hat nun offenbar jeden Tag eine Zusammenkunft mit bedeutenden Personen im Umkreis des Hofes. Und das Ganze bewacht von einem Soldaten des Kaisers. Nie in meinen kühnsten Träumen hätte ich mir so etwas vorstellen können." Doch vor diesem Treffen graute es ihm auch. Er war ein gläubiger Protestant und musste nun mit einer Creatura di gesuita, einem jesuitischen Erzfeind, Kontakt aufnehmen.

Alvarez empfing ihn im Clementinum, dem Jesuitenkolleg, das beim Altstädter Torturm der Steinernen Brücke lag und noch lange nicht fertiggestellt zu sein schien. Die bisherigen Bauarbeiten an dem alten Kloster machten einen tristen Eindruck. Alles wirkte düster und unwirtlich. Vielleicht, gestand sich Gaiswinkler ein, bewirkten seine Vorurteile gegen den Orden aber auch seinen Blick auf die Gemäuer. Die Societas Jesu, der strengste Orden der Gegenreformation, war von Kaiser Ferdinand I. vor fast vierzig Jahren nach Prag berufen worden. Man hörte vieles über das Wirken der Jesuiten und der noch schlimmeren Dominikaner, in deren früheren Kirche die Societas Jesu hier Platz gefunden hatte. Diese beiden Orden hatten sich als die schrecklichsten Feinde der Protestanten erwiesen. Zahlreiche seiner Glaubensbrüder waren von ihnen getötet worden. Vor allem in Spanien hatte man mit dem Tribunal del Santo Oficio de la Inquisición unter der grausamen Hand des Großinquisitors eine scharfe Waffe gegen die „Ketzer" geschaffen. Aber auch der Einfluss der Jesuiten war im Heiligen Römischen Reich gewaltig. Sie standen sehr oft hinter den Verfolgungen der Anhänger Luthers und verängstigten die Protestanten massiv.

Fast so bedrückend wie die finsteren Räume empfand Gaiswinkler den Geruch im Clementinum. Es herrschte ein Gemisch von zu viel Weihrauch und dem Qualm des großen offenen Kamins, das in seinen Augen zu beißen begann und ihm beinahe den Magen hochkommen ließ. „Das", dachte er, „ist der unverkennbare Duft der Katholiken, ihr heiliges Räucherwerk und der Rauch der Ketzer, die man verbrannte." Was ihn seltsamerweise beruhigte, war der Schutz des Obersthofmeisters. Obwohl er wusste, dass Wolf Siegmund Rumpff vom Wullross ebenfalls als ein strikter Anhänger der Gegenreformation galt, vertraute er dem Mann, der ihn mit diesem eigenartigen Fall beauftragt hatte. Dieses Vertrauen gab ihm eine Sicherheit, welche man in diesen Zeiten im Reich der Habsburger als Anhänger Luthers selten vorfand.

Der Jesuit trug wie vor zwei Tagen die in Spanien übliche Form des Biretts sowie eine schwarze Priesterkleidung und begrüßte ihn mit einem Lächeln. Seine Augen blieben dabei jedoch kalt. Noch bevor er zu reden begann, faltete er immer wieder die Hände über seinem feisten Leib, dazwischen bekreuzigte er sich mehrere Male. „Gott sei mit Euch", sagte er schließlich mit einer erstaunlich hohen Stimme, während er bedächtig mit dem Kopf nickte und weiter starr lächelte. „Lasset uns zunächst gemeinsam ein Gebet sprechen."

„Es tut mir leid, Pater Alvarez," erwiderte Gaiswinkler, bemüht, trotz seines Widerstrebens Höflichkeit zu zeigen, „aber ich bin Protestant und kann daher nicht mit Eurer Exzellenz beten."

Wenn Blicke töten könnten, wäre er mit dem nächsten Atemzug wohl verstorben, denn Alvarez zog blitzschnell die Augen über seine dicken Wangen zusammen und sah ihn aus den schmalen Schlitzen kurz durchdringend an. Doch gleich darauf fasste sich der Geistliche wieder, setzte ein noch scheinheiligeres Lächeln als zuvor auf und meinte: „Dann gehen wir unverzüglich zu dem Gespräch über. Der Obersthofmeister bat mich, alle Eure Fragen zu beantworten. Ich ahne freilich nicht, wie ich Euch hier behilflich sein kann."

„Wie Eure Exzellenz ja sicherlich erfahren haben, ist niemandem bei Hofe bekannt, um wen es sich bei dem erdrosselten Mann handelt, der auf der Kleinseite gefunden wurde. Bei der Betrachtung des Bildnisses, das man im Vladislav-Saal zeigte, hatte ich das Gefühl, Eure Exzellenz könnten den Toten kennen und mir dessen Namen verraten. Das würde die Suche nach seinem Mörder wirksam fördern."

„Da muss ich Euch sehr enttäuschen, denn ich habe nicht die leiseste Ahnung, wer dieses arme Geschöpf – Gott sei mit ihm – ist. Es war mein christliches Mitfühlen, das Euch einen falschen Eindruck vermittelte. Die Tatsache, dass die schwere Sünde eines Mitmenschen zu seinem Tode führte, hat mich den Mann umso mehr bedauern lassen."

„Eure Exzellenz sind dieser Person in letzter Zeit also nicht begegnet?"

„Weder in letzter Zeit noch sonst irgendwann. Wie kommt Ihr auf so eine Vermutung?", fragte Alvarez scharf.

Gaiswinkler überlegte für einen Augenblick, wie er reagieren sollte, denn er wollte keinesfalls den Hofzwerg Thommerl verraten. Und so ging er, um die Sache nicht erläutern zu müssen, schnell darüber hinweg und in die Offensive: „Dann möchte ich Eurer Exzellenz eine weitere Frage stellen. Das Verhalten einiger anderer Anwesender im Vladislav-Saal deutet darauf hin, dass ihnen der Tote nicht unbekannt war.

Diese Personen reisten vor etlichen Jahren mit der Botschaft des Freiherrn von Eitzing nach Konstantinopel. Wie ich gehört habe, hielten sich Exzellenz damals ebenfalls dort auf. Ich weiß, es ist schon lange her, aber ist während dieses Aufenthaltes etwas Ungewöhnliches geschehen?"

„Etwas Ungewöhnliches? In dieser Stadt der Ungläubigen – Gott möge sie verfluchen – war alles ungewöhnlich. Ich habe diese Reise als eines meiner schlimmsten Erlebnisse in Erinnerung. In der Früh weckte einen das grässliche Geheule des Muezzins, der mehrmals am Tag vom Turm der Moschee herunterbrüllt, um zur falschen Lehre aufzuhetzen. Wohin man blickte, gab es Massen an Ungläubigen, so unrein wie sie sind. Das Abscheulichste an ihnen war ihre Behandlung der christlichen Gefangenen. Diese wurden mit Ketten am Hals in einer Reihe zusammengehalten und durch die Straßen getrieben. Schon entlang des Weges, auf dem wir nach Konstantinopel kamen, sahen wir, wie es denjenigen unter ihnen ergangen war, die sich zu befreien versucht hatten. Ihre blutigen Häupter starrten uns auf Stangen gesteckt von den Hügeln entgegen. Wenn starke Männer unter den Gefangenen waren, setzte man sie, nach einem Bad und mit abrasierten Haaren, meist auf den Galeeren als Ruderer ein. Man ging brutal mit ihnen um und schlug sie oft mit der Peitsche. Spanische und italienische Sklaven begingen in ihrer Verzweiflung die Schande wider die Natur. Mit ihrem lasterhaften Leben waren sie ein Ärgernis für das Christentum. Gott möge ihnen gnädig sein. Schlimmes widerfuhr auch den Weibsbildern und den jungen Knäblein. Sie wurden nackt auf den Märkten verkauft, wobei man ihre Zähne wie beim Pferdekauf beschaute. Es war erbärmlich, was diese Barbaren taten."

„Eure Exzellenz, das ist fürwahr grausam", sagte Gaiswinkler, der bei sich hinzufügte, dass es wohl auch im Christentum – so wie in anderen Glaubensformen – so manche auf dem

Rücken der Religion entstandene Schrecklichkeit gab. „Ich bin allerdings weniger an den Gebräuchen des Osmanischen Reiches interessiert als an den adeligen Personen aus dem Abendland, die in jenen Jahren in Konstantinopel weilten."

„Unter den anderen, die an der Reise teilnahmen, befanden sich einige – zu viele nach meinem Geschmack –, die nicht katholisch waren. Manche davon schienen überzeugte Häretiker zu sein, andere wussten nicht, wo sie hingehörten. Mit diesen allen hatte ich keine Gemeinsamkeiten. Wenn man mit ihnen sprach, entfuhr ihnen ein Gemisch zwischen der Wahrheit des Katholizismus und den Lügen der Ketzer, vor allem der Kalixtiner, welche die Kommunion unter beiderlei Form empfangen. Nur in einem waren sie mit mir einer Meinung: Die Anhänger des Propheten müssen ausgerottet werden, bevor sie Europa mit ihren Feldzügen gänzlich erobern." Alvarez hielt kurz inne, um sich ein weiteres Mal zu bekreuzigen. Als er fortsetzte, wurde sein Ton immer gehässiger und seine Miene versteinerte sich. „In meinem Leben hatte ich viel mit Häretikern zu tun, da ich von meinem Orden ausgewählt wurde, im Heiligen Römischen Reich zu missionieren. Nun bin ich in Prag, da Kaiser Rudolf II. beschloss, nicht mehr in Wien zu residieren, sondern hier. Das ist nicht gut, denn trotz seiner streng katholischen Erziehung in Spanien besitzt er Sympathien für die Ketzer, die es in Böhmen schon seit mehr als einem Jahrhundert unter den Hussiten gibt. Sie haben eine politische Rolle bei Hof und fordern mit ihren gotteslästernden Intrigen die wahren Gläubigen heraus. Viele der über die unterschiedlichsten Länder verstreuten Wissenschaftler und Künstler, denen der Kaiser Bedeutung schenkt, sind keine Katholiken. So etwa der dänische Astrologe mit seiner Nasenprothese, dieser ungläubige Tycho Brahe. Noch gefährlicher als er ist der Ketzer Johannes Kepler, der nicht nur die Sterne studiert, sondern auch Horoskope erstellt. Das ist ein Aberglaube, den man verbieten muss. Aber Seine Majestät nimmt seine Dienste mit Vorliebe in Anspruch und hält seine schützende Hand über ihn – ebenso wie über die Maler und Bildhauer. Was diese darstellen, ist pervers, aufwühlend und unmoralisch, immer nur nackte Weiber. Manche der Dinge, die sich Rudolf II. von seinem Wachsbossierer Antonio Abondio anfertigen lässt, sind nach allem, was ich weiß, einfach nur Schweinereien, die gegen die Gebote Gottes verstoßen. Der Kaiser, der ja den Untertanen die Moral und den Respekt vor der einzig segenbringenden katholischen Kirche vorleben sollte, ist weit weg von diesem Verhalten. Er wird in der Hölle landen und dort lodern. Neulich hat er die Fliegen vom Tisch verscheucht, drei blieben sitzen. Daraufhin sagte er: ‚Vielleicht ist eine der Papst, die andere der König von Spanien und die dritte Erzherzog Matthias.' Unglaublich, den Heiligen Vater, das Haupt der Christenheit, mit einer Fliege zu vergleichen."

Gaiswinkler fand, dass Rudolf II. recht mit seinem Ausspruch hatte. Sowohl der Papst, der spanische König als auch der jüngere Bruder des Kaisers waren trotz des Augsburger Religionsfriedens die Treibkraft gegen die Reformation. Der Monolog des Jesuiten hatte ihn zunehmend in Wut gebracht. Wie Alvarez über die Protestanten, aber auch andere Konfessionen sprach, ekelte ihn zutiefst an. Es blieb ihm jedoch nichts anderes übrig, als ruhig zuzuhören. Auch wenn er in seiner Zeit in Padua einiges an Techniken der Diskussion kennengelernt und eine Reihe von Büchern gelesen hatte, die sich mit den Glaubensrichtungen der Zeit auseinandersetzten, konnte er keine Disputation mit dem weitaus gebildeteren Geistlichen beginnen, vor allem nicht an einem katholischen Hof, an dem man schnell in den Kreis der Verfolgten geriet. So vermochte Alvarez ohne Widerspruch vor sich hin zu wettern, bis er am Schluss erneut bekräftigte, den ermordeten Mann nicht zu kennen. In der Sache könne er nicht helfen und er bitte den Salzamtsgegenschreiber, nun zu gehen. Obwohl Gaiswinkler keineswegs daran zweifelte, dass der frömmelnde, verschlagene Jesuit log, musste er sich höflich und entschuldigend verabschieden. Er war froh, dass er das Kloster wieder verlassen konnte. Sein Kopf glühte von der langen Brandrede des Pfaffen und dem Weihrauchgestank.

Irgendetwas Größeres musste hinter dem Ganzen stehen, grübelte er, als er sich mit Miguel, der die Unterhaltung schweigend verfolgt hatte, aus den trostlosen Gemäuern fortmachte – eine Geschichte, an der vermutlich mehrere Menschen beteiligt waren. Da aber offenbar niemand bereit war, davon etwas preiszugeben, befürchtete er, dass auch die dritte Person, die er befragen wollte, in der Sache stumm bleiben und keine Hilfe sein würde.

KAPITEL 14

Christoph Praunfalk, der oft mürrisch aufgelegt sein konnte, war an diesem Abend sehr guter Laune. Und das, obwohl sein Vorsprechen auf der Burg wegen der Saline tagsüber nicht sehr erfolgreich verlaufen war. „Stell dir vor", sagte er, während er entspannt an einem der Bücherschränke in der Bibliothek Hoffmann von Grünbühels lehnte und Gaiswinkler dabei zusah, wie dieser am Lesepult eine umfangreiche Druckschrift durchblätterte, „die langsame Bürokratie am Hof hat mich heute zwar fast in den Wahnsinn getrieben, da dort oben der Eine zum Nächsten schiebt, weil dieser angeblich zuständig ist, dieser wieder zum Nächsten und so weiter, bis man am Schluss vermutlich wieder beim Ersten landet, aber dieser anstrengende Vormittag hatte dann eine sehr angenehme Fortsetzung. Du erinnerst dich daran, dass wir bei der Auffindung der Leiche auf der Kleinseite eine junge Frau mit einem auffallenden Rock gesehen haben?"

„Natürlich, dieses Mädchen hat uns ja dank deiner Neigung zu jungen Weibern in den Mordfall geführt", erwiderte sein Freund und grinste, ohne von seiner Lektüre aufzublicken.

„Spar dir diesen spöttischen Ton, Matthias, zumal ich bemerkt habe, wie du die – zugegeben sehr hübsche – Magd meines Onkels ansiehst. Jedenfalls habe ich diese Frau auf meinem Weg hinunter vom Hradschin getroffen und sie freundlich gegrüßt. Da sie mich auch gleich erkannt hat, stellten wir uns einander vor. Sie heißt Veronika, stammt aus Meißen im Kurfürstentum Sachsen und ist die Tochter von Moritz Andraský Ritter von Audráz, der vor wenigen Monaten gestorben ist. Da ihre Mutter auch nicht mehr lebt, wurde sie nach dem Tod ihres Vaters von entfernten Verwandten hier in Prag aufgenommen, der Familie der Herren von Laiming. Veronika und ich gingen dann – trotz des kühlen Wetters – ein wenig bei den Gärten spazieren, und sie rutschte auf einer der Eisplatten aus. Obgleich ich sie noch auffangen konnte, verstauchte sie sich dennoch den Knöchel, und ich musste sie – teilweise stützend, teilweise tragend – nach Hause bringen. Ich weiß nicht, wie das weitergehen wird, aber ich glaube, ich habe mich verliebt."

„Das habe ich von dir schon etliche Male gehört, und wenn der nächste Rock auftritt, sieht alles anders aus."

„Nein, diesmal wird das nicht passieren. Es ist sicher nicht so wie sonst … Doch kommen wir nun zu etwas anderem, wie war dein Gespräch mit dem Jesuiten?"

Gaiswinkler zog die Augenbrauen hoch und seufzte. „Ach, der war noch schlimmer als der eingebildete mantuanische Botschafter gestern. Dieser furchtbare Papist wollte sogar mit mir beten. Außerdem hat er schreckliche Dinge über alle Nicht-Katholiken gesagt und sich ausführlich über die zu nachsichtige Behandlung der Ketzer durch den Kaiser geäußert. Auch als ich ihn über seinen Aufenthalt in Konstantinopel fragte, hat er darüber nur geflucht."

„Ich weiß nicht, ob das eine Spur in dem Mordfall ist", warf Praunfalk ein, „aber vielleicht kann dir mein Onkel, wenn er hoffentlich bald wieder gesund ist, mehr über seine Zeit im Osmanischen Reich erzählen. Er war ja im Gefolge der kaiserlichen Botschaft dort."

„Es wäre freilich ein großer Zufall, wenn dieser Mord auf irgendeine Weise mit Konstantinopel in Zusammenhang steht, ganz auszuschließen ist es allerdings nicht. Denn es ist wirklich etwas seltsam, dass so viele in dem Umfeld eine Reise dorthin unternommen haben. Auch abgesehen von meinen Nachforschungen, würden mich die Schilderungen deines Onkels über den Orient aber sehr interessieren. Wie herrlich doch David Ungnad von Sonnegg in seinem Reisebericht, den ich hier vor mir habe, die Dinge dieser anderen Kultur schildert. All das werde ich wohl nie zu sehen bekommen."

„Nun, ich bin nicht sicher, ob von Kultur in dieser brutalen Gesellschaft, die ständig mit großer Beharrlichkeit Krieg führt, die Rede sein kann. Aber manche Bemerkungen meines Onkels lassen mich vermuten, er könnte dir auch viel von dem erzählen, was er an Schönem in diesem Land gesehen hat. Wappne dich jedoch mit Geduld. Er spricht gerne über alles so lange und begierig, dass es einem nur hilft, wenn man während seines Vortrags einige Gläser des guten Weines trinkt."

Praunfalk hatte den letzten Satz noch kaum beendet, als Božena den Kopf bei der Tür hereinsteckte. Sie nickte den beiden fröhlich zu und kam dann so schwungvoll in die Bibliothek hereingeschwirrt, dass sich einige Locken aus ihrem an diesem Tag nur locker zusammengesteckten Haar lösten. „Der Trabant, der bereits am Morgen hier gewesen ist und dich, Matthias, in die Stadt begleitet hat, steht wieder mit einer Nachricht des Hofes vor dem Haus", verkündete sie und bot an, die herausgenommenen Bücher in die Schränke zurückzustellen, damit die zwei unverzüglich zum Portal eilen konnten, wo Miguel wartete.

Was der Leibgardist mitzuteilen hatte, erwies sich von großer Tragweite. Salomon Porticus habe sich bereit erklärt, am kommenden Tag ein Gespräch mit dem Salzamtsgegenschreiber zu führen, und bei diesem Gespräch würde auch der Kaiser anwesend sein. „Da es sich bei dem Alchemisten um einen Mann handelt, der viele Geheimnisse erforscht hat und ein Wissen besitzt, das nicht nach außen dringen darf, kann man ihn nicht allein mit Euch sprechen lassen", erklärte Miguel, dem man am Hradschin oben auch ein Paket mitgegeben hatte, in dem sich elegante Kleidung befand, die Gaiswinkler am nächsten Tag tragen sollte. „Denn", so erläuterte der Trabant, „bei einem Treffen in Anwesenheit Seiner Majestät Rudolfs II. muss man entsprechend angezogen sein."

Er, der unbedeutende Ausseer, würde morgen den Kaiser treffen! Bei Gaiswinkler machten sich gleichzeitig Stolz, Angst und Beklemmung breit. Doch es half nichts, Miguel drückte ihm den Pack mit dem Gewand in die Hand und bekundete nochmals, wann er am nächsten Tag bereit zu sein habe. Auch Praunfalk, der die ganze Zeit schweigend zugehört hatte, war zwiegespalten. Auf der einen Seite freute es ihn, dass seinem Freund eine solche Ehre zuteilwerden sollte, andererseits verspürte er tiefen Neid, denn schließlich war er der Ranghöhere und ein Adeliger, Matthias hingegen nur der Sohn eines Wirtes, von nicht einmal dem größten Gasthaus in Aussee. „Ich gratuliere dir von ganzem Herzen", sagte er, wobei er versuchte, so gut es ging, seine Enttäuschung zu verbergen. „Es ist ein ganz besonderes Ereignis, den Kaiser persönlich zu sehen und mit ihm sprechen zu dürfen. In dieser Gunst zu stehen, ist ungewöhnlich für einen Mann in deinem Alter, deiner gesellschaftlichen Herkunft und deiner Konfession."

„Ich habe dir viel zu verdanken, Christoph, ohne dich wäre ich wohl nie nach Prag gekommen. Wie sehr wünschte ich mir, dass auch du von Seiner Majestät empfangen würdest", erwiderte Gaiswinkler, und er meinte es aufrichtig. Als sie sich wenig später in ihre Zimmer zurückzogen, fühlte er sich, obwohl er eigentlich glücklich sein sollte, schlecht. Er lag auf seinem Bett und starrte an die Decke, mit zu vielen quälenden Fragen. Auf welche Weise er den Kaiser anreden musste, wusste er, aber welche Umgangsformen waren sonst gefragt? Reichte es, sich vor dem Kaiser tief zu verbeugen oder enthielt dieses komplizierte Zeremoniell noch andere Dinge, die es unbedingt zu beachten galt? Schließlich konnte er ja nicht darauf hoffen, dass Rudolf II. Rücksicht auf den Umstand nahm, nicht mit einem adeligen Höfling zu sprechen, sondern mit einem einfachen Menschen von niederem Stand. Während er so vor sich hin grübelte, klopfte es. Es war Božena, die ihm einen Krug voll heißem Gewürzwein und ein großes Stück safrangelben Kuchen brachte. „Darf ich überhaupt noch mit dir sprechen, jetzt wo dir morgen der Kaiser Audienz gewährt?", fragte sie, schelmisch, wie sie war.

„Hier können keine Geheimnisse länger als zwei Atemzüge verschwiegen bleiben. Woher weißt du, was mir Miguel mitteilte?"

Die junge Magd zuckte nur mit der Schulter. „Das ist doch bereits im ganzen Haus bekannt." Dann betrachtete sie ihn nachdenklich. „Du scheinst mir aber nicht besonders glücklich zu sein", stellte sie fest.

„Setz dich doch und nimm dir einen Schluck", forderte Gaiswinkler sie auf und räumte einige Papiere von dem Armstuhl beim Fenster. Kurz darauf nahm auch er wieder Platz, im Schneidersitz auf seinem Bett, und ihr den warmen Wein aus seinem Becher reichend, begann er, ohne zu zögern, von seinen Nöten zu erzählen.

Božena hörte ihm aufmerksam zu, stellte dabei auch ab und zu eine Frage, bis sie ihn schließlich beruhigte: „Nun, ich denke, deine Furcht ist unbegründet. Man berichtet zwar, dass der Kaiser rasen, toben und schreien kann und ein schwieriger Mensch sei, doch er ist klug, und in seinem Umfeld gibt es einige, die nicht seines Standes sind und anfangs wohl ebenfalls nicht ganz mit dem offensichtlich sehr komplizierten Zeremoniell bei Hof vertraut waren. Ich bin mir sicher, Rudolf II. wird bei dir über so manchen Fehler hinwegsehen."

Sie sprachen noch eine ganze Weile weiter, teilten sich das Stück Kuchen und leerten gemeinsam den Krug Wein. Als Božena Gaiswinkler knapp vor Mitternacht verließ, hatte er ihr viel von den letzten Tagen und so einiges aus seinem Leben anvertraut. Zum Abschied wünschte sie ihm Glück für den nächsten Tag und küsste ihn dann plötzlich auf beide Wangen, bevor sie geschwind, damit er nicht sah, wie sehr sie dabei errötet war, die Tür hinter sich zuzog und entschwand.

KAPITEL 15

Schon kurz nach dem ersten Krähen des Hahnes, der mit seinen sieben Hennen neben schnatternden Gänsen und mehreren Volieren voller Fasane und Tauben im Wirtschaftshof des Gartens lebte, wurde Gaiswinkler vom ältesten Diener des Hauses, den er ansonsten nur selten zu Gesicht bekam, geweckt. Praunfalk hatte noch am Vorabend veranlasst, dass an diesem Morgen ein Zuber in der Badestube für ihn bereitstand. In den kleinen Raum schleppten mehrere Bedienstete in großen Krügen das heiße Wasser für das erste Bad, das er seit Längerem nehmen konnte, herbei. Dank der Seife, die man ihm für den heutigen besonderen Tag zur Verfügung stellte, duftete es nach wildem Majoran, Quendel, Lavendel und manch anderen Kräutern. Nachdem der greise Mann ihn in dem warmen Nass fleißig geschrubbt und nach dem Abtrocknen auch noch mit wohlriechenden Ölen eingerieben hatte, zog Gaiswinkler das neue Gewand an. Es passte perfekt – demjenigen, der es besorgt hatte, musste eine meisterhafte Gabe zur Abschätzung der Größen einzelner Kleidungsstücke eigen sein. Die relativ weite Tracht gab ihn deutlich als Bürger zu erkennen und zeigte unterschiedlich abgestufte Grüntöne. Er trug Unterkleider und ein Hemd aus feinem Leinen, ein bis zur Taille reichendes Wams, eine gepluderte Oberschenkelhose, eine Schaube und auf dem Kopf ein schlichtes Barett ohne jeglichen Firlefanz. Seine Füße bedeckten die vorne sehr breiten Kuhmaulschuhe, deren schwarzes Leder man schlitzte, damit die Farbe der Strümpfe noch besser zur Geltung kam.

Bereits einige Zeit, bevor ihn Miguel abholen sollte, war er bereit. Da das Treffen auf der Burg noch vor dem Frühmahl stattfinden würde, hatte er nach dem Bad nur schnell den morgendlichen Becher Wein und eine Fleischbrühe zu sich genommen, mehr hätte er aber wohl sowieso nicht hinuntergebracht. Der Trabant erschien pünktlich gegen acht Uhr. „Alles wird halb so schlimm, mein Freund", sagte er aufmunternd lächelnd auf Spanisch, das Gaiswinkler aufgrund seiner Italienischkenntnisse weitgehend verstand.

Den Weg zum Hradschin hinauf legten er und Miguel sehr zügig zurück. Nachdem sie dann in einem Teil der Burg, den er noch nicht kannte, durch etliche Korridore geschritten waren, musste er jedoch – vielleicht gehörte das ja auch zu dem speziellen Zeremoniell des Kaisers – in einem Kabinett länger als eine gefühlte halbe Stunde warten, bis man ihn in einen verhältnismäßig kleinen und privat wirkenden Raum einließ. Dort saß in der Mitte des Zimmers, umgeben von mythologischen Szenen und Jagdmotiven, die auf großen Teppichen die Wände zierten, in einem breiten und mit einer gepolsterten Lehne versehenen Sessel der Kaiser. Auf seinen Knien lag ein Buch mit dem Titel *Monas Hieroglyphica*, in dem er offenbar gerade gelesen hatte.

Rudolf II. war ganz in Schwarz gekleidet, lediglich seine blendend weiße Halskrause und die goldene Kette mit dem Ordenssymbol des Goldenen Vlieses, dem goldenen Widderfell, hoben sich als Farbtupfer in seiner Erscheinung hervor. Obwohl im großen Kamin ein helles Feuer brannte, trug er auf dem Kopf einen Hut in der Form eines Zylinders, dessen Krempe rundum mit Edelsteinen besetzt war. Seinen eindrucksvollen Anblick machte allerdings nicht seine Kleidung aus, auch nicht sein Vollbart oder sein markantes Gesicht, sondern etwas, das der Kaiser selbst ausstrahlte – etwas, das Gaiswinkler weder beschreiben noch erklären konnte. Er fühlte sich sofort von diesem Mann in Beschlag genommen, und ein kleines Teufelchen flüsterte in ihm: „Weil man weiß, dass er der Kaiser und etwas Besonderes ist, nicht vergleichbar mit den Adeligen oder Klerikern, die sich so viel auf ihre Geschichte und ihre Macht einbilden."

Im Gegensatz zu seinem Besuch bei dem Jesuiten am Vortag, als ihm Weihrauch und Qualm Übelkeit verursacht hatten, duftete es um ihn herum angenehm nach Lebkuchen und gebratenen Äpfeln. Es erinnerte ihn an das Wirtshaus seines Vaters in Aussee, in dem es zu dieser Zeit des Jahres ähnlich roch. So fiel es ihm etwas leichter, nun all seinen Mut zusammenzunehmen und sich tief zu verbeugen, mit den einfachen Worten: „Guten Morgen, Eure Majestät."

Rudolf II. wandte sich Gaiswinkler darauf ganz zu und blickte – zur Beruhigung seines Besuchers – sehr freundlich drein. „Er ist also der junge Mann aus Unserer Saline in Aussee, der, wie mir mein Obersthofmeister berichtete, so lobenswerte Beobachtungen bei dem Toten machte, den Er auf der Kleinseite gefunden hat."

„Ja, Allerdurchlauchtigster Kaiser, ich bin gemeinsam mit Eurem Salzamtsverweser Christoph Praunfalk, der Eurer Majestät seine alleruntertänigsten Wünsche sendet, in diese Geschichte hineingestolpert."

„Rumpff hat mir dargelegt, dass Er ein sehr fähiger Beobachter ist, auch die Idee mit dem Bild des Toten, das im Vladislav-Saal ausgestellt wurde, war eine sehr abenteuerliche und kluge Maßnahme. Offensichtlich haben zwar einige den Mann erkannt, sind aber nicht bereit gewesen, ihr Wissen über diese Person weiterzugeben. Was mich persönlich interessiert, ist die Tatsache, dass Er meint, mein Alchemist Salomon Porticus wäre einer derjenigen, der mit dem Opfer Bekanntschaft gemacht hat."

„Eure Majestät müssen entschuldigen, wenn ich es so einfach sage, aber ich denke, dass sich am Ausdruck des Gesichtes einiges über die Gedanken und Gefühle eines Menschen ablesen lässt. Und dieser Ausdruck des Gesichtes war bei drei Männern, als sie das Porträt betrachteten, nicht mehr unter Kontrolle. Mit zwei von ihnen habe ich gesprochen, sie haben jedoch aufbrausend bestritten, das Mordopfer zu kennen. Der dritte, dem – wie ich meine – der Ermordete nicht unbekannt war, ist der Alchemist."

„Ich habe Ihn eingeladen zu diesem Gespräch, doch Er muss schwören, dass Er alles, was Porticus sagt, unverzüglich wieder vergessen wird, außer den Fakten, die mit dem Mord zu tun haben. Salomon Porticus ist einer meiner engsten Berater. Er arbeitet in seinem Laboratorium für mich, und nichts, aber auch wirklich gar nichts darüber darf in falsche Hände fallen. Der Hof ist ein Kosmos für sich, und jedes Gerücht, so wie auch jede Wahrheit, verbreitet sich schneller als das Feuer des Blitzes. Er muss also diese Schweigepflicht akzeptieren, bevor ich Porticus ins Zimmer lasse."

„Eure Majestät, es ist für mich selbstverständlich, dass ich kein Wort über dieses Gespräch weitergeben werde, auch wenn mich noch so viele Menschen befragen wollen. Aqua in bocca, wie die Italiener sagen. Ich werde schweigen wie ein Grab, wie es im Deutschen heißt."

„Er spricht Italienisch, wie hat Er das in Aussee gelernt? Dort beherrscht man doch außer einer Abart des Deutschen, die man kaum versteht, keine andere Sprache."

„Das ist wahr", sagte Gaiswinkler und lachte, „wenn man mit Holzknechten oder Bauern redet, versteht man natürlich nicht alles, aber die Händler und Beamten können sich weitgehend verständlich machen. Um die Frage Eurer Majestät zu beantworten: Ich wurde mit dem Sohn des früheren Salzamtsverwesers ausgebildet und war mit diesem in Padua, um an der Universität zu studieren. Dort lernte ich die italienische Sprache. Latein musste ich schon zur Vorbereitung auf das Studium meistern, das ich dann leider durch den Tod meines Begleiters vorzeitig beenden musste."

„Ungewöhnlich, das Leben, das Er, der noch so jung ist, geführt hat. Aber ich denke, nun sind alle Fragen klargestellt und man kann Salomon Porticus hereinrufen."

KAPITEL 16

Kaum hatte der Kaiser seine Worte gesprochen, öffnete sich die Tür wie von Geisterhand bedient, und der Alchemist erschien. Ähnlich wie Rudolf II. war er ganz dunkel gekleidet, ein rabenschwarzer Umhang umhüllte ihn, und seine weißen Haare wurden beinahe vollständig von einer fast noch schwärzeren runden Mütze bedeckt. Die Kopfbedeckung nahm er von seinem Haupt, bevor er sich etwas steif vor Seiner Majestät verbeugte. Was man von dem älteren, aber noch immer gut aussehenden Mann wohl vor allem in Erinnerung behielt, war sein weißer, sorgfältig gepflegter Bart, der ihm bis zur Mitte der Brust reichte und in einer klaren Form als Dreieck in einem Spitz endete. Sein Schnurrbart schimmerte ebenfalls schneeweiß und umrahmte den langen Bart bis weit über ein Drittel.

Kurz nach Porticus' Eintreten machte Gaiswinkler erneut eine Verbeugung, diesmal vor dem Alchemisten und weniger tief. Danach bedankte er sich ein weiteres Mal beim Kaiser für die Einladung, um dann den „Meister" sehr förmlich zu begrüßen. Hatte das vorhergehende Gespräch mit Rudolf II. in einer Mischung aus Deutsch und Latein stattgefunden, so ging man nun ausschließlich zur Sprache der Wissenschaft, dem Lateinischen, über. „Welch ein Glück", dachte der junge Salzamtsgegenschreiber bei sich, „dass es die Lingua Latina gibt, die alle Gebildeten lesen und sprechen, und die es einem, egal aus welchem Land Europas man kommt, ermöglicht, sich trotz verschiedener Muttersprachen ohne Dolmetscher miteinander zu unterhalten." Er hatte schon in Italien festgestellt, dass ein Studium dieses antiken Wortschatzes, bei dessen Erlernen er sich ordentlich geplagt hatte, lebensnotwendig war. Selbst in seinem Geburtsort Aussee kamen immer wieder Händler und andere Reisende vorbei, die kein Deutsch – vom lokalen Dialekt ganz zu schweigen – verstanden.

Fast noch mehr als vor seinem Zusammentreffen mit dem Kaiser, der ihn so wohlwollend empfangen hatte, spürte er zu Beginn dieser Unterhaltung seine Aufregung. War ihm doch Salomon Porticus, zwar nicht vom Rang, aber von seiner Bildung her, weit überlegen. Während Rudolf II. einige Sätze an den Alchemisten richtete, zögerte Gaiswinkler noch immer, ob er direkt auf das Thema zugehen oder die Materie langsam umschleichen sollte. Als ihm schließlich das Wort erteilt wurde, entschloss er sich, seine Fragen ohne Umschweife zu stellen und auf eine positive Antwort zu hoffen. Nach einer kurzen Erläuterung über den Fund der Leiche und das darauffolgende Prozedere ging er gleichsam zum Angriff über. Bei der Ausstellung des Bildnisses im Vladislav-Saal habe er den Eindruck gewonnen, dass Porticus den Toten identifizieren könne.

„Das muss eine Einbildung gewesen sein, mein Herr, mir sagt dieser Mann nichts", versicherte der Alchemist. Er besaß eine sehr tiefe Stimme und war tatsächlich schwer zu verstehen, da er beim Sprechen nicht nur Silben verschluckte, sondern auch andere seltsam betonte.

„Ganz bestimmt nicht, Meister Porticus", erwiderte Gaiswinkler mit Überzeugung, zügig aufs Ganze setzend. „Denn ich erfuhr ebenso aus einer sicheren Quelle, dass der Mann, den Ihr nicht kennen wollt, Euch vor seinem Tode in Eurem Laboratorium hier in Prag besuchte."

„Meister Porticus", griff nun der Kaiser mahnend ein und beugte sich dabei mit strengem Blick ein wenig vor, „dieser Mord könnte mit den Geheimnissen der Alchemie zusammenhängen. Daher bestehe ich darauf, dass Ihr uns weiterhelft, wenn Ihr etwas über den Toten wisst."

Auf der Stirn des Gelehrten begannen sich winzige Schweißperlen zu bilden. Seine Selbstsicherheit schwand offensichtlich dahin. Einige Augenblicke machte es den Eindruck, als würde er mit sich kämpfen, ob er etwas preisgeben sollte, doch dann wandte er sich an Rudolf II. und ignorierte denjenigen Mann, der ihm zu Beginn die Frage gestellt hatte. „Eure Majestät, ich habe den auf dem Bild Abgebildeten, dessen Leben ein so grausames Ende fand, zum ersten Mal vor vielen Jahren in Konstantinopel gesehen", sagte er, „aber sein Name, mit dem ich ihn nie ansprach, schien mir nicht wichtig. Für mich war damals überhaupt Vorsicht geboten, denn ich hatte erfahren, wie oft sich dieser Mensch in der Stadt herumtrieb und an Gelehrte, die sich mit alchemistischen Fragen beschäftigten, heranmachte, um sie auszuhorchen. Daher versuchte ich, so gut es ging, mich von ihm fernzuhalten. Von einem meiner Diener bekam ich erzählt, dass er auch zu so manch Adeligem, der sich in jenen Jahren mit dem kaiserlichen Gesandten, dem Freiherrn von Eitzing, in Konstantinopel aufgehalten hatte, Kontakte knüpfte. Und so erlaube ich mir anzuraten, zwei Personen, denen das Bild im Vladislav-Saal ebenfalls gezeigt wurde, zu befragen – Graf Andrea Galeazzo und Pater José Alvarez. Sie vermögen über den Mann bestimmt mehr zu sagen als ich."

Gaiswinkler bemerkte, er habe mit den beiden schon gesprochen, jedoch von ihnen keine wie immer gearteten Anhaltspunkte erhalten. Dann setzte er fort: „Wenn Ihr, Meister, in Eurer Erinnerung nur an Konstantinopel denkt, so könntet ihr zweifellos den Mann vergessen haben, schließlich ist das schon etliche Jahre her. Doch ich möchte von Euch gerne wissen, warum er Euch hier in Prag besucht hat und was Ihr mit ihm besprochen habt?"

Porticus' ohnehin schon düstere Miene verfinsterte sich zu Gewitterschwärze, er sah den jungen Ausseer erbost und unwillig an. Der Alchemist schien knapp vor einem Wutausbruch, bis ein unmissverständliches Räuspern des Kaisers ihn wieder in jene Situation zurückführte, in der er sich befand: Sein Leben hing – in doppeltem Wortsinn – von der Gnade Seiner Majestät ab. Rudolf II. durfte er niemals verärgern.

„Tatsächlich suchte mich dieser Mann – dessen Namen ich mir zwar nicht gemerkt habe, der aber, wie ich glaube, so ähnlich wie ‚Weniger' klang – vor ungefähr drei Wochen auf", begann er sodann, wobei er sich sichtlich bemühte, einen freundlichen Ton anzuschlagen. „Nachdem er kurz unseren gemeinsamen Aufenthalt am Hof des Sultans erörtert hatte, kam er bald auf die Alchemie und im Besonderen auf das Goldmachen zu sprechen. Ich ging auf dieses Thema aber nicht ein und ließ ihn reden, ohne Antworten zu geben. Doch nach einer Weile erwähnte er etwas, das mich interessierte. Er erzählte mir von einem wunderschönen Bezoar, mit Edelsteinen und Gold verziert, der über seine übliche Bedeutung hinaus noch eine weitere besitze. Seiner Schilderung nach liegt dieser Bezoar in einer Hülle aus Kamelleder, die mit einem Stoff aus Kamelott gefüttert ist. In diesen sollen Hinweise auf bedeutsame magische Schriften eingenäht sein. Als ich Weniger, oder wie immer der Mann hieß, fragte, ob er über diesen Stein verfügt, wich er mir aus. So wurde mir nicht klar: Hat er nur fabuliert oder gehörte ihm jener wirklich?"

Gaiswinkler war das Wort Bezoar zuvor noch nie zu Ohren gekommen. Nachdem Porticus zu Ende gesprochen hatte, gestand er diese Unwissenheit, woraufhin – zu seiner Überraschung – nicht der Alchemist, sondern der Kaiser persönlich die Erklärung übernahm: „Der Bezoar, den man zuerst in Persien fand, ist eine Art heiliger Stein, wenn man ihn auch im herkömmlichen Sinn nicht als solchen bezeichnen kann. Wie einige Gelehrte meinen, entsteht er im Magen einer Ziege aus den Haaren, die sich dort sammeln. Was ihn so bedeutend macht, sind seine magischen Kräfte. Denn während die großen, schönen Bezoare mit Gold und Edelsteinen zum Bestaunen verziert werden, kann man die kleinen zerreiben, um sie als Arznei zu verwenden. Sie dienen als Gegenmittel bei Vergiftungen und spielen deshalb hier am Hof neben dem Vorkoster eine wichtige Rolle. Außerdem helfen sie bei vielen Krankheiten und stärken die Manneskraft."

„Wenn man den Gerüchten über Rudolf II. und seine vielen Mätressen, mit denen er angeblich einige uneheliche Kinder hat, vertraut, so ist ein Bezoar dafür wohl offensichtlich eine unfehlbare Medizin", dachte der junge Ausseer, bis Porticus ihn aus seinen Gedanken riss: „Bei dem Stück, von dem der Mann sprach, kommt freilich noch einzigartig seine geheimnisvolle Hülle hinzu, die uns möglicherweise wichtige Informationen bringt."

„Wie Ihr, Meister, vorhin sagtet, wisst Ihr nicht, ob der Stein tatsächlich im Besitz des Toten war. Man fand allerdings am Handgelenk des Ermordeten eine dünne, aber stabile Goldkette, von der ein Teil, an dem bestimmt etwas Wertvolles hing, fehlte. Könnte das dieser Bezoar gewesen sein?", warf Gaiswinkler fragend ein.

„Sicherlich", meinte Porticus, „denn so eine Kette soll verhindern, dass er hinunterfällt oder dem Menschen, der ihn bei sich trägt, entwendet wird."

Der Kaiser nickte zustimmend. Dann wandte er sich an seine beiden Gesprächspartner, um die Unterhaltung zu beenden: „Alles, was wir an diesem Morgen hier besprochen haben, bleibt ein Geheimnis, daran erinnere ich nochmals. Es wäre wundervoll, den Bezoar samt den Schriften zu finden, doch der Weg dazu führt nicht am Mörder vorbei. Wie es scheint, ist dieser auch der Dieb des Steins. Gaiswinkler, bleib Er an der Sache dran. Wenn Unterstützung gebraucht wird, kann der Obersthofmeister über alles verfügen."

Damit wurden die zwei entlassen. Sich in einer tiefen Verbeugung nach hinten bewegend, um Seiner Majestät nicht das Hinterteil zeigen zu müssen, verließen sie den Raum. Nahezu im selben Augenblick, in dem sie bei der Tür hinaus und allein waren, verfinsterte sich das Gesicht des Alchemisten wieder. Seine Abneigung gegen einen Menschen, der nicht zu den Gelehrten gehörte, zeigte sich erneut deutlich. Gaiswinkler versuchte, es zu ignorieren. Ihn stimmte es zufrieden, dass Porticus von Rudolf II. zum Reden gebracht worden war und es eine Spur gab, die man verfolgen konnte. Doch wem hatte der Ermordete sonst noch von diesem Stein erzählt, vielleicht wussten auch andere Alchemisten von ihm? In deren magischen Welt und Verflechtungen am Hof kannte er sich allerdings noch viel zu wenig aus. Wer könnte ihm hierbei behilflich sein? Zunächst kam ihm nur Thommerl Niderthor in den Sinn, aber dann, auf den letzten Schritten seines Heimwegs, kurz vor dem Tor des Hauses Grünbühel, fiel ihm plötzlich der weise Apotheker ein.

KAPITEL 17

In der Eingangshalle des Palais stand, mit Mantel und Stiefeln bekleidet, Praunfalk, der ihn sofort mit der Frage überfiel, wie die Audienz verlaufen war. Obwohl Gaiswinkler ihm gerne mehr erzählt hätte, hielt er sich an das Versprechen, das er dem Kaiser gegeben hatte. Er berichtete nur von der Erscheinung und Ausstrahlung Rudolfs II., über die Auskünfte des Alchemisten verlor er – mit dem Hinweis, dass er zu strengstem Stillschweigen verpflichtet war – kein Wort. Praunfalk wirkte deutlich enttäuscht, versuchte jedoch nicht weiter, in das geheime Wissen seines Freundes einzudringen. Stattdessen machte er sich auf zur Burg, wo er einen neuen Versuch in der Hallamtsgelegenheit unternehmen wollte. Auch Gaiswinkler verließ bald wieder das Haus. Als er in seine Stube gegangen war, um die edlen Kleider gegen sein gewöhnliches Gewand zu tauschen, hatte er beschlossen, den Apotheker noch an diesem Tag aufzusuchen.

Auf seinem Weg in die Altstadt besaß er kaum Augen für seine Umgebung. Lediglich als ihm vor der Steinernen Brücke drei dürftig gekleidete Kinder begegneten, die an einer Kette einen auf den Hinterbeinen tappenden Bären führten, den sie auf den Plätzen der Stadt tanzen ließen, blickte er länger auf und steckte ihnen eine Münze zu. Ansonsten kehrten seine Gedanken immer wieder zu den vorhergehenden Stunden zurück. Wie erstaunlich war es doch, dass er von Rudolf II., dem aufgrund seiner starken spanischen Züge so viel Distanz gegenüber seinen Untertanen und Räten nachgesagt wurde, so wohlwollend behandelt worden war. Hing das bloß mit dessen schwankenden Stimmungen, von denen man ebenfalls berichtete, zusammen? Zunehmend zweifelte er daran, ob er die Begegnung mit dem Kaiser wirklich erlebt hatte, alles daran erschien ihm allzu sehr wie ein Traum.

Seinen Gedanken konnte er sich auch in der Apotheke *Im Richterhaus* noch eine Weile widmen. In der Offizin herrschte diesmal ein reger Betrieb. Drei laut miteinander tratschende Frauen beschäftigten den Apotheker mit ihren Wünschen für Arzneien gegen Erkältungen – wie etwa ein mit Rosmarin, Majoran und rotem Weihrauch gemischtes Baumöl, das gegen eine verstopfte Nase helfen sollte. Es dauerte wohl über eine Stunde, bis sich der alte Mann ihm zuwenden konnte. Magister Alting begrüßte ihn erfreut: „Das ist aber eine angenehme Überraschung, Euch so bald wiederzusehen. Verzeiht bitte, dass Ihr heute so lange warten musstet. Ich hoffe, Ihr seid nur zu Besuch und kommt nicht, weil Ihr ein Heilmittel für eine Krankheit benötigt, die Euch quält."

„Nein, Gott sei gedankt, ich fühle mich kerngesund. Aber ich habe eine mir wichtige Frage an Euch, die mit einem Geschehen zusammenhängt, von dem Ihr vermutlich schon gehört habt", sagte der junge Ausseer und berichtete kurz von seinen Nachforschungen über den Mord auf der Kleinseite. Danach kam er – ohne etwas von dem preiszugeben, was beim Kaiser gesprochen worden war – auf die ihm unbekannte Welt der Alchemisten zu sprechen, der er näherkommen wollte. „Darf ich Euch fragen", erkundigte er sich schließlich, „ob Euch jemand bekannt ist, der sich mit dieser magischen Wissenschaft beschäftigt und mir eine Tür zu den geheimen Zirkeln ihrer Gelehrten öffnen könnte?"

„Nun, ich bin zwar keiner von ihnen, doch es gibt einige Alchemisten, die mir hier stetig Besuch abstatten", erwiderte der Apotheker, bereitwillig Auskunft gebend. „Ihre Kunst erfordert eine Vielzahl an Substanzen, und einiges davon ist bei mir zu haben. Nicht nur Schwefel, Quecksilber und Salze, auch ihre Destillierapparate beziehen sie von mir. Wie ich erfahren musste, sind die meisten dieser Forschenden nicht sehr zugänglich. Sie leben zurückgezogen in ihrem eigenen Kosmos und beschäftigen sich den überwiegenden Teil der Zeit lediglich mit ihren Experimenten. Zu ihren Werkstätten hat kaum jemand Zutritt, zu ihren Wohnungen oft auch nicht. Fast keiner von ihnen besitzt Frau und Kind", seufzte Alting, und da er länger nicht weitersprach, dachte Gaiswinkler, dass seine Frage wohl vergebens gewesen war. Doch nach einer Weile setzte der Apotheker fort: „Einen jungen Mann, der weniger verschlossen ist als die anderen, konnte ich allerdings ein bisschen besser kennenlernen – Pawel Grabowski. Er hat in verschiedenen Städten Europas studiert und war in Krakau Adept bei einem bedeutenden Alchemisten. Gemeinsam mit seinem Kollegen Michael Sendivogius, der gerade dabei ist, die Gunst des Kaisers zu erlangen, kam er vor knapp einem Jahr nach Prag. Pawel plant eine Transmutation durchzuführen, er möchte mithilfe von Ambra – das ist ein Stoff aus den unverdaulichen Teilen der Nahrung eines Walfisches – und einem Stein Gold aus Kupfer oder Blei gewinnen. Ich habe mehrere Gespräche mit ihm geführt und durfte dabei erfahren, dass seinen Forschungen ein zutiefst christlicher Hintergrund zugrunde liegt. Für ihn ist die Welt ein großes Destilliergefäß. Er sieht Gott als den Meister der Alchemisten, der die Elemente des Chaos trennte, destillierte und gerinnen ließ und so alles, was sich auf unserer Erde befindet – Meer und Land, Steine und Pflanzen, Tiere und Menschen –, erschaffen hat. Zwar will ich nichts versprechen, aber ich denke, Ihr solltet auf gut Glück versuchen, Pawel einen Besuch abzustatten. Ich hoffe, er kann Euch einen Zugang zur Königlichen Kunst verschaffen."

Magister Alting schrieb ihm den Namen der Straße und das Hauszeichen auf, wo er Grabowski antreffen könnte, und meinte zum Abschluss noch, er könne sich auf ihn berufen, wenn er den Alchemisten aufsuchte. Gaiswinkler bedankte sich vielmals und begab sich auf den Heimweg.

In der ersten kleinen Gasse nach dem Brückentor der Kleinseite bekam er plötzlich das Gefühl, als ob ihn jemand verfolgte. Er drehte sich einige Male um, doch außer ein paar Dienstboten fiel ihm niemand auf, der ihm nachzugehen schien. Wahrscheinlich hatte ihn das eindrucksvolle Erlebnis des Vormittages zu sehr aufgeregt und er sah Gespenster. Zudem verspürte er langsam Müdigkeit. So war er froh, dass dann im Palais Grünbühel vollkommene Stille herrschte, die der Hofmeister des Hauses angeordnet hatte; den Grafen plagten wieder stärkere Schmerzen.

Beim Abendmahl, das Božena heute allein auftischte, sprach auch Praunfalk, dessen Verhandlungen auf der Burg nach wie vor schleppend vorangingen, nur wenig. Zur Erleichterung seines Freundes fragte er nicht erneut über die Audienz beim Kaiser nach. Schon bald nach dem Essen zogen sich die beiden in ihre Zimmer zurück, trotz seiner Erschöpfung fand Gaiswinkler aber kaum Schlaf. Zu viele Gedanken geisterten durch seinen Kopf. Als er endlich am Einnicken war, schlug draußen im Hof mehrmals der Hund an, sodass er fast bis in die frühen Morgenstunden wach lag.

KAPITEL 18

Obwohl er nach der ruhelosen Nacht etwas gerädert erwachte, wollte Gaiswinkler, von Neugierde getrieben, Pawel Grabowski bereits an diesem Tag einen Besuch abstatten. So marschierte er am Nachmittag in die Prager Neustadt, wo sich das Laboratorium des Alchemisten befand. Einen guten Teil des Weges legte er entlang der Moldau zurück. Von dieser wehte ihm der Wind heute einen bestialischen Gestank entgegen; vom Abfall, von den Fäkalien der Stadtbewohner und den Tierkadavern und Leichen der Menschen, die man am Ufer ablagerte, verscharrte oder im Gebüsch versteckte, damit sie im Frühling, wenn der Fluss mehr Wasser führte, weggeschwemmt wurden. In einer großen Stadt wie Prag sammelte sich sichtlich viel Mist an. Er zog ein Tuch aus seiner Manteltasche, hielt es sich vor die Nase und beschleunigte seine Schritte.

Das Gebäude, in dem Grabowski seine Forschungen betrieb, lag in der Nähe des Viehmarkts, vom Geschrei des dort angebotenen Getiers und dem lauten Rufen der Fischverkäufer durchdrungen. Es trug ein Hauszeichen mit drei Raben, war alt und wirkte ein wenig abgewohnt. Der Putz blätterte an mehreren Stellen von der Fassade, auch das Dach rief danach, ausgebessert zu werden. Man hätte vermutlich viel Geld besitzen müssen, um das kleine Palais, dessen glanzvolle Zeiten sich noch vage erahnen ließen, zu erneuern. „Die Experimente, Gold zu machen", dachte der Salzamtsgegenschreiber, „dürften wahrlich bis jetzt nicht erfolgreich gewesen sein, denn sonst würde es hier wohl anders aussehen." Um das Haus herum herrschte die reinste Verwahrlosung. Unter den zum Teil miteinander verwachsenen Ästen der Bäume lag am Boden Gerümpel sowie Unrat, zwischen dem sich trotz der Kälte die Ratten tummelten. Unbeeindruckt von den Nagetieren beobachteten ihn von der Überdachung eines verfallenen Schuppens aus – fauchend und das Fell am Rücken hoch aufgestellt – zwei Katzen, denen man ihre Kampfeslust ansah. Der schwarzen fehlte ein Ohr, der roten ein Auge. Trotz dieses alles in allem nicht gerade einladenden Eindrucks ließ sich Gaiswinkler nicht beirren und klopfte an die Holztür des Gebäudes.

Da er nicht angemeldet war, vermutete er, abgewiesen zu werden. Doch offenbar hatte er durch Zufall einen guten Augenblick für seinen Besuch gewählt. Als er sich Grabowski, der die Tür öffnete, vorstellte, ihm sein Anliegen vortrug und dabei den Namen des Apothekers nannte, bat ihn der Alchemist, hereinzukommen. Der schmächtige Mann, dem sein blondes Haar wirr zu Berge stand, führte ihn in einen Raum, in dem sich mehrere Menschen befanden. Zwei von ihnen zerkleinerten, so wie die Angestellten in Magister Altings Apotheke, in Mörsern aus Stein mit dem Stößel Substanzen, hier allerdings nicht Kräuter, sondern Mineralien. Drei andere überwachten die Flammen, die auf einem großen Herd und unter Destillierkolben emporschlugen. Ein weiterer mischte ein Elixier von seltsamer Farbe und blätterte dazwischen in einem abgegriffenen und bestimmt schon Hunderte Male benutzten Buch. Es herrschte eine vom Rauch des Feuers und undefinierbaren Gerüchen geschwängerte, düstere Atmosphäre. Die Fenster waren mit dunklen Decken verkleidet. Nur der Schein des Feuers und einiger Fackeln warf ein Licht auf die unüberschaubare Anordnung von Blasbälgen, Tongefäßen, Flaschen und Gefäßen.

„Ich hoffe, ich kann Euch behilflich sein", sagte Grabowski und forderte Gaiswinkler auf, an einem Tisch, auf dem noch die Reste eines eher kargen Mahls lagen, Platz zu nehmen. Nachdem er ihm einen Tonkrug mit Bier gereicht hatte, fuhr er fort. „Ihr meintet, Ihr wollt mir einige Fragen stellen, da Euch die Kunst der Alchemie fremd ist. Manches von dem, was wir tun und denken, kann ich Euch zwar erklären, aber dieser Vermittlung von Wissen ist eine ganz enge Grenze gesetzt. Ich will es trotzdem versuchen. Doch Ihr müsst Euch vorab bewusst sein, dass unsere Arbeit in anderen Städten gefährlich ist. Von den Höfen und der Kirche werden wir dort verfolgt. Nur in Prag ist das nicht so. Hier können wir auf Seine Majestät Rudolf II. vertrauen. Er wird keinerlei Feindschaft gegenüber allen okkulten Wissenschaften zulassen, die auf hermetischen Schriften beruhen …" An dieser Stelle unterbrach ihn der junge Ausseer. Er hatte noch nie etwas von „hermetischen Schriften" gehört und bat um eine nähere Erklärung dieses Begriffs.

Grabowski lächelte milde und erläuterte dann, dass ein alter Meister namens Hermes Trismegistos, den man mit einem ägyptischen Gott gleichsetzte, in der griechischen Antike über die astrologische Literatur und die Magie geschrieben hatte. „Trismegistos' astrologische und magische Erkenntnisse gewannen vor allem eine große Bedeutung für die Medizin. Nicht nur für die jener Zeit, sondern auch für unsere. Wir glauben noch immer seinen Ausführungen, wie aus Tieren, Pflanzen und Steinen wirksame Heilmittel hergestellt werden können. Dieses Wissen, in dem alles miteinander verbunden ist, beinhaltet ebenso die Metalle. Mein Meister sprach einmal: ‚Wer sich zu dem Glauben erniedrigen kann, dass die Metalle der Saat ermangeln, ist unwürdig, die Mysterien unserer Kunst zu verstehen.'"

„Dann bin ich wohl einer dieser Unwürdigen", dachte Gaiswinkler. Dass er den Satz von Grabowskis Lehrer nicht auf den ersten Anhieb verstand, ärgerte ihn, zumal er sich doch schon mit einigen Gelehrten unterhalten hatte. Deren Sprache war immer deutlich auf das Ziel hinauslaufend gewesen. Warum musste man sich in dieser Wissenschaft so kompliziert ausdrücken, ohne dass klar ersichtlich wurde, wohin die Dinge führten?

Der Alchemist schien bemerkt zu haben, wie unanschaulich Verschiedenes von dem, was er darlegte, für einen nicht in seine Welt Eingeweihten sein musste. „So mancher erhofft von uns leicht verständliche Beschreibungen unseres Schaffens und gelegentlich auch des Gedankenguts, das diesem zugrunde liegt", meinte er. „Es gibt Leute, die glauben, jeder, der sich mit Alchemie beschäftigt, könne Gold herstellen. Da einige von ihnen – gerüchteweise auch hier in Prag – dies gerne selbst tun möchten, wird deren Eifer befeuert, unsere Kunst zu verstehen. Man denkt, dass dafür einfache Erläuterungen genügen. Der Erfolg hängt aber von viel mehr ab. Nicht allein von Geduld, Fleiß und Ausdauer, den Zeiten und Stunden der Experimente, den Anordnungen der Geräte oder den Rezepten für die alchemistischen Vorgänge. Es ist neben diesen letztlich immer der Mensch, der hinter dem Werk steht. Und dafür ist es nötig, jenes zu beachten, was uns schon Agrippa von Nettesheim sagte: ‚Niemals wirst du aus anderen Dingen die Einheit schaffen, wenn nicht zuvor du selbst ein einiger geworden bist.'"

„Darf ich Euch fragen, wie Ihr Euch die Umwandlung von unedlen Metallen in Gold vorstellt?", erkundigte sich Gaiswinkler, denn das war wohl die Frage, die den Ermordeten und vielleicht auch dessen Mörder an der Alchemie am meisten interessiert hatte.

„Dazu benötigt man den Stein der Weisen, den wir im Athanor", Grabowski deutete auf den turmförmigen, mächtigen Ofen im Zentrum des Raumes, „gedeihen lassen. Der Stein der Weisen entspringt ebenso wie der Mensch der Begegnung des männlichen und des weiblichen Samens, bei der sich die beiden miteinander vereinen. Aus ihrer Verbindung entsteht ein Embryo, der bei der Geburt ans Licht kommt und dann mit Milch ernährt wird. Das Neugeborene wächst, wird reif, heiratet und zeugt wieder Kinder, es lebt ein gutes oder weniger gutes Leben, stirbt schließlich und wird begraben. Nach einer Zeit steht es auf und geht über in ein Leben, das nie endet und in dem es niemals sterben kann."

Gaiswinkler nahm etwas ernüchtert einen Schluck aus seinem Tonkrug. Was er gerade gehört hatte, erschien ihm nichts Außergewöhnliches zu sein. Mit der christlichen Vorstellung vom ewigen Leben war er vertraut, etwas „Neues" sah er in diesen Gedanken nicht wirklich. Was der getötete Adelige aus solchen Erläuterungen in die Praxis hätte umsetzen können, schien ihm zunehmend unklar. Der Alchemist setzte seine Ausführungen aber ohne Unterlass fort. Er sprach nun von der alchemistischen Metapher für Tod und Wiedergeburt, die den Inzest zwischen Mutter und Sohn, Vater und Tochter oder Bruder und Schwester voraussetzte. „Wenn man Schwester und Bruder zusammenführt, erwächst daraus ein Kind, das beide Geschlechter in sich vereint", dozierte Grabowski und stand auf, um aus einem der Wandschränke ein Buch zu holen, in dem er dann länger blätterte, bis er eine Seite aufschlug. Sie zeigte die Köpfe eines Königs und einer Königin, die nur einen Leib, der männliche und weibliche Geschlechtsmerkmale trug, besaßen. Links und rechts von dieser Gestalt befanden sich Sonne und Mond. „Auf diesem Bild seht Ihr den Hermaphroditen, auch Rebis genannt, einen Androgyn. Hier ist die Synthese aus Sol und Luna dargestellt, wobei der Mann der Sonne entspricht, die Frau dem Mond. Der erfolgreiche gemeinsame Kampf dieser beiden Himmelsgestirne gegen den Drachen führte sie zu ihrer Einheit und damit zu der ihnen vorbestimmten Vollkommenheit der Natur, nach der wir alle in unserer Königlichen Kunst Tätigen mithilfe der alchemistischen Wandlungsprozesse streben", illustrierte er.

Jene Geschichte, die den Inzest als Voraussetzung hatte, war dem frommen Christen aus dem Ausseerland eine schwer zu verstehende. Da doch die Religion im Inzest eine schlimme Sünde sah, wie konnte so eine Erzählung von

Christen verbreitet werden? Es wurden zwar in vielen entlegenen Dörfern nicht selten Ehen zwischen zwei eng miteinander verwandten Leuten geschlossen, aber für Sohn und Mutter und die anderen beschriebenen Möglichkeiten kannte der Salzamtsgegenschreiber keine Beispiele. „Jedoch", überlegte er, „was weiß man?" Dass in einer Familie so etwas passierte, könnte schon möglich sein, es bewusst herbeizuführen, erschien ihm allerdings mehr als eigenartig.

Grabowski entgingen seine Zweifel offenbar nicht. Dies solle keine Anleitung zum Inzest sein, sondern lediglich ein Gedankenspiel, das die verschiedenen Elemente zusammenführte, bekräftigte er. „Die Welt, wie wir Alchemisten sie sehen, besteht aus Gegensätzen wie Leben und Tod, männlich und weiblich, oben und unten, schlafen und wachen. Auch die Ziele unserer Unternehmungen bewegen sich zwischen zwei unterschiedlichen Polen. Sie folgen dem praktischen und dem religiösen Prinzip. Für unsere Kunst ist eine gründliche Kenntnis der Natur nötig, denn die vier Elemente – Erde, Luft, Feuer, Wasser – und die Zustände – heiß, kalt, feucht und trocken – führen nur gemeinsam mit den mineralischen, pflanzlichen und fühlbaren Stoffen zur wahren Erkenntnis, zum Opus Naturae."

Trotz der gut gemeinten Erklärung sah Gaiswinkler noch immer nicht, was an diesen Ideen so etwas wie eine Offenbarung oder ein neuer Weg zum Leben oder gar zu Gott sein sollte. Er hätte verstanden, dass man nach den Schriften suchte, zu denen die Hülle des Bezoars angeblich Hinweise gab, wenn darin praktisch und nachvollziehbar die Anleitungen zum Goldmachen enthalten gewesen wären, doch wenn es nur ein philosophisches Gedankenspiel war, wieso dann die ganze Aufregung? „Wahrscheinlich bist du einfach nicht gebildet genug", dachte er bei sich, „du weißt zwar vieles über die Salzgewinnung, das Schlagen und den Transport des Holzes, auch von der Juristerei und über so manche Dinge in der Medizin, aber mit diesen komplizierten Umschreibungen kannst du nichts anfangen."

Der Alchemist riss ihn mit einer weiteren Belehrung aus seinen Gedanken. „Das Urmaterial, das durch einen Drachen symbolisiert wird, ist der Ausgangspunkt für die Transmutation. Nicht nur der Körper und der Geist von Lebewesen, auch die Materie erlebt Tod und Wiedergeburt, Lösung und erneute Verbindung. Mit der Alchemie lassen sich alltägliche Dinge erreichen, Wohlstand, langes Leben und Gesundheit können beeinflusst werden. Die Kunst, Gold zu machen, ist jedoch der einzige und wahre Weg zur letzten Vollendung des Suchenden, der den geheimnisvollen Stein, den Inbegriff allen Wissens und der Wahrheit, finden möchte. Der Stein der Weisen birgt alle vier Elemente und ist ein Abbild des Weltalls. Um die Transmutation besser zu verstehen, müsst Ihr sie Euch anhand eines Sinnbildes vorstellen. Sie funktioniert wie die Verwandlung von Eis in Wasser oder die der Raupe in einen Schmetterling."

Diese These konnte Gaiswinkler nachvollziehen, denn auch in der Saline in Aussee wurde so eine Verwandlung täglich durchgeführt. Man leitete Wasser in den Berg, welches das Salz löste, und die so entstandene Sole kam in Unterkainisch in die Salzpfannen, die man mit Holz beheizte, wodurch das Wasser verdunstete und nur das Salz übrig blieb. Bevor er seinen Vergleich gedanklich zu Ende führen konnte, sprudelten neue Erläuterungen aus dem Mund Grabowskis. Sie waren mystisch und größtenteils unverständlich. Er sprach von einer Schlange mit dem Namen Uroboros, welche sich in den Schwanz biss und das Symbol der kosmischen Einheit sowie den Kreislauf des Großen Werkes darstellte und identisch mit jener Schlange war, die in der Bibel bei Adam und Eva vorkam. Dann redete er von der heiligen Dreifaltigkeit, den Lehrsätzen des griechischen Philosophen Aristoteles, vom Pneuma, dem Weltgeist, vom Krieg zwischen Gut und Böse in den Destillierapparaten und anderem mehr. Auch Sätze wie „Der Stein der Weisen ist eine lebendige Vereinigung von Salz, Schwefel und Quecksilber, von Körper, Seele und Geist" konnte Gaiswinkler, obwohl er sich nicht als ganz blöde ansah, nicht lückenlos enträtseln.

Letztendlich war er von dem bisherigen Gespräch enttäuscht. Zwar hatte er einiges dabei gelernt, von dem ihm davor noch nie etwas zu Ohren gekommen war, doch für seine Nachforschungen in dem Mordfall sah er nichts, das ihm weiterhalf – außer der Bemerkung Grabowskis, dass in Prag einige der Alchemie nicht kundige Leute gerne selbst Gold herstellen wollten. Wer diese Personen wohl waren? Vielleicht hatte ja einer von ihnen von dem Bezoar erfahren. Damit käme jener Mensch auch als Mörder ins Spiel. Das war freilich nicht die einzige Frage. Der junge Ausseer hätte noch gerne Weiteres in Erfahrung gebracht, nicht zuletzt ob Pawel Grabowski „Weniger" gekannt hatte und von dem Adeligen um Hilfe bei der Entschlüsselung der geheimnisvollen Schriftzeichen gebeten worden war. Doch Gaiswinkler waren durch das Versprechen an den Kaiser, nichts an andere auszuplaudern, die Hände gebunden. Er konnte sich nach all dem nicht erkundigen, ohne die Regeln zu verletzen. Und daher sagte er bloß: „Seid vielmals bedankt für Eure Ausführungen, ich möchte Eure Zeit nun nicht länger in Anspruch nehmen, Ihr habt zu tun. Darf ich Euch zum Abschluss nur noch die Frage stellen, welche Leute es in Prag sind, die Eure Kunst nicht ausüben, sich aber für die Goldmacherei interessieren?"

„Bei mir sprach niemals ein Unkundiger unserer Wissenschaft vor, doch ich habe von anderen aus unserem Kreis gehört, dass vor allem so manch adeliger Herr an sie heranzutreten versuchte. Mehr weiß ich darüber leider nicht", erwiderte Pawel Grabowski bedauernd. „Falls wirklich Aristokraten ans Goldmachen denken, wäre das aber, wie gesagt, für sie nicht einfach. Da die Königliche Kunst eine Art Geheimwissenschaft ist, werden die Traktate und Anleitungen für die Experimente nicht in klarer Sprache, sondern in einer verklausulierten Symbolik verfasst. Sie sind nicht wie einfache Kochrezepte mit genauen Beschreibungen zur Herstellung eines schmackhaften Essens, sondern ähneln Anweisungen, die kaum irgendwelche exakten Prozesse, wie lang oder wie heiß man ein Gericht kochen muss, wie viel Salz oder welche Gewürze man zugeben soll, nennen. Da diese Texte für einen Koch bestimmt sind, der sein Handwerk erlernt hat, muss man darin nichts erklären." Nach einem besorgten Blick auf die brodelnden und dampfenden Flüssigkeiten in den Gefäßen erhob sich Grabowski. Auch Gaiswinkler stand auf. Er bedankte sich nochmals für die Belehrungen, sie hätten ihm anschaulich einige Einsichten in eine fremde Welt gebracht. Vorbei an den beiden Katzen, die sich in das Haus drängten und ihre Köpfe an seinen Beinen reiben wollten, machte er sich auf den Weg. „Man wird sehen", grübelte er, „womöglich lässt sich ja woanders genauer herausfinden, wer sich so aller bei den Alchemisten neugierig herumtrieb." Und als er von der Neustadt zur Altstadt gewandert war und dort den Fluss überquerte, kam ihm aus diesem Grund in den Sinn, am nächsten Tag doch den Hofzwerg aufzusuchen.

KAPITEL 19

Am Ende der Steinernen Brücke, fast schon auf der Kleinseite, erblickte er einen schwarz gekleideten, weißbärtigen Mann. Dieser sah, über das Geländer gebeugt, auf die Kampa-Insel hinab, wo sich inmitten von Gärten und einigen armselig anmutenden Häusern, die aus den Trümmern des Stadtbrandes gebaut worden waren, an einem kleinen Flüsschen die Mühlräder drehten. Es war Salomon Porticus.

Gaiswinkler grüßte ihn ehrerbietig und hatte vor, weiterzugehen, da er annahm, dass der Alchemist wie am vorhergehenden Tag unfreundlich reagieren würde. Zu seiner Überraschung glaubte er jedoch, so etwas wie ein Lächeln auf dem Gesicht des Meisters zu erkennen, als dieser seinen Gruß erwiderte. Noch erstaunlicher fand er allerdings, dass Porticus ein Gespräch begann und sich nach Neuigkeiten in der Untersuchung des Mordes erkundigte: „Bitte, erzählt mir von Euren Nachforschungen, aber lasst uns hier nicht stehenbleiben. Der Wind weht allzu sehr und verbreitet keine angenehme Luft. Ich bin am Weg zu meinem Laboratorium und habe mich nur kurz ausgeruht, denn meine Beine wollen mich bisweilen nicht mehr gut tragen."

Darauf erklärte der junge Ausseer, während sie gemeinsam das Brückentor passierten, er versuche gerade, die Spur zu verfolgen, wer aller vom Bezoar gewusst haben könnte. Von seinem Besuch bei Pawel Grabowski berichtete er dabei nichts. Und das nicht bloß, weil er den Anschein vermeiden wollte, er hätte dort etwas von ihrer Unterhaltung beim Kaiser preisgegeben, sondern vor allem, weil ihn das Gefühl beschlich, alle Alchemisten wären eigentlich spinnefeind miteinander. „Leider ist noch vieles unbeantwortet, das möglicherweise für die Suche nach dem Mörder wichtig ist", räumte Gaiswinkler ein. „Darf ich Euch deshalb fragen, werter Meister, ob Ihr mir darlegen könnt, welche möglichen

Schriften es sind, auf die der Bezoar, oder besser gesagt seine Hülle hinweisen soll?" Es war jene Frage, die er sich vor dem Kaiser nicht zu äußern gewagt hatte und die er bei Grabowski nicht hatte vorbringen dürfen.

„Da ich den Inhalt der Inschrift nicht kenne, kann ich lediglich Vermutungen anstellen, zu welchem Text diese führt", meinte Porticus bedauernd. „Meine wenigen Nachrichten zu dieser Sache sprachen von einem verloren gegangenen und bislang unbekannten Traktat des Alchemisten Artephius aus dem zwölften Jahrhundert. Artephius war ein Kundiger der arabischen Niederschriften über die im Morgenland schon seit sehr Langem ausgeübte alchemistische Kunst. Sein Traktat soll in lateinischer Sprache verfasst worden sein und sich auf das Werk sowie die Erkenntnisse des arabischen Dichters Al-Tughrai beziehen. Falls man die Abhandlung fände, wäre das von unschätzbarem Wert, denn sie würde unsere Forschung einen sehr großen Schritt nach vorne bringen. Es gibt aber noch ein anderes Gerücht, das mir zugetragen wurde. Dieses verweist neben Artephius auf eine – ebenfalls verschollene – Schrift aus der Medizin, vermutlich den Text *Abdāl al-adwiya* des Arztes Māsarǧawai. In diesem wird, wie man sagt, eine Arznei zur Erlangung der Unsterblichkeit genannt. Zu der Inschrift in der Hülle, die den Stein schützt, kann ich gar nichts mitteilen. Weder über die Art der geheimnisvollen Zeichen, mit denen sie verfasst wurde, noch wie viel von dieser Botschaft bereits entziffert werden konnte. So weiß ich auch nicht, ob diese uns wirklich den Aufbewahrungsort der Schriften offenbart."

„Seid vielmals bedankt für Eure Erläuterungen, werter Meister", sagte Gaiswinkler, weiterhin verwundert darüber, wie gesprächig der Alchemist sich ihm gegenüber heute gab. „Falls es gelingt, diese Traktate zu finden, glaubt Ihr, dass die Erkenntnisse daraus auch einen wesentlichen Fortschritt bei der Erzeugung von Gold bringen?"

„Ich muss gestehen, ich erwarte mir davon nicht allzu viel. Meine Einsicht in die alchemistischen Geheimnisse ist groß und umfassend. Groß genug, um meinen Weg konsequent allein weiterzugehen und den Stein der Weisen mit der richtigen Herstellung zu finden. Dieser Stein kann jede Menge Gold erzeugen", dozierte Porticus, ganz von sich überzeugt. Er ging langsam und schien müde zu sein, was ihn aber nicht daran hinderte, nun eine längere Ausführung zu beginnen. Der vor dem Kaiser so schweigsam gewesene Meister erläuterte die Relation von Metallen und Planeten, sprach von Teufel und Christus als Meister des Feuers, bezeichnete Gott als „Meisteralchemist" und sah in der Religion wie auch in der Alchemie das „große Drama der menschlichen Erlösung". Dann fing er an, über die *Monas Hieroglyphica* zu erzählen, so als hätte er sie selbst erfunden. Es war jenes Buch, das bei der Audienz auf dem Schoß Rudolfs II. gelegen war. Er beschrieb die Symbole, in denen das Wissen der Astrologie, Astronomie und Alchemie zusammengefasst sei, und erwähnte dabei seinen Talisman, die sogenannte Monas, die alle Kräfte des Universums vereine. „Mit deren Hilfe werde ich große Weisheit, Macht über andere Geschöpfe und über ein großes Reich erlangen", stellte er abschließend fest. Der Alchemist hatte sehr schnell gesprochen und immer wieder böhmische Ausdrücke eingeworfen, wodurch der Inhalt seines Monologs noch schwerer verständlich gewesen war.

Gaiswinkler blieb wieder etwas verwirrt davon zurück, und da sie sich inzwischen dem Fuß des Hradschin näherten, wo sich ihre Wege trennen würden, versuchte er noch einmal, zum Kern der Sache vorzudringen: „Meister, darf ich Euch zwei letzte Fragen stellen? Ist Euch bekannt, ob einer der anderen Alchemisten etwas vom Bezoar und den Schriften weiß? Und habt Ihr jemals vernommen, dass sich irgendwelche Laien im Goldmachen versuchen wollen?"

„Dies kann ich Euch leider nicht beantworten. Wie Ihr wisst, ist meine Lage eine besondere, ich bin gänzlich vom Kaiser abhängig. Seine Majestät ist von der Angst besessen, andere Menschen, denen er nicht so vertraut wie mir, könnten an wichtige Informationen kommen. Das erklärt auch, warum Rudolf II. an unserem Treffen teilnahm. Er wollte nicht, dass ich zu viel von den Geheimnissen meiner Arbeit ausplaudere. Ich habe daher mit niemandem, der nicht vollkommen vertrauenswürdig ist, über das, was mir der Ermordete berichtete, gesprochen, denn ich möchte meine Stellung bei Hof – oder gar mein Leben – nicht riskieren. Obwohl es also für mich schwierig sein wird, kann ich jedoch versuchen, mich bei den anderen Alchemisten vorsichtig umzuhören. Möglicherweise weiß jemand mehr. Falls Ihr allerdings denkt, dass einer von ihnen wegen der vagen Möglichkeit, eine Handschrift aufzufinden, vor einem Mord nicht zurückgeschreckt hat, dann muss ich Euch enttäuschen, junger Mann. Ich kenne keinen aus dem Kreis unserer Kunst, der deswegen töten würde."

Bevor sie sich voneinander verabschiedeten, sprach Porticus noch die Einladung aus, ihn in den nächsten Tagen in seinem Laboratorium oben am Hradschin zu besuchen. Vielleicht hätte er ja bis dahin schon Informationen erhalten. Als der alte Meister, dem es sichtlich Mühe bereitete, den Berg hinaufzusteigen, entschwand, blickte Gaiswinkler ihm noch eine Weile nach. „Welch ein seltsamer und wohl auch einsamer Mensch", dachte er.

KAPITEL 20

Wer wusste wirklich aller von dem Bezoar? Möglicherweise auch einer derjenigen, die vor einem Dutzend an Jahren in Konstantinopel gewesen waren? Etwa Galeazzo oder Alvarez? Da der ermordete Adelige bei seinem Aufenthalt im Osmanischen Reich mit alchemistischen Interessen an Porticus heranzutreten versucht hatte, schien es nicht unwahrscheinlich, dass der wundersame Magenstein bereits damals in seinem Besitz gewesen war. Das könnte sich dort herumgesprochen haben. Besaß dieser Bezoar nicht auch für einen Menschen, der sich nicht selbst im Goldmachen üben wollte, einen hohen Wert? Konnte man durch dessen Verkauf reich werden? Schon ohne den Hinweis auf magische Schriften war ein solch schön verziertes Objekt ja offenbar selten und der Preis dafür vermutlich beträchtlich.

Sinnend über jene Fragen und über seine vorherigen Gespräche mit den beiden Alchemisten, von denen der eine so wie der andere glaubte, den Stein der Weisen allein zu erschaffen, setzte Gaiswinkler seinen Weg zum Palais Grünbühel fort. Es war inzwischen dunkel und unwirtlich geworden. Schwarze, undurchdringliche Wolken hatten sich vor den Himmel geschoben, die Straßen waren in dichten Nebel gehüllt, in dem sich nur schemenhaft Leben zeigte. Gelegentlich warfen einige Kerzen aus den Fenstern der Häuser ein schwaches, flackerndes Licht auf das Pflaster, doch in einer der letzten Gassen, in die er einbiegen musste, wurde es dann fast vollkommen düster. Obgleich er es gewohnt war, sich im Finstern zu bewegen, verspürte er Unruhe in sich aufsteigen, und so beschleunigte er seine Schritte. Als er schon fast das Ende des Gässchens erreicht hatte, erblickte er vor sich einen Schattenriss. Wie aus dem Nichts kamen ihm gleich darauf zwei große, kräftig wirkende Gestalten entgegen, in schwarzen Mänteln und mit tief ins Gesicht gezogenen Kapuzen, die ihre Augen verdeckten.

Überrascht wich Gaiswinkler zur Seite, um ihrer Nähe zu entgehen. Im selben Augenblick stürzten sich die vermummten Männer auf ihn. Sein erster Gedanke, sich mit einem Hieb zu wehren, verflog rasch, denn einer der beiden zückte, während er sich auf ihn warf, ein Kurzschwert. Offenbar wollten seine Angreifer ihn nicht nur bewusstlos schlagen und danach ausrauben, sondern ihm ernsthaft nach dem Leben trachten. Und sichtlich waren sie nicht darauf aus, irgendjemanden zu töten, der ihnen zufällig über den Weg gelaufen war – er schien das bewusst angestrebte Opfer ihres Anschlags zu sein. Schon am Vortag hatte er ja das Gefühl gehabt, verfolgt zu werden. Trotz allen Schreckens gelang es ihm, den Bewaffneten zu umklammern und seinen rechten Arm zu fassen. Auf diese Weise schaffte er es, den ersten Schurken wie ein Schild vor sich zu halten, sodass der zweite, in dessen Hand nun ein Messer aufblitzte, nicht zustechen konnte, ohne seinen Kumpanen zu verletzen. Dann drehte er mit einer kräftigen Bewegung den Arm so brutal nach hinten, dass er knackte. Überrumpelt und aus dem Gleichgewicht geraten, ließ der Halunke sein Schwert fallen. Kaum einen Atemzug später trat Gaiswinkler ihm heftig zwischen die Beine. Der Mann ging brüllend zu Boden. „In der nächsten Zeit wirst du keine nächtlichen Freuden haben", dachte der junge Ausseer.

Nun war er allerdings seines Schutzschildes beraubt, eine Gelegenheit, die der Zweite, etwas Kleinere, aber deutlich Wendigere der beiden Übeltäter unmittelbar nutzte. Blitzschnell sprang er mit dem Messer auf ihn zu. Gaiswinkler wich ihm geistesgegenwärtig aus, packte seinen Unterarm und versuchte, ihm die Stichwaffe zu entreißen. Doch der Angreifer krallte sich mit einem Ruck an ihm fest, und durch die Wucht kamen beide zu Fall auf das Pflaster, wo sie sich sogleich in einer wilden Rauferei wälzten – mit einmal dem einen, einmal dem anderen oben. Sein geübter Gegner, der vermutlich schon viele Fehden auf Leben und Tod ausgestanden hatte, schien dabei nichts von seiner Stärke einzubüßen. Er wand sich behände wie eine Schlange und drückte ihn immer länger nieder. Dem Salzamtsgegenschreiber fiel es schwerer und schwerer, seinen Arm wegzustemmen und die Waffe von sich fernzuhalten. Einmal hatte ihn das Messer bereits am Handrücken erwischt, bald würde die Klinge wohl andere Stellen seines Körpers treffen.

Der Kampf war fast nicht mehr zu gewinnen. Und dann, als er bereits seine letzte Kraft aufwandte, um sich aus der Umklammerung seines Widersachers zu befreien, sah er auch noch, dass sich der andere Schurke wieder aufzurappeln begann. „Wenn ihm das gelingt, ist wirklich alles vorbei", schoss es Gaiswinkler durch den Kopf. So verzweifelt ringend, erhaschte er plötzlich hinter dem ersten, sich ihm nun wieder nähernden Angreifer eine Gestalt, die mit beiden Händen einen Gegenstand in die Höhe hob. Unmittelbar darauf ertönte ein Schrei, und der Halunke, scheinbar von diesem Gegenstand getroffen, sackte zu Boden. Gleich darauf hörte er ein dumpfes Geräusch, gefolgt von einem Klirren auf den Pflastersteinen. Wie ein Kegel beim Spiel fiel der Mann, dessen heißen Atem er soeben noch im Gesicht gespürt hatte, mit einem lauten Stöhnen bewusstlos zur Seite. Erstaunt und erschöpft richtete sich Gaiswinkler auf. Der Schnitt an seinem Handrücken blutete stark, aber er beachtete ihn kaum, ebenso wenig wie den stechenden Schmerz in seiner Hüfte. Vor ihm stand Božena, mit einem großen Korb im Arm, der neben anderen Besorgungen aus der Stadt auch einen schweren Tonkrug enthielt. Ein zweiter lag in Scherben zu ihren Füßen.

Noch ehe er mit ihr ein Wort wechseln konnte, näherten sich aus den anliegenden Häusern einige Menschen, angezogen von den Kampfgeräuschen. Božena erklärte ihnen auf Böhmisch, was geschehen war, wobei sie nicht zu erwähnen vergaß, dass das Opfer des Überfalls unter dem Schutz des Kaisers stand. Sie bat einen der Schaulustigen, Stricke heranzuschaffen und die langsam wieder das Bewusstsein erlangenden Schurken zu fesseln. Außerdem sollte jemand zur nächsten größeren Straße eilen und von dort Soldaten oder Trabanten holen, um die beiden abzuführen.

Schon binnen kurzer Zeit kauerten die Angreifer bewegungsunfähig am Straßenrand, eisern bewacht von vier energischen Hausbewohnern. Nicht viel später torkelten sie, noch etwas benommen, in der Mitte zweier Soldaten davon. Nun verließen auch Gaiswinkler und Božena, die seine verwundete Hand mit dem Tuch, das sie über ihren Haaren trug, notdürftig verbunden hatte, das Gässchen. Nach nur wenigen Schritten sprach er jene Worte zu ihr, zu denen er in all dem Trubel davor nicht gekommen war: „Ich weiß nicht, wie ich dir danken soll. Du hast mir das Leben gerettet, ohne dich hätte ich diesen Kampf sicherlich verloren."

„Hätte ich zusehen sollen, wie sie dich umbringen?", antwortete die junge Magd und setzte dann etwas verlegen fort, „zumal ich dich – wie ich glaube, dass du weißt – lieb habe."

Gaiswinkler hielt inne, drehte sich zu ihr und sah ihr in die Augen, schweigend, doch sein Blick erwiderte das, was sie ihm soeben gesagt hatte. Dann zog er sie an sich und küsste sie lange und zärtlich. Eng aneinandergeschmiegt legten sie den Rest des Weges zum Palais Grünbühel zurück.

Dort empfing sie schon im Vorraum der Hofmeister des Grafen – ein hochnäsiger Mann, der auch den Salzamtsgegenschreiber immer sehr herablassend behandelte – mit finsterem Gesicht, da Božena so spät heimkehrte. „Den Preis des Kruges, den du zerbrochen hast, werde ich dir vom nächsten Lohn abziehen", war sein einziger Kommentar, als er erfuhr, was sich zugetragen hatte.

„Das werden wir sehen, ob Er das durchsetzen wird können", erwiderte ihm Gaiswinkler, wütend, aber leise und absichtlich eine herabwürdigende Anrede verwendend. „Ich denke, Graf Heinrich Hoffmann von Grünbühel lässt Ihm dieses Vorgehen sicher nicht durchgehen."

Inzwischen war Praunfalk hinzugekommen. Er hatte den Großteil des Gesprächs vernommen und nickte zustimmend. Den Aufseher über den Haushalt nicht weiter beachtend, ließ er sich von seinem Freund Genaueres erzählen, bis er von seinem Onkel, der sich von der Auseinandersetzung in seiner Ruhe gestört fühlte, gerufen wurde. Erst nach einer geraumen Zeit kehrte er zurück. Grünbühel habe das Verhalten des Hofmeisters kritisiert, und wenn jener nochmals so agiere, gedachte ihn der Graf zu entlassen, berichtete er. Danach fuhr er mit einem bangen Ton in seiner Stimme fort: „Mein Onkel macht sich große Sorgen um dich, Matthias. Aber nicht nur er ist erschrocken über den Überfall, ich bin ebenso sehr beunruhigt. Ich fürchte, man hat es ganz bewusst auf dein Leben abgesehen. Mir ist zwar nicht bekannt, welchen Spuren du im Augenblick nachgehst, das, was ich allerdings durch meine Besuche auf der Burg wegen der Hallamtssache weiß, ist, dass nur allzu viele Leute Kenntnis darüber haben, wer die Nachforschungen zum Verbrechen an dem unbekannten Adeligen anstellt. So vermutlich auch der Mörder."

KAPITEL 21

Während Gaiswinkler am Abend alle Schmerzen hatte ausblenden können, entfalteten sich in der Nacht umso mehr die Beschwerden nach der Prügelei. Es gab einige Körperstellen, die heftig wehtaten. Jede Bewegung im Bett verstärkte das Übel und raubte ihm den Schlaf. Als Božena am Morgen in seine Stube kam, um ihm einen Teller Gänsesuppe zu bringen und sich die Wunde an der Hand, die sie am vorhergehenden Tagesende noch sorgfältig gesäubert und verbunden hatte, anzusehen, bemerkte sie – trotz seiner Versuche, sein Leiden zu überspielen –, dass er sich nicht wohlfühlte. Daraufhin holte sie die Salbe, deren wundersame Wirkung jüngst bei Praunfalks Qualen zu beobachten gewesen war, und rieb ihm den Rücken und die Hüfte kräftig damit ein. Diese nicht unbedingt sanfte Prozedur versuchte sie hernach mit einem innigen Kuss wettzumachen.

„Gegen Mittag kommt der Doktor ins Haus", sagte sie, nachdem sie sich aus der Umarmung gelöst hatte, und reichte ihm den Teller mit der mittlerweile fast kalten Suppe. „Dem Grafen geht es zwar schon besser, den medizinischen Rat Schrattenbachs möchte er aber dennoch in Anspruch nehmen. Er bekam heute zeitig in der Früh von einem Boten die Nachricht, dass seine Ehefrau in drei Tagen aus Schlesien, wo sie mehrere Wochen lang ihre jüngste Schwester nach einer schweren Niederkunft betreut hat, zurückkehren wird. Da möchte er wohl kein bisschen leidend sein, denn die Gräfin sieht das gar nicht gern. Was ich aber eigentlich sagen wollte: Es kann, denke ich, nicht schaden, wenn der Doktor bei dir ebenfalls vorbeischaut. Ich werde Christoph Praunfalk bitten, seinen Onkel zu ersuchen, das in die Wege zu leiten." Gaiswinkler blieb keine Zeit zur Widerrede, denn kaum, dass sie es sprach, verschwand sie zur Tür hinaus.

Der Medicus erschien ungefähr zwei Stunden später in seinem Zimmer, gerade als er die letzte Schüssel des üppigen Morgenmahls, das ihm Božena als Wiedergutmachung für die kalt gewordene Gänsesuppe in der Zwischenzeit an sein Bett serviert hatte, leerte. Im Gegensatz zu Grünbühel, dem man – wenn er sich besserer Gesundheit erfreute – viel Lebenslust und Frohsinn nachsagte, wirkte dessen Arzt, obwohl sein Äußeres sorgfältigst gepflegt war, durch seine nach unten gezogenen Mundwinkel und seine glanzlosen, eng zusammenstehenden Augen auf Gaiswinkler irgendwie steif und verdrossen. Albert Schrattenbach untersuchte ihn schweigend. Schließlich stellte er mit nur wenigen Worten fest, dass neben mehreren starken Prellungen und Blutergüssen nichts gebrochen schien und es wohl eine Zeit lang dauern würde, bis die Schmerzen nachließen. Die Wunde am Handrücken sei untadelig versorgt worden und sähe nicht danach aus, sich zu entzünden. Kurz bevor er sich verabschiedete, wurde der Doktor gesprächiger: „Der Neffe des werten Herrn Grafen berichtete mir bei meinem letzten Besuch hier, Ihr wäret mit dem ungeklärten Verbrechen, das sich vor ein paar Tagen auf der Kleinseite zutrug, beschäftigt und hättet gemeinsam mit ihm die Leiche gefunden. Wie Ihr vielleicht wisst, erzählen uns auch die Toten Geschichten über ihr Dasein auf Erden. Und so möchte ich Euch als Arzt, der nur allzu oft in das Antlitz eines Verstorbenen blickt, fragen, ob Euch etwas an dem Ermordeten aufgefallen ist, das Euch Auskunft über sein Leben oder zu demjenigen, der es ihm genommen hat, gegeben hat?"

„Es tut mir leid, ehrenwerter Herr Doktor, ich konnte nichts Auffälliges an dem Leichnam entdecken und dürfte darüber auch nichts berichten. Seine Majestät der Kaiser hat mir ein Verbot auferlegt, über Dinge zu sprechen, die ich im Zusammenhang mit dem Mordfall erfahre."

„Das verstehe ich aber gar nicht. Warum will man bei diesem Fall alles so geheimnisvoll verstecken? Vermutlich sind es bedeutende Männer vom Hof, die dabei mitspielen und ihre eigenen Spuren verwischen wollen. Immer wieder merke ich, dass der Adel mehr Gewicht hat als andere. Ich bin ein studierter Arzt, der auch in Italien ausgebildet wurde, habe schon viele Menschen behandelt und die meisten kuriert. Aber niemand käme auf die Idee, mich auf den Hradschin zu holen, damit ich mir die Leiche ansehen kann. Ein hervorragender Mediziner wie ich könnte mit ihr sprechen und würde wohl mehr von ihr verstehen als so manch anderer dort oben!"

Gaiswinkler war erstaunt. Dass Schrattenbach eitel war, merkte man in dem Augenblick, in dem man ihm zum ersten Mal begegnete, aber solche Aussagen von ihm waren dennoch unerwartet. „Ich bedauere, Euch nichts preisgeben zu dürfen. Gegen den Wunsch des Kaisers kann ich mich nicht stellen, selbst wenn ich es wollte", bekräftigte er.

„Nun ja, das ist sehr schade, ich hätte mich gerne mit Euch über Eure Erkenntnisse unterhalten. Nun muss ich allerdings ohnehin aufbrechen, der nächste Patient wartet auf mich. Lebet wohl", erklärte der Doktor mit grimmiger Miene und drehte sich um.

Nachdem Schrattenbach gegangen war, machte Gaiswinkler sich daran, endlich etwas zu schlafen. Doch bald darauf klopfte es erneut. Vor der Tür stand der alte Diener mit Miguel, der vom Obersthofmeister geschickt worden war. Wolf Siegmund Rumpff vom Wullross habe angeordnet, dass er von nun an in Prag sein ständiger Schutz sein solle, erklärte der Trabant und fügte grinsend hinzu: „Bevor Ihr etwas einwendet: Ich weiß, dies wird Euch nicht gefallen, und das habe ich dem Obersthofmeister auch gesagt. Aber er erwiderte nur: ‚Papperlapapp!' Der Überfall auf Euch habe ihm gezeigt, dass Ihr gefährdet seid, und er möchte eine derart zugerichtete Leiche wie neulich nicht noch ein weiteres Mal sehen."

So blieb Gaiswinkler nichts anderes über, als die stetige Begleitung des Leibgardisten, der sich in eine Kammer in der Nähe des Eingangsportals zurückzog, anzunehmen. Wenn der Hof es befahl, musste selbst ein sturer Ausseer gehorchen.

Derweilen er das Bett hütete, war Praunfalk seit dem Vormittag auf dem Hradschin unterwegs gewesen. Seine Verhandlungen in den Hallamtsangelegenheiten gingen kaum voran. Nicht nur die Mühlen Gottes – wie es in dem oft zitierten Spruch hieß – mahlten langsam, sondern offensichtlich auch die Verwaltung des Staates. Sie würde wohl noch sehr lange brauchen, um ein endgültiges Urteil zu fällen, dachte der Salzamtsverweser verärgert, als er durch das Tor des vom Brand geschwärzten Turmes schritt und endlich die Burganlage verließ. Dass ihm sein Onkel durch seine Unpässlichkeit in den letzten Tagen mit seinen Beziehungen nicht behilflich sein hatte können, verstimmte ihn zusätzlich. Zumal sich dessen einflussreicher Bekannter, Joachim von Eitzing, ja vermutlich schon wieder in der Stadt aufhielt. Je länger er die Stufen zur Kleinseite hinabschritt, desto mehr hob sich allerdings seine Laune, denn er befand sich auf dem Weg zum Palais des Herrn von Laiming, wo er mit dessen Ziehtochter Veronika Andraský von Audráz eine Verabredung hatte.

Das Haus Laiming war weniger prunkvoll als jenes von Grünbühel, doch die Räume und das nicht allzu große Zimmer, in das man ihn führte, waren mit ausdrucksvollen Familienporträts sowie mit einigen bunten Malereien, von deren Art er noch niemals zuvor eine gesehen hatte, geschmückt. Veronika saß mit einer Stickerei auf dem Schoß vor einem Erkerfenster, das auf das Gässchen blickte, in dem die Leiche gefunden worden war. Ihr kobaltblaues Kleid unterstrich nicht nur die durchsichtig scheinende, porzellanfarbige Haut ihres Gesichts, sondern auch das satte Schwarz ihrer

Haare und ließ ihre blaugrauen Augen noch größer erscheinen. Sie begrüßte ihn strahlend. Praunfalk erkundigte sich nach ihrem Wohlbefinden und ob es ihrem verstauchten Knöchel schon wieder besser gehe. Dass ihr Gespräch unter der Aufsicht einer streng dreinblickenden Dienerin stattfand, machte ihn zugleich nicht ganz glücklich. So plauderten sie eine Weile manierlich über die Gesundheit dahin, und was sie beide in den letzten Tagen erlebt hatten. Dabei erwähnte er in Anbetracht der Dienerin nichts über den Angriff auf seinen Freund, sondern deutete nur kurz seine eigenen Probleme mit den Verhandlungen bei Hof an, allerdings ohne ausdrücklich zu betonen, wie sehr er eigentlich daran dachte, langsam wieder heim nach Aussee zu reisen und sich um die Verwaltung der Saline zu kümmern.

„Ich wüsste so gerne mehr über Euren Heimatort", warf Veronika ein und errötete, weil sie ihn unterbrochen hatte. „Mir ist das Leben dort fremd. Ich bin noch niemals woanders als in Meißen und Prag gewesen und kenne ferne Städte nur aus Erzählungen."

„Nun, wie kann ich Euch Aussee am besten beschreiben? Es ist ein nicht allzu großer Marktflecken und von seiner Bedeutung her wohl nicht mit dem vergleichbar, was Euch bekannt ist. Er liegt inmitten von hohen Bergen, am Zusammenfluss zweier kleiner Ströme, die den Fluss der Traun bilden. Die weite Gegend rundherum, in der es mehrere tiefe Seen mit schmucken Siedlungen gibt, hat allerdings etwas Einzigartiges zu bieten, das man hier in Böhmen nicht findet. Das ist der Salzbergbau, mit dem ich, wie Ihr wisst, zu tun habe und der unserem Gebiet Reichtum schenkt. Die Bauern produzieren viele Lebensmittel, die sie zu einem festgelegten Preis an die Arbeiter und Holzknechte liefern müssen. Dieses System funktioniert gut, die Arbeiter haben keine Not, und in den zahlreichen Läden in Aussee können sie sich die Waren leisten. Ein anderes ertragreiches Geschäft bei uns ist der Fischfang, vor allem der Saiblinge. Sie werden bei großen Festen lebendig an den Hof in Wien geliefert."

„Das stelle ich mir alles märchenhaft vor, Ihr werdet als Salzamtsverweser und als Adeliger dort wohl gut leben und sicherlich in einem prächtigen Haus."

„Ja, neben dem Salzamtsgebäude – dem zweihundert Jahre alten Kammerhof – befindet sich ein großes Bauwerk, ähnlich einem Schloss, in dem ich dank meiner Position wohnen darf. Meine Familie besitzt in der Umgebung des Ortes aber verschiedene Anwesen, in denen ich mich auch gelegentlich aufhalte, um zu jagen."

„Ach, wie wundervoll wäre es, einmal dorthin zu reisen und diese Gegend zu sehen. Mein verstorbener Vater ist viel in der Welt herumgekommen. Ich durfte oft seinen Geschichten über herrliche Städte und Landschaften und über die Menschen, denen er begegnete, lauschen. Er sprach mit so manchem von ihnen, egal ob es einfache Leute waren oder Gebildete, und er erfuhr einiges darüber, wie sie lebten. Seine Tätigkeit, besondere Güter aller Art für seine Handlung in Meißen einzukaufen, führte ihn nach Italien, nach Frankreich und in verschiedene Länder des Heiligen Römischen Reiches. Ein Jahr verbrachte er sogar im Osmanischen Reich, wo er versuchte, orientalische Waren zu erwerben, um sie in unserer Heimat Sachsen gewinnbringend abzusetzen. Die Miniaturen, die Ihr hier an der Wand seht, brachte er aus Konstantinopel mit", erklärte Veronika und deutete auf eines der kleinen farbigen Bilder, auf dem unter einem goldenen Himmel drei Figuren mit Turbanen, in fremd wirkenden Kleidern, an einem Flussufer dargestellt waren.

„Welch Zufall, mein Onkel, Heinrich Hoffmann von Grünbühel, verweilte vor längerer Zeit – ich glaube, es war in den Jahren von 1578 bis 1582 – mit der kaiserlichen Botschaft im Orient. Leider konnte ich mich noch nicht mit ihm darüber unterhalten, denn er lag die letzten Tage unpässlich darnieder. Wir werden das aber hoffentlich bald nachholen."

„Oh, dann ist mein Vater vielleicht mit einigen von der kaiserlichen Botschaft zusammengetroffen. Er hielt sich – als ich noch recht klein war – zwischen 1581 und 1582 dort auf. Genaueres weiß ich darüber bedauerlicherweise nicht, denn so leuchtend er mir später seine Eindrücke von der Stadt schilderte, so dunkel blieb dabei vieles über seine Begegnungen. Etwas, das er im Osmanischen Reich erlebt hatte, schien ihn sehr zu belasten. Er führte, wie bei allen seinen Reisen, auch in jener Zeit ein Tagebuch. Ich hoffte immer, dass ich einmal darin lesen könnte, um vielleicht zu erfahren, was ihn bedrückte. Doch diese Aufzeichnungen sind ebenso wie einige andere Dinge aus seinem Vermächtnis wenige Wochen, nachdem ich in Prag ankam, plötzlich verschwunden. Niemand hier im Hause konnte sich erklären, wohin."

„Das ist wahrlich sonderbar und eine traurige Geschichte", meinte Praunfalk und wollte zu tröstenden Worten ansetzen, aber der gestrenge Blick der Dienerin verriet ihm, dass es für ihn an der Zeit war, sich zu verabschieden. So erhob er sich kurz darauf mit der Begründung, seinen Onkel wegen der Geschäfte sprechen zu müssen, ließ es sich jedoch nicht nehmen, hinzuzufügen: „Wenn Ihr erlaubt, komme ich in den nächsten Tagen gerne wieder zu Besuch."

„Es wird mir eine große Freude sein, Euch schon bald wiederzusehen", erwiderte das Mädchen, und seine Augen leuchteten.

Die Gassen heimwärts durchschritt er beschwingt. Die süße, noch etwas naive Veronika schien ihm durchaus Zuneigung entgegenzubringen. Sie stammte offensichtlich aus keiner reichen Familie, und möglicherweise waren ihre Zieheltern ganz froh, sie zu verheiraten. Falls sich seine Gefühle für sie noch verstärken sollten, würde er nicht um die Höhe der Aussteuer feilschen.

Gleich nachdem er ins Palais Grünbühel zurückgekehrt war, bat er den Diener Karel, ihn bei seinem Onkel anzumelden. Heinrich Hoffmann von Grünbühel empfing ihn bereits wenig später im Arbeitszimmer. Da er bekundete, sich wieder weitgehend gesund zu fühlen, begann Praunfalk, ihm ohne Umschweife seine Probleme oben am Hradschin zu erörtern: „Ich stocke bei meinen Verhandlungen wegen der Saline. In den letzten Tagen war ich so oft in der Burg. Man hat mich höflich behandelt, doch stets von einem Beamten zu einem anderen geschickt. Wenn das so weitergeht, werde ich mit fünfzig Jahren noch immer hier sitzen. Es ist nichts gegen Prag einzuwenden, aber aus einigen Gründen sollte ich doch schnell heimwärts nach Aussee ziehen. Vielleicht, lieber Onkel, könntest du ein gutes Wort bei deinem Förderer Joachim von Eitzing einlegen? Ich wäre dir sehr zu Dank verpflichtet!"

„Das will ich gerne tun, Christoph. Eitzing müsste seit gestern wieder in Prag sein. Ich werde morgen früh an ihn herantreten und mich bemühen, dir in dieser Sache zu helfen."

Praunfalk bedankte sich und nützte die Gelegenheit, noch die Bitte zu äußern, ob Grünbühel ihm und Gaiswinkler einmal nach dem Abendmahl etwas über seine Reise nach Konstantinopel berichten könnte und über die Menschen, die ihn begleitet hatten. Es habe sich ergeben, dass dieser Aufenthalt der kaiserlichen Botschaft möglicherweise im Zusammenhang mit dem Mordfall vor einigen Tagen stehe. Der Graf zog einen Augenblick erstaunt die Augenbrauen hoch. „Nun, wenn ihr beiden meine Geschichten hören wollt, soll es so sein", sagte er dann. „Ich habe dir das ja, bevor ich erkrankte, bereits angeboten. Je mehr ich es bedenke, desto mehr glaube ich allerdings, Joachim von Eitzing wäre euch ein besserer Erzähler. Ihn zu unserer Unterhaltung zu laden, könnte nicht schaden. Und für die Besprechung deiner mühsamen Angelegenheiten mit dem Hof findet sich dabei dann sicherlich ebenfalls genügend Zeit."

„Ich weiß nicht, wie ich dir danken soll, lieber Onkel, und traue mich gar nicht, dir eine sonstige Frage zu stellen. Da mir diese aber sehr am Herzen liegt, will ich es trotzdem tun. Ich habe hier vor einigen Tagen ein Mädchen kennengelernt, eine junge Adelige, die eine Vollwaise ist. Nachdem wir uns zweimal begegnet sind, habe ich sie heute im Haus ihrer Zieheltern besucht."

„Das klingt nach Brautschau", warf Grünbühel ein, woraufhin Praunfalk keine Antwort gab, doch seine roten Flecken im Gesicht sagten alles, als er weitersprach. „Ihr verstorbener Vater, Moritz Andraský Ritter von Audráz, hielt sich auch in Konstantinopel auf. Ist dir sein Name aus jener Zeit bekannt?"

„Ich denke nicht, gleichwohl ich mir nicht sicher bin, da müsste ich länger überlegen", meinte der Graf. Bevor er fortfahren konnte, hatte sich Praunfalk erhoben, um mögliche nähere Fragen über Veronika zu verhindern. Die Sache mit dem jungen Mädchen war ihm vor seinem Onkel peinlich. Er verabschiedete sich und machte sich auf zur Stube seines Freundes, dessen verschlafene Stimme er erst nach einer Weile hinter der Tür vernahm.

Als Gaiswinkler von den Neuigkeiten erfuhr, war er allerdings bald hellwach, und eine Zeit lang vergaß er auch all seine Schmerzen. Eine baldige Zwiesprache mit Heinrich Hoffmann von Grünbühel und Joachim von Eitzing klang erfreulich. Vor allem von dem Freiherrn von Eitzing, der als Gesandter wohl am meisten Kontakt zu den Reisenden im Osmanischen Reich unterhalten hatte, erhoffte er sich, Neues über den Ermordeten zu erfahren. Dass Veronikas Vater zur selben Zeit im Morgenland gewesen war, konnte man trotz seines auf rätselhafte Weise verschollenen Tagebuches aber sicherlich als nichts anderes als einen Zufall betrachten.

KAPITEL 22

Am übernächsten Morgen fühlte sich Gaiswinkler fast ganz wiedergestellt. Ob die Heilung lediglich die Salbe oder auch seine wachsende Verliebtheit und die sich immer leidenschaftlicher entwickelnden Zärtlichkeiten, die er mit Božena austauschte, beschleunigt hatten, wusste er nicht. Immerhin waren die Schmerzen nun so weit erträglich, dass er Miguel nach dem Frühmahl bat, ihn zu Thommerl zu begleiten, den er über Besucher bei den Alchemisten ausfragen wollte. Und so ging er wenig später mit dem Trabanten, der sich mehr und mehr als angenehmer Gefährte erwies und fröhlich mit ihm plauderte, die Gassen zum Haus des Hofzwergs hinauf. Das kleine Gebäude lag westlich der Burg, nicht weit von ihrer Befestigung, auf einem Hügel, den die ausgedehnte Anlage des Klosters Strahov und ihre Abteikirche beherrschten, mit einem Blick auf die Weite der ihm inzwischen vertrauter gewordenen Stadt, auf all ihre Turmspitzen, Dächer, kahlen Baumkronen und brachen Felder und den sich dazwischen schlängelnden Fluss. Er verharrte eine kurze Weile. In den Bergen der Alpen aufgewachsen, liebte er es, die Welt aus der Perspektive eines Vogels zu betrachten.

Nachdem sie das Häuschen erreicht hatten, zeigte sich auf ihr mehrmaliges, lautes Klopfen niemand. „Thommerl wird vermutlich oben auf der Burg sein oder mit dem Hund seines Bekannten unterwegs", meinte Gaiswinkler und beabsichtigte, sich wieder fortzumachen. Doch Miguel hatte die Klinke des Haustors hinuntergedrückt und bemerkt, dass das Schloss unversperrt war, woraufhin er die Tür öffnete. „¡Mierda!", entfuhr es ihm fast im selben Augenblick. Das schwache Licht der Wintersonne fiel in eine verwüstete Stube. Aus Truhen, Kommoden und Schränken schien alles auf den Boden geworfen worden zu sein. Ein bitter-süßlicher Geruch drang in ihre Nasen, zunächst nicht zuzuordnen, bis er bei Gaiswinkler plötzlich die Erinnerung an den Brand eines Viehstalls erweckte: Es stank nach verbranntem Fleisch.

„Bleibt hinter mir!", befahl der Trabant leise und zog seine Waffe, bevor sie sich vorsichtig in das Innere des Hauses bewegten. Bereits nach wenigen Schritten bestätigte sich ihre bange Ahnung. Inmitten des Durcheinanders von losen Papieren, Büchern und Kleidungsstücken stand in einem von der Tür nicht gut auszumachenden Winkel des Zimmers ein Stuhl. Auf diesem saß mit nacktem Oberkörper der Hofzwerg. Anstatt der sorgfältig geflochtenen Zöpfe hingen ihm die langen Barthaare wirr vom Kinn. Seine Augen waren weit aufgerissen, seine Pupillen erstarrt, und aus seinem offenen Mund ragte die Zunge weit heraus. Seinen Hals umfasste ein rotblauer Striemen, der an die Kehle des Toten in dem Gässchen auf der Kleinseite erinnerte. Im Unterschied zum ersten Mord offenbarte der Körper des kleinen Mannes jedoch noch ein weiteres grässliches Schauspiel. Thommerl war gemartert worden. Blutige schwarze Brandwunden übersäten seinen Rücken.

Miguel machte sich sofort auf zur Burg, um den Obersthofmeister zu informieren und den Hofmedicus zu holen. Währenddessen betrachtete Gaiswinkler den Leichnam genauer. Dabei fiel ihm ein winziges Stück Papier auf, das kaum sichtbar aus Thommerls verkrampfter rechter Faust herausragte. Vorsichtig versuchte er, es aus den steifen Fingern zu lösen. Der Zettel, den er kurze Zeit später in der Hand hielt, erwies sich aber als wenig aufschlussreich. An mehreren Stellen abgerissen, trug er lediglich die Reste eines in deutscher Sprache verfassten Textes: „…m 13. Novem… ..n ich vom Haus des Alchemisten dem fremden Mann gefolgt. Er ging hinab in ein Palais in der ulica Kar…"

Dem ersten Blick nach zu schließen, schienen die Zeilen aus derselben Feder zu stammen wie die auf den am Bretterboden verstreuten Papiere. Die Form der Buchstabenschnörkel, -bögen und -haken kam ihm nahezu gleich vor. Er sammelte einige der Schriftstücke auf und studierte sie. Es handelte sich um datierte Blätter – ähnlich einem Tagebuch – die sich ausschließlich mit der Beobachtung anderer Menschen, deren Namen nur in Initialen standen, beschäftigten und wohl von Thommerl geschrieben worden waren. Dieser dürfte vieles nicht nur allein ausgekundschaftet haben, sondern für Hinweise auch an Dienstboten herangetreten sein. Je mehr Bögen Gaiswinkler las, desto mehr kam ihm der Verdacht, dass der Hofzwerg Informationen über Leute gesammelt hatte, um sie zu erpressen.

Alle Aufzeichnungen stammten aus diesem Jahr, wobei die aus den letzten drei Monaten – September, Oktober und November – offenbar alle fehlten. Der Fetzen Papier in der Hand des Leichnams schien das einzige Stück zu sein, das aus dieser Zeitspanne noch vorhanden war. Doch was sagte das Wenige darauf aus? Trotz der danach fehlenden Buchstaben konnte man die Silbe „Kar", wie das böhmische Wort ulica für Gasse nahelegte, wohl als einen Straßennamen deuten. Wen hatte der Hofzwerg dorthin verfolgt? Seinen späteren Mörder? Oder war der Mann, der von einem Alchemisten kam, etwa gar das Mordopfer von der Kleinseite? Vielleicht ließ sich das ja ergründen, wenn sich die Gasse ausforschen und herausfinden ließe, ob jemand in dem sich dort befindenden Palais eine Verbindung zu dem mysteriösen Weniger aufwies.

Noch bevor sich Gaiswinkler weiter damit beschäftigen konnte, kehrte Miguel in Begleitung des Hofmedicus und dessen Helfern zurück. Nachdem sie den Toten auf den Tisch gelegt hatten, beugte sich Giovanni Pietro Magni über den zerschundenen Körper und inspizierte ihn eine gute Weile. „Die Merkmale der Furche am Hals erinnern mich sehr an jene des unbekannten erdrosselten Mannes, den Bartholomäus Spranger, nachdem ich ihn untersucht habe, porträtierte", erklärte er dann. „Das Strangwerkzeug dürfte bei beiden Opfern von ähnlicher Art gewesen sein. Was dieser arme Mensch jedoch vor seiner Ermordung durchlitt, möchte ich mir nicht näher vorstellen, denn die Brandwunden, die nicht von einem glühenden Eisen, sondern von einer heißen Flamme stammen, sind sehr tief. Jedenfalls muss man ihm auch einen Knebel zwischen die Zähne geschoben haben. Draußen hätte sonst jemand, vor allem, falls er bei Tage gepeinigt wurde, etwas von seinen Qualen gehört."

„Mir sagte der Obersthofmeister vorhin, dass Thommerl Niderthor am Morgen nicht auf der Burg erschienen ist, obwohl man ihn dort erwartete", warf der Trabant ein. „Vielleicht wurde die Tat ja bereits in der Nacht verübt."

„Das kann gut möglich sein. Ganz frisch sieht mir der Tote nämlich nicht mehr aus", erwiderte der Doktor, bevor er seine Helfer anwies, den kleinen Leichnam fortzutragen, und sich verabschiedete.

Als auch Gaiswinkler und Miguel den Tatort verließen, fragte der Salzamtsgegenschreiber den Trabanten, ob er eine Gasse kenne, deren erste Silbe mit „Kar" begann. „Da fallen mir im Augenblick nur die Karlsgasse in der Altstadt und die Karmelitergasse auf der Kleinseite ein", meinte der Leibgardist nach einigem Nachdenken.

„Na gut, wenn es nicht so viele Straßen sind, macht das die Sache nur leichter", dachte der Ausseer und beschloss, sich am nächsten Tag in den beiden Gassen genauer umzusehen. Aber hing Thommerls Verfolgung des fremden Mannes wirklich auch mit seinem Tod zusammen? Hatte er dabei eine Sache herausgefunden, mit der er jemanden erpressen konnte? Derjenige, von dem der Hofzwerg gemartert und erdrosselt worden war, schien offensichtlich etwas von ihm verlangt zu haben, was er nicht hergeben wollte. Nach den vielen losen Papieren zu schließen, war es vielleicht ein belastendes Schriftstück, nach dem der Täter nach dem Mord noch weitergesucht hatte. Hatte er dieses finden können? Gaiswinkler nahm sich vor, Rumpff zu fragen, ob er das Haus noch einmal in Ruhe begutachten durfte, womöglich hatte der Mörder ja etwas übersehen.

Während es bis vor Kurzem noch keine ernsthafte Spur im ersten Mordfall gegeben hatte, waren jetzt mehrere Anhaltspunkte vorhanden, fast zu viele Hinweise, die in verschiedene Richtungen wiesen: der Bezoar und seine geheimnisvollen Schriften, Porticus und all die anderen, die sich für das Goldmachen interessierten, die ausweichenden Antworten der beiden Konstantinopelreisenden Galeazzo und Alvarez. Und nun, falls die zweite Bluttat wirklich mit der ersten in einem Zusammenhang stand, die Beobachtungen Thommerl Niderthors.

Vor sich hin grübelnd, marschierte Gaiswinkler mit Miguel langsam heim zum Palais Grünbühel. Der Tod erinnerte ihn stets an den alten Spruch „Media vita in morte sumus – Mitten im Leben sind wir im Tod". Obwohl er den Zwerg erst seit wenigen Tagen gekannt hatte, überkam ihn Traurigkeit. Dass es ihm seit seinem Besuch bei Rudolf II. nur bedingt möglich war, Christoph Praunfalk in seine Überlegungen miteinzubeziehen, stimmte ihn noch trübsinniger, und so war er froh, sich beim Abendmahl – ohne Geheimnisse zu verraten – mit seinem nachdenklich zuhörenden Gefährten länger über die Ermordung des Hofzwergs unterhalten zu können.

„Ich denke, du bist leider vollkommen im Irrglauben, wenn du annimmst, die beiden Mordfälle hätten etwas miteinander zu tun", meinte Praunfalk schließlich. „Immerhin verwenden Mörder nicht allzu selten einen Strick. Thommerl Niderthor scheint außerdem nicht zimperlich darin gewesen zu sein, über Menschen Dinge zu sammeln, die ihnen unangenehm sind. Da besäßen wohl einige Leute in Prag ein Motiv."

„Das kann natürlich gut sein und vermutlich hast du recht. Ich möchte die Möglichkeit nur nicht gleich ausschließen, ohne ihr nachzugehen."

Die grausame Tortur und der Mord an dem kleinen Mann berührten auch Božena. Als ihr Gaiswinkler spätabends in seiner Stube davon erzählte, wandte sie sich kurz von ihm ab, um sich verstohlen Tränen aus den Augen zu wischen. Sie hatte den Hofzwerg zwar nicht persönlich gekannt, war ihm aber in seinen bunten Gewändern öfters auf den Straßen begegnet. „Er schien mir sehr freundlich gewesen zu sein. Stets erblickte ich ihn im Gespräch mit anderen Leuten", sagte sie und sah Gaiswinkler besorgt an. „In der Stadt scheint ein gnadenloser Unmensch zu wüten. Ich habe Angst, dass du ihm zu nahe kommst, denn ich fürchte, vor so einer Bestie kann dich der Trabant Miguel nicht beschützen." Bevor er darauf etwas erwidern konnte, umschlang sie seinen Nacken mit ihren Armen und küsste seinen Mund mit einer immer zügelloser werdenden Zärtlichkeit. Im Unterschied zu den letzten Malen streifte sie nicht nur ihr Kleid, sondern ebenso ihr Untergewand ab. Nackt und warm schmiegte sie sich voller Verlangen an ihn. Und als er dann die rosige Spitze ihres Busens mit seinen Lippen liebkoste und sie dabei seine Hand in ihren bebenden Schoß legte, verlor ihrer beider Begierde in dieser Nacht alle Fesseln und der vorherige Tag etwas von seinem Schrecken.

KAPITEL 23

Am Nachmittag des nächsten Tages ließ ihn der Obersthofmeister auf den Hradschin rufen. Als Gaiswinkler am Weg dorthin auf der knirschenden Decke des Schnees, der seit der Nacht die Stadt in weiße Stille hüllte, mit Miguel durch die Karmelitergasse schritt, betrachtete er die Straße, durch die er schon etliche Male marschiert war, mit einem anderen Blick als zuvor. Die Zahl der Palais, ohne die kleineren, aber schmucken Häuser mitzuzählen, war hoch. Sehr alte Herrschaftssitze und Prachtbauten, deren Errichtung noch nicht lange zurücklag, folgten Bauwerk auf Bauwerk. Manche Adelige hatten zwar ihre Wappen an der Fassade angebracht, doch er erhielt dadurch nicht die geringste Kenntnis, wer in diesen zwei bis drei Stock hohen Gebäuden wohnte. Mehr und mehr erschien es ihm ein hoffnungsloses Unterfangen, dies allein herauszufinden, es gab einfach zu viele Paläste. Aber vielleicht könnte ihm Wolf Siegmund Rumpff vom Wullross ja darüber etwas mitteilen. Gaiswinkler nahm sich vor, ihn danach zu fragen.

Den Obersthofmeister traf er sichtlich betroffen an. „Der Mensch ist ein Tier, und derjenige, der seine Hand so grausam an Thommerl Niderthor gelegt hat, muss eine Bestie mit einer besonders hässlichen Fratze sein. Der Hofzwerg hat niemandem etwas zuleide getan. Im Gegenteil, er hat uns stets vergnügt und mit seinen Geschichten zum Lachen gebracht", sagte Rumpff mit einem rauen Unterton in seiner Stimme. „Ich habe seine Leiche gestern Abend beim Hofmedicus beschaut. Obwohl Thommerl vor seinem Tod gemartert wurde und das Wirrwarr in seinem Hause auf einen Einbruch deutet, vermute ich, dass ihm derselbe Täter das Leben nahm, dem die Schandtat auf der Kleinseite zuzuschreiben ist. Was meint Ihr dazu, Matthias Gaiswinkler?"

„Mein erster Eindruck war derselbe, doch ist es natürlich ebenso gut denkbar, dass zwei unterschiedliche Mörder am Werk gewesen sind, aus einem grundverschiedenen Antrieb heraus. Thommerls grausames Ende stimmt auch mich traurig, denn ich bin vor einigen Tagen zufällig mit ihm bekannt geworden. Er wirkte wie ein fröhliches Kind und war überaus freundlich und klug", erwiderte der Salzamtsgegenschreiber. Von seinem Verdacht, dass der heitere kleine Mann womöglich auch eine dunkle Seite besessen haben könnte, erzählte er nichts. Stattdessen bat er den Obersthofmeister, sich an einem der nächsten Tage das Haus des Hofzwergs noch genauer ansehen zu dürfen, um nach Aufzeichnungen, die unter Umständen Licht in das Verbrechen bringen konnten, zu suchen. Rumpff willigte ein, und derweil ein Schreiber seine Erlaubnis auf einem Blatt Papier festhielt, informierte ihn Gaiswinkler von dem Zettelstück in Thommerls Faust. Er schloss mit der Frage: „Da ich nun zu ergründen versuche, wohin der Mann, den der Hofzwerg verfolgt hat, gegangen ist, möchte ich mich höflichst bei Eurer Exzellenz erkundigen, ob Sie mir sagen kann, welche adeligen Familien in der Karmelitergasse und der Karlsgasse Palais besitzen?"

Der Obersthofmeister zögerte auf diese Frage einen Augenblick. „In der Karlsgasse kenne ich mich nicht gut aus", meinte er dann. „Soviel ich aber weiß, haben sich in dieser Gasse der Altstadt kaum Adelige niedergelassen. Sie wird vor allem von Bürgerhäusern geziert. Mit der Karmelitergasse kann ich Euch allerdings weiterhelfen. Einer meiner Verwandten wohnt in ihr. Ich lernte alle Aristokraten, die auch dort leben, persönlich kennen." Nach einigem Nachdenken nannte Rumpff ihm eine Reihe von Namen bedeutender Familien wie Schlick, Kinsky und Czernin. Doch lediglich ein einziger von diesen war bisher im Zusammenhang mit den Nachforschungen zu dem Mordfall aufgetaucht. Es war der von Joachim Freiherr von Eitzing. Und so schien es

Gaiswinkler mehr als ein glücklicher Zufall zu sein, dass Heinrich von Grünbühel den ehemaligen Gesandten in Konstantinopel an diesem Abend in seinem Hause erwartete. Wie er den Freiherrn bei dieser Gelegenheit darauf ansprechen sollte, ohne ihn zu empören, wusste er jedoch noch nicht. Dazu musste er ihm wohl auch ein Bild des Toten zeigen. Die Möglichkeit, Sprangers großes Porträt hinunter ins Palais zu schaffen, schloss er dabei von vornherein aus. Doch vielleicht hatte der Maler ja eine kleinere Vorstudie angefertigt?

„Eine solche ist vorhanden, und Ihr könnt sie Euch gerne ausleihen", antwortete Wolf Siegmund Rumpff vom Wullross, als er diesen danach fragte. Seltsamerweise versuchte der Obersthofmeister nicht nachzuhaken, wozu er diese benötigte. Stattdessen begann er, während ein Diener die Skizze holte, etwas über die Halunken, die Gaiswinkler überfallen hatten, zu erzählen. Die beiden seien, wie er erklärte, schon mehrmals verhört worden. Nach langer Folter hätten sie den Angriff gestanden, den sie ja auch nicht leugnen konnten, da man sie auf frischer Tat dabei ertappt hatte. Über ihren Auftraggeber war dabei jedoch keine Silbe von ihnen zu erfahren gewesen. „Derjenige, der sie dazu angestiftet hat, muss sie wohl sehr gut bezahlt haben. Aber wir werden seinen Namen schon noch aus den Taugenichtsen herausprügeln", bekräftigte Rumpff grimmig, bevor er ihm die inzwischen gebrachte Bleistiftzeichnung – kaum größer als eine Manteltasche – übergab und ihn bald danach verabschiedete und entließ.

Im Palais Grünbühel wurde Gaiswinkler nach dem Abendmahl, das nicht allzu opulent ausgefallen war, weil für das Gespräch mit dem Freiherrn von Eitzing – wie Božena schmunzelnd anmerkte – auch noch ein wenig Platz im Magen vorhanden sein sollte, in Erstaunen versetzt. Als er und

Praunfalk das geräumige Gemach mit den bunten allegorischen Deckenmalereien betraten, in dem der Herr des Hauses seine Gäste zu empfangen pflegte, fanden sie Heinrich Hoffmann von Grünbühel dort in einem langen seidenen Kaftan in seinem Sessel vor. Seine Füße zierten aus feinem Leder gefertigte Pantoffeln, und auf dem Kopf trug er ein kunstvoll über die Haare geflochtenes safranfarbiges Tuch – eine Gewandung, die sie bisher nur von Bildern kannten, insbesondere religiösen Darstellungen, auf denen die Bösewichte wie Türken gekleidet waren. Dem Grafen gegenüber saß Joachim von Eitzing, ein grauhaariger Mann um die fünfzig Jahre, dessen Erscheinung eine großzügige Art von Gemütlichkeit ausstrahlte. Eitzing grinste und schien mehr belustigt als verwundert über die Aufmachung seines Gastgebers, dessen Kleidung tatsächlich ein wenig lächerlich und ähnlich einem Kostüm im Theater wirkte. Doch der Hausherr, dem die dem Adel oft eigene Eitelkeit völlig fehlte, schien damit wohl deutlich seine Sympathie für die osmanische Kultur zum Ausdruck bringen zu wollen.

Grünbühel hatte eine große Kanne mit Wein und vier Becher auftischen lassen sowie einen kleinen Imbiss aus kalten und warmen Pasteten, Schweinebratwurst, überzogenem Konfekt und allerlei anderen sauren und süßen Dingen. Die erste Kanne, bei der sie sich den Hallamtsangelegenheiten widmeten, war schnell geleert, und ehe der Graf die alte Dienerin beauftragte, noch mehr Wein zu bringen, war Praunfalk von Eitzing versprochen worden, ihm in der Angelegenheit mit der Saline zu helfen. Während sich die beiden von der neuen Karaffe wieder kräftig einschenkten, versuchte sich Grünbühel, offenbar wegen seines gerade überstandenen Leidens, zu mäßigen. Er trank wie Gaiswinkler nur wenig und begann schließlich mit seiner dunklen, festen Stimme und einem leichten Einschlag des steirischen Dialekts über die Reise ins Osmanische Reich zu erzählen: „Als mein lieber Freund Joachim zum kaiserlichen Botschafter in Konstantinopel ernannt wurde, gelang es meinem Vater, der ihn sehr gut kannte, zu erwirken, dass ich mit der Gesandtschaft mitreisen konnte. Ich war damals mit meinen knapp siebzehn Jahren ein junger Vogel, der noch etwas gelb um den Schnabel war. Joachim hat mich von Beginn an unter seinen Schutz genommen."

„Das war ja wohl notwendig, denn wir machten uns auf in eine andere, uns gänzlich unbekannte Welt", warf Eitzing ein.

„Ich hatte", fiel ihm Grünbühel ins Wort, „zwar davor schon einiges über das Morgenland gelesen, Flugschriften, Newe Zeytungen und Pamphlete, aber diese waren voll der Vorurteile. So war ich neben meiner Neugier gleichzeitig auch etwas beängstigt. Unsere weite Reise war nicht nur lang, sondern auch sehr anstrengend. Zunächst fuhren wir auf Schiffen am Fluss der Donau, danach wurde der Weg weitgehend zu Pferd bewältigt. Da wir zahlreiche Dinge mitführten, haben die Wagen und Kutschen bei den schlechten Straßen viel Zeit gebraucht. Eine der ersten Stationen war Ofen, das über eine Brücke mit der Stadt Pest verbunden ist. Dort sah man viele Kaufleute aus Italien, Serbien, Ungarn oder Ragusa sowie zahlreiche Osmanen. Schon beim ersten Aufenthalt in Pest bekamen wir alle jedoch auch die Gänsehaut. Bei einem freundlichen Empfang durch den Pascha, den Kommandierenden der Festung, zeigte sich dieses Land von seiner anderen Seite. Am Abend wurden einem Gefangenen – einem Türken – mit einem großen eisernen Hammer die Arme und Beine zerschmettert und abgeschlagen. Dann ließ man den nicht mehr bewegungsfähigen Mann auf dem Boden liegen, bis er verblutete. Kaum, dass wir diesen Schrecken überwunden hatten, ging die Grausamkeit weiter. Zwei Serben wurden beschuldigt, dass sie Türken und Christen geraubt und als Sklaven verkauft hätten. Man schnitt ihnen die Ohren und Nasen ab, band sie an eine Säule und zog ihnen die Haut ab. Einige aus der Gruppe, und auch ich, konnten diesen Anblick nicht ertragen und mussten sich erbrechen. Die ganze Qual dauerte länger als eine Stunde und am Ende wurden die noch Lebenden in den Fluss geworfen, wo sie ihr Dasein beendeten. So war bei mir die Neugier auf das orientalische Land schon bald verschwunden. Ich wäre am liebsten umgekehrt und zurück nach Hause gereist."

„Nicht nur du, lieber Heinrich, ich wage zu behaupten, wir alle. Zumindest ich träume noch heute von diesem barbarischen Gemetzel. Aber wir mussten weiter auf unserem Weg. Es sollte sechzig Tage dauern, bis wir endlich die Stadt des Sultans erreichten", erklärte Eitzing und lieferte eine ausführliche Beschreibung ihrer Reiseroute und ihres Einzugs in Konstantinopel. Danach nahm er einen großen Schluck vom Wein, eine Gelegenheit, die Grünbühel nutzte, um die Erzählung aus seiner Sicht aufzugreifen.

„In Konstantinopel waren wir in unterschiedlichen Unterkünften untergebracht. Joachim wohnte als Botschafter mit einigen anderen aus der Gesandtschaft im Deutschen Haus, dem Nemçi Hân, in der Nähe des Topkapı Sarayı, des Palastes des Herrschers und dessen Harems, den zu besuchen der Traum aller Männer war."

„Gemütlich war es dort allerdings nicht", stellte sein Freund fest. „In unseren Kammern herrschten Zustände, die hierzulande nur in den miesesten Spelunken zu finden sind. Jeder von uns hatte zwar eine Bettlade mit Matratzen und Pölstern, aber das Bett ließ an Bequemlichkeit alles fehlen. Es bestand aus ungehobelten Brettern. Noch schlimmer waren die Mäuse, Ratten, Wiesel, Wandläuse und Flöhe in den Räumen. Einmal fand ich sogar eine Schlange. Ich habe sie, so rasch es ging, mit dem Säbel entzweigeschlagen."

„Diese Erfahrungen habe ich nicht gemacht. Ich lebte mit ein paar Mitreisenden in einem anderen Teil der Stadt, in Pera, das sich auf der gegenüberliegenden Seite des Goldenen

Horns, von einer Ringmauer umfangen, halb am Berg und halb in der Ebene befindet. Dort waren die Unterkünfte zwar auch nicht elegant, aber offensichtlich weit besser als die Kammern beim Sultanspalast", meinte Grünbühel lächelnd. „Unser Leben verlief weniger öffentlich. Wir wurden nicht so überwacht wie Joachim und sein Kreis, und vieles von den politischen Geschäften und Zeremonien, die in der langen Zeit erfolgten, kannte ich nur aus den Erzählungen der daran Teilhabenden. Auch bei der Audienz bei Sultan Murad III. war ich ja leider nicht dabei. Ich hatte nicht mit Wesiren oder gar dem Herrscher zu tun. Allerdings entdeckte ich auf meinen Streifzügen durch Konstantinopel so manches, was mir eindrucksvoll in Erinnerung blieb. Die Stadt gefiel mir gut, sie ist sauber, und die Menschen – sieht man von den Verkäufern ab, die in den Straßen ihre Produkte anpreisen – sind sehr leise. Es gibt riesige Basare, in denen man alles kaufen kann, was man will. Das meiste davon kannte ich nicht, doch ich fragte immer und lernte überaus viel dazu."

„Na ja", bemerkte Eitzing, ein Stück Pastete kauend. „Du warst so jung und betrachtetest die Dinge nur vorteilhaft, manches von dem Barbarischen dort willst du wohl nicht wahrgenommen haben."

Ehe der Graf darauf antworten konnte, setzte Gaiswinkler zu einer Frage an. Er hatte interessiert zugehört, während Praunfalk, der dem Wein zunehmend heftiger zusprach, von den ausschweifenden Schilderungen etwas gelangweilt zu sein schien. „Mir ist diese Welt so fremd. Ergaben sich denn für Euch niemals Konflikte mit dem so gänzlich anderen Glauben?"

„Ich hatte damit kaum Schwierigkeiten", erwiderte Grünbühel. „Einerseits, weil ich seit jeher der Meinung bin, dass jeder die Religion, die er hat, soll ausüben dürfen. Andererseits, da die Bewohner dieser riesigen Stadt, die weit mehr

Einwohner als Prag und Wien zusammen besitzt, mit ihrer Frömmigkeit nie angriffig waren. Sie kümmern sich um Arme und spenden Almosen, was man bei uns Christen weit seltener findet. Ihre Lebensform ist in manchem geordneter als bei uns. Die Menschen sind sehr reinlich, da sie sich vor jedem Gebet waschen müssen. Ich sah auch keine Glücksspiele mit Karten und Würfeln oder Trinkgelage, wie ich sie von zu Hause her gewohnt war. Das Leben in Pera lief geregelt ab. Möglicherweise war ich jedoch blind auf diesem Auge, denn andere Religionen sind mir bis heute kein Verdruss."

„Mir schon", unterbrach ihn Eitzing, „und mit diesen Erbfeinden der Christenheit, die neben ein paar orthodoxen Christen und Juden die Stadt beherrschten, widerfuhren mir mehrere schlechte Erlebnisse. Sie verhielten sich oftmals unfreundlich und betrügerisch."

Gaiswinkler war fasziniert von Grünbühels und Eitzings unterschiedlichen Beobachtungen im Osmanischen Reich, allerdings musste er die beiden, bevor sie ein längeres Streitgespräch begannen und vom Hundertsten ins Tausendste kamen, dazu bringen, über Ereignisse in Konstantinopel zu sprechen, die möglicherweise in einem Zusammenhang mit dem Mord in dem Gässchen auf der Kleinseite standen. Und so versuchte er einen ersten Schritt: „Darf ich Euch fragen, wer damals aller in Eurem Gefolge war? Waren es nur die Begleiter Eurer Exzellenz oder haben sich auch weitere Adelige angehängt?"

„Es reisten viele mit mir, da der Weg ja nicht nur lang und gefährlich war, sondern auch viele interessante Begebenheiten versprach, so etwa in Bursa, wo ...", hob Eitzing an, doch Grünbühel unterband die zu befürchtende lange Schilderung. „Lass uns über die Menschen sprechen, lieber Joachim, die mit uns in Konstantinopel waren und denen wir dort begegnet sind. Ich glaube, das ist für die beiden jungen Gäste interessanter als unsere Erinnerungen an dies und das."

KAPITEL 24

„Dann werde ich also damit beginnen", sprach Eitzing und nahm seine Pfeife, die neben einem verzierten Döschen aus Perlmutt vor ihm lag. Er stopfte sie mit dem braunen Kraut aus der Dose – Tabak, wie die zwei erstaunten Ausseer erfuhren –, und bald darauf verströmte sie einen scharfen Rauch. „Unsere Reise liegt schon lange zurück. Viele der Menschen, die uns begleiteten – die jungen Aristokraten, die mitreisten, um ein Abenteuer zu erleben, die Gelehrten, die nach Pflanzen und Handschriften forschten, und die protestantischen und katholischen Priester, die uns geistlich betreuten –, befinden sich alle nicht mehr in meinem Umkreis. Nicht wenige der Mitreisenden sind bereits verstorben, sei es noch in Konstantinopel, auf der Rückreise oder in den letzten Jahren. Nur von zweien – außer Heinrich – weiß ich, ohne allerdings öfter mit ihnen zusammenzukommen, dass sie heute hier in Prag leben. Das sind der mantuanische Botschafter Conte Andrea Galeazzo und der Jesuitenpater José Alvarez."

„Mit diesen beiden habe ich schon gesprochen, sie wollten mir allerdings nur sehr widerwillig Auskunft über die Reise geben", warf Gaiswinkler ein.

„Das verwundert mich nicht, sie sind beide etwas eigen. Galeazzo führte Verhandlungen über den Handel mit dem Osmanischen Reich und hatte viel Muße, denn die osmanische Verwaltung bestimmte das – überaus langsame – Tempo. Er trieb sich daher den ganzen Tag irgendwo herum, kannte Gott und die Welt unter den Europäern und war, trotzdem es nicht ungefährlich war, sich muslimischen Frauen zu nähern, ständig hinter Weibern her."

„Von den zweien kam mir vor allem der bigotte Jesuit seltsam vor", erklärte nun der fromme Protestant Grünbühel. Da er keine Pfeife bei sich hatte, rauchte er nicht, sog aber den würzigen Duft des Tabaks begierig durch die Nase ein. „Ich muss allerdings vorausschicken, dass ich, da ich noch sehr jung gewesen bin, in den ersten Jahren unseres Aufenthalts nur wenig von den Begleitern der Botschaft wahrgenommen habe. Adelige, Kleriker und gebildete Männer blieben mir zunächst fremd, verborgen hinter einer Mauer aus Ehrfurcht, Höflichkeit und Schweigen. In meinem letzten Jahr in der Stadt des Sultans wurde ich allerdings prüfender in meinen Ansichten, auch in denen zu Galeazzo und Alvarez. Sie wohnten nicht allzu weit von mir entfernt in Pera, wie ich in einem Teil, wo die Häuser nicht aus Gassenkot und Lehm, sondern aus Kalk und Steinen gebaut waren und statt den oft üblichen winzigen Lichtluken große Fensteröffnungen sowie hohe Räume besaßen. Ich begegnete den beiden oft in den Gassen. José Alvarez war einer der unangenehmsten Menschen auf dieser Reise, weitaus scheinheiliger als die meisten Katholiken. Er versuchte, die Protestanten, von denen es einige unter uns gab, zum – wie er sagte – wahren Glauben zurückzuholen. Dabei verhielt er sich schrecklich lästig. Immer wieder kam er auf dieses Thema zurück, und besonders bei mir, der ich ja der Jüngste in der Runde war, ließ er währenddessen auch einige Male seine Hände nicht ruhen. Einmal traf ich ihn in einem Hamam, einem eleganteren Bad als unsere Badestuben, wo man sich auch massieren und seine Körperhaare entfernen lassen kann. Dort hat mich der geistliche Herr so unsittlich bedrängt, dass ich Hals über Kopf den Raum, in dem gerade der Herd zum Schwitzen angeheizt wurde, verließ. Aufgrund meiner Erlebnisse bin ich fest davon überzeugt, dass sich dieser Jesuit mehr für Männer als für Frauen interessiert. Alvarez schien außerdem, wie mir damals ein Reisegefährte erzählte, mehrere Leute um sich gesammelt zu haben, die ihm blind ergeben waren. Durch sie unterhielt er offenbar Kontakte zu eigenartigen Gestalten. So auch zu einem Alchemisten, der sich nun in Prag aufhält."

„Oh, du meinst wohl Salomon Porticus", sagte Joachim von Eitzing und griff sich an den Kopf. „Den vergaß ich vorhin ja ganz zu erwähnen. Er ist meinem Gedächtnis vermutlich entschwunden, weil er nicht zu unserer Gesandtschaft gehörte. In seiner Gesellschaft erblickte man doch gelegentlich diesen bunten Vogel Jacob Reniger, der aus einer Reichsstadt – Köln oder Mainz – kam und von dem niemand genau wusste, was ihn nach Konstantinopel verschlagen hatte."

Gaiswinkler wurde hellhörig. Reniger? Das konnte der Name des Ermordeten sein! Schnell zog er Sprangers kleine Skizze aus seiner Tasche und zeigte sie den beiden Erzählenden. Während Grünbühel das Bild länger betrachtete und sich erst nicht ganz sicher zu sein schien, dann aber nickte, rief Eitzing gleich aus: „Ja, das ist Reniger! Ist er der Tote, den Ihr gefunden habt?"

„Es sieht wohl ganz danach aus. Darf ich Euch bitten, mir mehr über ihn zu berichten?"

„Wie schon gesagt, wir wussten alle nicht viel von ihm. Er trat erst in den letzten beiden Jahren unseres Aufenthalts in Erscheinung und schien ein Glücksritter zu sein, stets auf der Suche nach Reichtum. Deshalb begab er sich wohl auch in die Nähe von Porticus, der sich rühmte, den Weg zum Goldmachen zu bestreiten. Manche Gerüchte, die sich verbreitet hatten, sprachen außerdem davon, dass Reniger seine Zeit vorwiegend mit einer jungen Dame verbrachte, die man als nichts anderes als eine Dirne bezeichnen konnte. Ob dies stimmt, sei allerdings dahingestellt. Da so vieles von ihm im Dunkeln lag, gab es Unzähliges an wahrem und unwahrem Gerede über ihn. Und niemand von uns hat diese Frau jemals gesehen."

„Ich bin diesem Reniger nur ein oder zwei Mal über den Weg gelaufen, ohne dabei ein Wort mit ihm zu wechseln", ergänzte Grünbühel. „Er soll aber, wie mir damals zu Ohren gekommen ist, mit jenen Leuten, die für Alvarez arbeiteten und die Nähe zu Porticus suchten, sehr eng verbunden gewesen sein."

„Die Gier nach Gold und Reichtum trieb sie wohl alle", bemerkte Eitzing, „Jacob Reniger ist jedenfalls plötzlich eines schönen Tages spurlos aus Konstantinopel verschwunden. Man munkelte, dass er ein Gefecht mit Galeazzo gehabt hatte und seine Leiche danach im Meer versunken war. Ich hielt das allerdings für etwas unwahrscheinlich, und wie man nun sieht, sollte ich damit recht behalten."

„Reniger scheint hier in Prag mit jenen Leuten, die im Osmanischen Reich gewesen sind, Kontakt aufgenommen zu haben. Hat er vielleicht auch Euch besucht?", fragte Gaiswinkler den Gesandten vorsichtig.

„Glücklicherweise nicht, ich mochte den Kerl nie leiden, hätte aber, falls er bei mir aufgetaucht wäre, dennoch – höflicherweise – seinem Geschwätz zuhören müssen. Ich wollte im Gegensatz zu anderen ja keine Geschäfte mit ihm machen, denn die konnten nichts anderes als Verluste bringen."

„Habt Ihr den Alchemisten Salomon Porticus damals näher kennengelernt?", erkundigte sich der Salzamtsgegenschreiber des Weiteren. Dass nicht nur Reniger, sondern sichtlich auch Alvarez im Osmanischen Reich dessen Nähe gesucht hatte, war neben den neuen Informationen über den Toten wohl eine der interessantesten Erkenntnisse dieses Abends.

„Nicht wirklich", erwiderte Eitzing, und auch Grünbühel schüttelte verneinend den Kopf. „Er ist niemand, den man so einfach kennenlernen kann. Einerseits zeigte er sich sehr verschlossen, andererseits wirkte er sehr eitel. Er hielt sich für etwas Besseres, denn er war ein Doktor und noch dazu der Mann, der sich überzeugt darin sah, den Stein der Weisen zu finden. Ich kam mit ihm nicht zurecht, er blieb mir immer ein Geheimnis." Grünbühel fügte hinzu, dass Porticus – wie man so hörte –, seit er in der Gunst des Kaisers stand, noch eingebildeter geworden war.

Nachdem Gaiswinkler beim Hausherrn und dem ehemaligen Gesandten in Konstantinopel nachgefragt hatte, ob ihnen noch weitere Mitreisende in den Sinn kamen, die damals von alchemistischen Fragen angezogen worden waren, und die beiden verneint hatten, gingen sie an diesem Abend bald auseinander. Praunfalk schnarchte nach drei konsumierten Krügen Wein vornübergebeugt im Sessel. Nur mit Mühe gelang es, ihn aufzuwecken und ihn – derweil er taumelte und über die langen Ausführungen seines Onkels und dessen Freundes lallend schimpfte – in sein Gemach zu bringen.

Auch Gaiswinkler rollte sich wenig später schläfrig in seinem Bett zusammen. Er war zufrieden. Nun wusste er den Namen des Ermordeten, und es gab einen möglichen Hinweis darauf, wer sich in Prag für den Bezoar interessiert haben könnte.

KAPITEL 25

Christoph Praunfalk erwachte mit einem schmerzenden Schädel, und als er sich aufrichtete, kam ihm die Übelkeit hoch. Alles um ihn herum schien zu schwanken. Obgleich dieser Morgen folglich also danach rief, im Bett verbracht zu werden, war an weiteren Schlaf nicht zu denken. Vom Hof her drangen allzu laut das Stampfen von Pferdehufen, emsiges Menschengetrappel und, was am schlimmsten wog, eine schrille Stimme, die er für gewöhnlich bei seinem einem Ohr hinein- und bei seinem anderen gleich wieder hinausließ, wenn er sie hörte. Ein Blick aus dem Fenster bestätigte ihm, dass unten zwei Rappen, ein Brauner und ein Apfelschimmel, vor einer Kutsche schnaubten, der gerade Helena von Grünbühel entstiegen war. Eingehüllt von einem dicken, mit Pelz verbrämten Mantel, in dem ihre plumpe Gestalt noch unförmiger wirkte, wies die Gräfin die Dienstboten an, ihre auf der Reise mitgeführten Sachen ins Haus zu bringen und zu verstauen. Dabei ging es ihr sichtlich nicht schnell genug. Ihr Tonfall war harsch und unerträglich hoch.

Nachdem sich Praunfalk zweimal in die Schüssel auf seinem Nachtischchen übergeben hatte, zog er mit reichlich Überwindung sein Gewand über und verließ sein Gemach. Es half nichts, er musste seine Tante, Großtante oder was auch immer sie zu ihm war, begrüßen.

Helena von Grünbühel musterte ihn von oben bis unten, während er ihr die Hand küsste und einige freundliche Worte stammelte. „Du siehst schrecklich aus", bekundete sie und sah ihm streng ins Gesicht. „Bist du betrunken? Deine Kleidung ist schmutzig, das gehört sich beim Adel nicht. Der Umgang mit Bauerntölpeln tut dir offenbar nicht gut. Du musst mehr auf dich achten, sonst nimmt dich niemand ernst."

Noch ehe er dazu kam, etwas darauf zu erwidern, gesellte sich sein Freund zu ihnen – frisch und ausgeschlafen. Anstatt einer Antwort stellte Praunfalk ihn seiner Tante vor. Der Blick, den die Gräfin dem einfachen Salzamtsgegenschreiber mit zusammengekniffenen Augen schenkte, war allerdings noch durchdringender als jener, mit dem sie zuvor ihren Neffen bedacht hatte. Sie sagte kein Wort, zog lediglich die Augenbrauen hoch und wandte sich dann ab, um das Personal weiter anzutreiben.

„Um diese Gemahlin beneide ich deinen Onkel wahrlich nicht", meinte Gaiswinkler leise, während sie sich von dem Getümmel im Hof entfernten. Wobei er bei sich dachte, dass es dem Grafen nicht geschadet hätte, zu Beginn seiner Ehe einmal kräftig auf den Tisch zu hauen und so ein herablassendes Benehmen ein für alle Mal abzustellen. Da auch er sich für diesen Tag nichts vorgenommen hatte, außer sich den Kopf darüber zu zerbrechen, wann er Porticus aufsuchen sollte und wie er mit dem Obersthofmeister einen nochmaligen Termin bei José Alvarez vereinbaren konnte, zogen sich die beiden Ausseer in ein Zimmer neben der Bibliothek zurück. Dort hofften sie, vom Gezeter der Hausherrin verschont zu bleiben. Praunfalk machte, wenngleich aus eigenem Verschulden, noch immer einen erbarmungswürdigen Eindruck. Kreidebleich und mit dunklen Schatten unter den Augen hing er in einem Sessel, bemüht, seinem Brechreiz nicht stattzugeben.

Nicht allzu viel später kam Božena herein. Ihre Backen glühten, da sie von der Gräfin mit etlichen Wünschen durchs Haus gehetzt worden war. Gaiswinkler drückte sie kurz an sich und strich ihr eine Haarsträhne aus ihrem erhitzten Gesicht, und während sie mit ihren Fingerspitzen zärtlich über seine Hand fuhr, genügte ihr ein einziger Blick auf seinen leidenden Gefährten, um gleich darauf wieder zu entschwinden. Nach einer Weile kehrte sie mit einem Gebräu zurück, das nach bitteren Kräutern roch. „Diesen Tee solltet Ihr zügig trinken. Er ist das Heilmittel Eures Onkels, wenn er zu tief in den Becher geschaut hat. Was darinnen ist, weiß nur der Apotheker", bemerkte sie augenzwinkernd zu Praunfalk.

Die Wirkung der Arznei setzte jedenfalls so rasch ein, dass sich die zwei Freunde dem Tric Trac widmen konnten, einem Spiel, dem sie in Aussee öfters in der hinteren Stube des Wirthauses von Gaiswinklers Vater nachgingen. Auf einer Kommode hatten sie ein Brett, Steine und Würfel entdeckt, die – mit feinen Blumen- und Vogelmotiven verziert – weitaus prächtiger waren als jene des Spiels daheim.

Mitten in einer ihrer Partien erschien Heinrich von Grünbühel. Er sah ihnen bei ihrer Beschäftigung, der er ebenfalls gerne huldigte, eine Zeit lang zu. Wie er anerkennend feststellte, spielten beide erstaunlich gut. Gerade, wenn der eine geschickt einen gegnerischen Stein auf das Anfangsfeld zurückgeschlagen hatte, gelang dem anderen wieder ein kluger Zug, sodass es unmöglich war, abzuschätzen, wer der Sieger sein würde. „Vielleicht ergibt sich ja für mich so manches Spiel mit einem von Euch in den nächsten Tagen", sprach der Graf, „oder heute nach dem Nachtmahl, bei dem ich mir sehr Eure Gesellschaft erhoffe. Helena und ich erwarten dazu auch den Doktor, da ich ihm für seine Hilfe danken möchte."

Obwohl sie nicht die geringste Lust darauf verspürten, mussten Gaiswinkler und Praunfalk diese Einladung wohl oder übel annehmen. Als sie sich dann ein paar Stunden später aufgerafft hatten und auf Albrecht Schrattenbach trafen, war dieser eben dabei, die Dame des Hauses mit Komplimenten zu überhäufen. „Werte Gräfin, Eure Anmut wird von Mal zu Mal mehr zur himmlischen Schönheit, wie von göttlicher Hand gemalt. Euer Gemahl kann sich sehr glücklich mit Euch schätzen", befand er mit einem falschen Lächeln. Er war heute teurer gekleidet, als es seinem Stand entsprach, und an den Fingern mit etlichen Ringen bestückt. Nachdem die beiden Ausseer ihn begrüßt hatten und vom

Grafen zu Tisch gebeten worden waren, wollte sich von Beginn an keine rechte Unterhaltung entwickeln.

Helena von Grünbühel saß Gaiswinkler schräg gegenüber. Ihre Miene sprach Bände, wie gern sie an diesem Abend auf die Anwesenheit von Gästen verzichtet hätte. Jetzt, wo er die Gräfin in aller Ruhe betrachten konnte, fiel ihm umso mehr auf, dass bei ihr von der vielen adeligen Frauen eigenen Geschmeidigkeit und Leichtigkeit des Benehmens keineswegs die Rede sein konnte. Sie wirkte steif und kalt, was ihrer äußerer Erscheinung, der von Natur aus schon Harmonie und Eleganz fehlten, jeglichen Liebreiz nahm. Aus ihrem teigigen Gesicht mit der breiten Nase und den blutleeren Lippen, die noch strenger zu schmalen Schlitzen zusammengepresst waren als jene von Schrattenbach, blickten ihre tiefliegenden Augen glanzlos und unnahbar auf ihre Umgebung. Nach Praunfalks Worten war die Ehefrau seines Onkels – eine geborene von Schnitzenbaum – früher herzlicher gewesen. Dass ihre arrangierte Ehe all die bisherigen zehn Jahre kinderlos geblieben war, habe sie zunehmend vergrämt und schnell überreizt werden lassen.

Während Božena und die ältere Dienerin nach und nach die Speisen auftrugen, bemühte sich Heinrich Hoffmann von Grünbühel, das stockende Gespräch, welches sich zunächst nolens volens um Krankheiten drehte, zu beleben. So schwärmte er nicht nur von der Hilfe des Doktors, sondern auch von den geheimnisvollen Heilmitteln des Apothekers in der Altstadt, der ihn wieder einmal von seinem Leiden befreit hatte.

„Ohne die Arzneien von Magister Sebastian Alting, dem ich viel verdanke, hätte ich die meisten meiner Patienten nicht heilen können. Wie ich von ihm hörte, hat auch Er ihn kennengelernt", warf Schrattenbach ein und wandte sich damit an Gaiswinkler, dem nicht ersichtlich schien, warum der Arzt heute ihm gegenüber die zutiefst erniedrigende Anrede „Er" gebrauchte. War es, weil im Gegensatz zum letzten Mal, wo er ihn freundlich behandelt hatte, diesmal die Gräfin anwesend war, vor der sich der nicht-adelige Mediziner im Stand emporheben wollte? Doch noch ehe er weiter darüber nachdenken konnte, fuhr Schrattenbach fort: „Im Übrigen finde ich es, obgleich Er ja, wie mir inzwischen zu Ohren gekommen ist, sehr talentiert sein soll, noch immer sehr eigenartig, dass Ihn der Obersthofmeister und, was mich noch viel mehr erstaunt, angeblich der Kaiser persönlich mit dem heiklen Fall des Mordes auf der Kleinseite beauftragte. Rudolf II. ist doch bekanntermaßen sehr vorsichtig und wittert überall Gefahr und Verrat von Kundschaftern, die alles weitergeben. Wie hat Er es fertiggebracht, unseren Herrscher so zu überzeugen? Und was hat Er mit Seiner Majestät gesprochen? Das interessiert ja sicherlich auch die werte Frau Gräfin und den Herrn Grafen."

„Wie ich Euch gegenüber schon einmal festhielt, darf ich Euch darauf leider keine Antworten geben, auch heute nicht", erwiderte Gaiswinkler mit Nachdruck und hoffte, dass der Doktor von seiner Neugierde ablassen würde. Am liebsten hätte er sich auf sein Zimmer zurückgezogen. Doch ihm, der von der Frau des Hauses einige Stunden davor als „Bauerntölpel" bezeichnet worden war, blieb nichts anderes übrig, als weiter an dem Essen teilzunehmen.

Zu seinem Glück griff Grünbühel ein, der zu bemerken schien, wie unwohl er sich fühlte: „Nun, ich denke, da unser junger Gast nicht mit Unbeteiligten darüber sprechen kann, sollten wir dieses Thema nun beenden. Zumal Mord und Totschlag ja auch nichts für die zarten Ohren meiner lieben Helena sind." Ehe der Graf sich daranmachte, eine andere Unterhaltung zu eröffnen, rief er der älteren Dienerin zu, sie solle einen weiteren Krug mit Wein bringen.

Im selben Augenblick stieg Zornesröte im Gesicht seiner Ehefrau auf, und ohne die Zuhörenden zu beachten, hob sie laut und hoch ihre Stimme an. „Dass du noch mehr Wein bestellst, ist unnötig. Es muss ja nicht jeder ständig so betrunken sein wie du, der von einem Rausch in den anderen fällt. Das Saufen ist eine schlechte Angewohnheit, insbesondere, wenn Frauen dabei sind. Einer Dame graut vor den obszönen Scherzen, vor denen dann nicht haltgemacht wird. Aber all dieses wüste Benehmen verwundert mich nicht, wenn du dich andauernd mit Menschen umgibst, die unter uns stehen. Bei mir zu Hause waren immer hochrangige Familien zu Gast, bei dir sichtlich nicht. Mit der Hilfe deiner Freunde ohne jeglichen Einfluss bei Hof bringst du ja auch nichts weiter in deinem Prozess, der uns schon viel zu lange in Prag festhält. Ich hasse diese Stadt und ihre Bewohner. Sie sind alle dumm und bäurisch. Dazu sprechen sie eine Sprache, welche niemand versteht."

Sie zeterte noch eine Weile in dem Ton weiter, während ihr Ehemann wie erstarrt dasaß und die beiden Salzbeamten sich betretene Blicke zuwarfen. Da man darauf fast nur mehr schweigend die restlichen Speisen hinunterschluckte, löste sich die Runde bald auf. Der Einzige, dem dieses Schauspiel gefallen zu haben schien, war Albrecht Schrattenbach. Gaiswinkler war es so vorkommen, als ob der ansonsten so verkniffene Mediziner bei den Tiraden Helena von Grünbühels zufrieden gelächelt hätte.

KAPITEL 26

Zu viel früherer Stunde als in den vorherigen Nächten zog Božena sanft seinen Arm zurück, mit dem er im Schlaf ihren Körper umfangen hielt. Bisher hatte sie kaum Sorge dabei verspürt, ihn in seiner Stube zu besuchen und bis zum Morgengrauen bei ihm zu bleiben. Doch nun, da die Herrin des Hauses zurückgekehrt war und, wie sie wusste, stets bereits ganz zeitig durch das Palais ging und kontrollierte, ob alles – in ihrem Sinn – in Ordnung war, musste sie ihn lange, bevor der Hahn krähte, verlassen. Trotzdem sie versuchte, sich auf leisen Sohlen davonzuschleichen, erwachte Gaiswinkler. Er hielt sie zurück, um sie noch einmal zu küssen, und sah ihr danach zu, wie sie das Untergewand über ihre kleinen, apfelgleichen Brüste, ihren schlanken Oberkörper und die Rundungen ihrer Hüften strich, ihr Kleid darüber zog und schließlich in Windeseile ihr Haar zu zwei Zöpfen flocht. Sie bemerkte seinen Blick und schenkte ihm ein Lächeln. Während sie beide in dieser Nacht, vom Rausch ihres trunkenen Begehrens beinah entseelt nebeneinander gelegen hatten, war ihm nicht nur über die Lippen gekommen, dass er sie sehr liebte, sondern auch, dass es ihm sehr ernst mit ihr sei. In seinem Heimatort und den anderen Flecken in der Umgebung, in die es ihn gelegentlich verschlug, gab es mehrere Mädchen, die mit ihm anzubändeln versuchten, ein paar davon über seinem Stand. Doch noch nie hatte er sich vorstellen können, eines zu heiraten, so wie er es jetzt tat.

Sich Gedanken über eine gemeinsame Zukunft mit Božena daheim in Aussee zu machen, bedeutete für ihn aber auch, zunächst hier in Prag die anderen Dinge leidlich zu lösen und dabei nichts allzu lange hinauszuzögern. Und so stieg er, nachdem er noch einige Stunden geschlafen hatte, am Vormittag in Miguels Begleitung wieder den schneebedeckten Weg zum Hradschin hinauf. Diesmal gingen sie dort nach dem Tor des Schwarzen Turmes zur nördlichen Burgmauer. In den Bogengang des steinernen Walls waren vor nicht allzu langer Zeit kleine Behausungen gepfercht worden. Zuerst hatten diese nur Dienstboten beherbergt, nun fanden sich in ihnen ebenso die Burgwachen des Kaisers, ein, zwei Wirtsleute sowie mehrere Goldschmieden – und das Laboratorium von Salomon Porticus.

Solch winzige, aus Holz gebaute Häuser kannte Gaiswinkler auch aus Aussee. Arme Häusler und Forstknechte wohnten in ihnen, und all die anderen, denen im Leben ein bisschen mehr Reichtum zuteilgeworden war, empfanden diese Schuppen als minderwertig und ohne Schönheit. Aber hier, umarmt von der Pracht majestätischer Bauten, bekamen selbst derartige Hütten ein wenig Glanz. Da nicht jede der Keuschen ein Hauszeichen besaß, mussten sie sich bei einem zahnlosen Weiblein, das vor seiner Tür einem dicken Kater eine Schüssel mit Milch und ein paar Brocken vom Frühmahl hinstellte, nach der Herberge des Alchemisten erkundigen. Die alte Frau sprach kaum Deutsch und war durch die fehlenden Zähne nur schwer zu verstehen, doch mit den Händen deutend, gelang es ihr schließlich, ihnen den Weg zu dem Häuschen, ebenso windschief wie die anderen, zu weisen.

Porticus schien erstaunt, ihn schon so bald wiederzusehen, zeigte sich aber – erneut unerwartet – freundlich und bat ihn und Miguel, einzutreten. Er trug einen dunkelgrauen Kittel, vor den er eine speckige, mit vielen Flecken versehene Lederschürze gebunden hatte. Diese sei für die Arbeit an den Herdfeuern sehr wichtig, um sich nicht zu verbrennen, meinte er, bevor er sie für seine Besucher ablegte.

Obwohl ihnen durch die beißend kalte Luft draußen beinahe die Ohren und die Nase abgefroren waren und man sich bei diesem Wetter gerne im Warmen aufhielt, legte sich in dem kleinen Raum die Hitze der Flammen und der Dampf des Wasserbads, in dem ein Gehilfe die Präparate erwärmte, fast unangenehm um sie. Der Athanor, der einen Schacht besaß, in dem die Holzkohle stetig von allein nachrutschte, erschien Gaiswinkler riesig und noch mächtiger als jener von Paweł Grabowski. Überhaupt kamen ihm hier auch die anderen Geräte – Kessel und Schmelztiegel, Schalen, Gefäße und Destillierkolben – gegenüber der Einfachheit bei Grabowski größer, neuer und zahlreicher vor. Man merkte, dachte der Salzamtsgegenschreiber, sich mit Finanzen auskennend, dass der Kaiser vermutlich viele Münzen in dieses Laboratorium investierte.

Nachdem er sich höflich nach Porticus' Befinden erkundigt und einer der beiden Adepten ihnen einen Krug mit heißem Wein gebracht hatte, kam er, trotzdem er sich noch immer unsicher war, ob er den siebenbürgischen Gelehrten nicht zu sehr plagte, bald zur Sache: „Werter Meister, verzeiht vielmals, wenn ich Euch bereits heute mit der Frage belästige, ob Ihr Euch unter den anderen Alchemisten umhören konntet. Aber die Zeit verlangt Eile."

„Nun, wenn es so ist, dann hört. Eine Menge kann ich Euch zwar nicht erzählen, ich habe jedoch tatsächlich mit einigen von meinen Kollegen gesprochen, natürlich diskret, wie mir dies meine Stellung beim Kaiser gebietet. Bei manchen hatte ich das Gefühl, dass sie von dem Bezoar gehört hatten, niemand schien aber Genaueres darüber zu wissen, auch nicht über die Schriften und deren Inhalt."

„Oder sie wollten ihre Kenntnis nicht preisgeben", warf Gaiswinkler ein.

„Das kann gut möglich sein, der Wettstreit unter den sich in der Königlichen Kunst Übenden ist hart. Und mir – jemandem, der so in der Gunst Seiner Majestät steht – will man schon aus Neid nichts verraten. Allerdings erfuhr ich, dass es offenbar Leute gibt, die gerade in der letzten Zeit versuchten, alchemistisches Wissen auszuhorchen. Einzelne sollen sogar Geld dafür geboten haben."

„Interessant, konntet Ihr in Erfahrung bringen, um welche Leute es sich dabei handelte?"

„Es sind vor allem zwei Adelige, Berka von Dubá und Kaplirz de Sulewicz", erklärte Porticus. Wenngleich Gaiswinkler nicht überzeugt war, dass der Mord an Thommerl damit in irgendeinem Zusammenhang stand, versuchte er, sich an jene Namen zu erinnern, die ihm der Obersthofmeister von den adeligen Bewohnern der Karmelitergasse genannt hatte. Falls ihm sein Gedächtnis keinen Streich spielte, glich keiner von den beiden einem von diesen. Ehe er noch weiter darüber nachdenken konnte, fuhr der Alchemist fort: „Einer meiner Kollegen machte auch Andeutungen über einen Geistlichen aus dem Clementinum. Er vermutet, dass dieser im Auftrag eines höhergestellten Mannes der Kirche, der sich – gegen die Ansichten seines Glaubens – mit der Alchemie beschäftigt, unterwegs ist."

Nun wurde der junge Ausseer hellhörig. „Könnte dieser mächtigere Kleriker der Jesuitenpater José Alvarez sein?", fragte er. „Mir ist aus anderen Gesprächen bekannt, dass er schon vor Jahren in Konstantinopel auch Eure Gesellschaft gesucht hat."

„Ja, das ist richtig. Er tat es damals jedoch nie persönlich. Es wandten sich zwei seiner Getreuen an mich, die das erste Mal in Begleitung jenes Adeligen bei mir waren, nach dessen Mörder Ihr sucht. Durch Zufall fand ich heraus, wer es war, der die beiden Knaben geschickt hatte – Alvarez, jemand, für den ansonsten mein Tun dem Werk des Teufels gleicht. Bei mir biss er jedenfalls auf Stein, ich habe seinen Gefolgsleuten nichts, absolut nichts mitgeteilt, was nicht jeder gebildete Mensch wissen konnte. Welche anderen Alchemisten er seitdem noch bedrängt hat, entzieht sich meiner Kenntnis. Ich kann mir aber gut vorstellen, dass er derjenige ist, der nun hier in Prag Erkundungen einholen lässt. Sein Name wird dabei geflüstert."

„Wie sehr könnt Ihr denn all dem, was Ihr in Eurem Kreis so hört, Glauben schenken? Wird hier nicht auch jede noch so winzige Geschichte in kürzester Zeit zu einem Riesengebilde?"

„Ich will nicht alles für wahr halten, und schon gar nicht darf ich eine üble Nachrede weitergeben. Und daher vergesst bitte gleich wieder, dass mir die Fama ans Ohr drang, Alvarez sei zu viel Geld gekommen und verwende dieses, um auf die eine oder andere Weise den Stein der Weisen zu finden. Man sagt, er habe einschlägige Schriften dazu gekauft, aber beweisen kann das niemand. Im Umkreis des Hofes gehen immer wieder Gerüchte um, von denen sich dann nur wenige als unzweifelhaft entpuppen. Und leider ist die Fama meine einzige Quelle", seufzte Porticus und beteuerte, sich wirklich große Mühe gegeben zu haben. Er sei über seinen Schatten gesprungen und habe sogar mit Gelehrten geredet, mit denen er nicht auf gutem Fuß stehe, was ihm nicht leichtgefallen sei.

Gaiswinkler bedankte sich höflich, leerte seinen Becher Wein und gab Miguel, der staunenden Auges auf die grellfarbigen Flüssigkeiten in den Gefäßen blickte, ein Zeichen. Grübelnd verließ er bald darauf an dessen Seite das Goldschmiedegässchen. Da mit dem Besuch bei dem Alchemisten nicht nur Eitzings und Grünbühels Erzählung bestätigt, sondern auch eine weitere Verdachtsspur auf José Alvarez gelegt worden war, musste er sich wohl oder übel baldmöglichst noch einmal zu dem bigotten Pfaffen aufmachen. Wie sehr ihm davor graute, daran wollte er lieber nicht denken. Und so erklärte er stattdessen dem Trabanten, hinüber zu Thommerls Haus wandern zu wollen.

Da es wieder zu schneien begonnen hatte und ihnen der Wind die Flocken wild ins Gesicht trieb, legten die beiden

den Hügel raschen Schrittes und schweigend zurück. Bald lag das Häuschen, halb versunken in einer weißen Pracht, vor ihnen. Friedlich und idyllisch, hätte man meinen können, wäre da nicht das Bild des gemarterten Hofzwergs in ihren Köpfen gewesen.

Nachdem sie die Tür, die ein großer Haufen Schnee verdeckte, freigeschaufelt hatten, machte sich Gaiswinkler zunächst daran, den Teil des Gebäudes zu durchsuchen, in dem er am Tag des Mordes nicht gewesen war. Doch weder in dem kleinen Schlafgemach mit Bett, Stuhl und Tischchen noch in der Kammer daneben voller Gerümpel konnte er etwas finden. Auch in der verwüsteten Stube schien es auf den ersten Blick für ihn nichts Neues von Interesse zu geben. Die meisten der Papiere, die aus den Schränken herausgerissen und auf dem Boden verstreut worden waren, kannte er ja bereits. Diese brachten ihm, auch als er sie noch einmal gründlicher durchlas, keine zusätzliche Erleuchtung.

Auf dem niedrigen, breiten Schreibpult, das in der Nähe des Fensters stand, hatte er sich beim letzten Mal zwar nicht genauer umgesehen, das wilde Durcheinander dort vermittelte allerdings den Eindruck, dass es von Thommerls Mörder besonders ausgiebig in Augenschein genommen worden war. Den Aufsatz des Pultes – ein tiefes Kästchen mit vier Fächern – hatte dieser ohne Mühe öffnen können, denn in dem eisernen Schloss der aufgeklappten Lade steckte ein Schlüssel.

Von den unzähligen Rechnungen, Aufzeichnungen über Ausgaben und Einnahmen sowie jahrealten Briefen, die hier herumlagen, dünkte Gaiswinkler nichts in irgendeinem Zusammenhang mit dem Verbrechen zu stehen. Dennoch sah er alles Stück für Stück durch, auch jene Handvoll Zettel, die in den offenen Fächern verblieben waren. Und dabei fiel ihm plötzlich etwas auf. Während man in die drei unteren Fächer des Schreibpultaufsatzes mit dem Arm über den Ellenbogen greifen konnte, war das beim obersten nur bis zur Hälfte des Unterarms möglich. „Seltsam, vielleicht hat das ja eine Bedeutung", dachte er und tastete mit der Hand die rückwärtige Wand ab, um nachzuprüfen, ob es dahinter womöglich ein Geheimfach gab. Aber so sehr er auch versuchte, die Holzwand an allen möglichen Stellen kräftig nach hinten zu drücken, sie gab nicht nach. Miguel eilte ihm zu Hilfe, doch selbst mit vereinten Kräften änderte sich daran nichts. „Es ist sinnlos", seufzte der Trabant schließlich. Derselben Meinung und etwas zornig darüber, kapitulieren zu müssen, schlug Gaiswinkler mit der Faust heftig auf die Fläche des Schreibpults. Unmittelbar darauf war ein Knarren zu hören, und fast im selben Augenblick klappte die Platte zwischen dem vorderen und hinteren Teil des vierten Faches auf.

Obwohl sich weder er noch Miguel, der grinste, erklären konnten, auf welch wundersame Weise das Ganze funktioniert hatte, war das Ziel erreicht. Neugierig griff Gaiswinkler mit beiden Händen in den bisher verborgenen Teil des Schränkchens. Er stieß auf mehrere lose Seiten Papier und ein Büchlein. Auf den ersten Blick schien ihm alles davon mit derselben kleinen, krakeligen Handschrift verfasst, die auf den ungebundenen Blättern etwas zittriger wirkte. Sie war nicht leicht zu lesen, und da das Tageslicht immer schwächer wurde, beschloss er, die Aufzeichnungen mitzunehmen.

Erst nachdem sie ins Palais Grünbühel zurückgekehrt waren und er eine zusätzliche Kerze auf dem Tisch in seiner Stube entzündet hatte, begann er, das erste lose Blatt zu lesen. Selbst im hellen Licht war das Geschriebene nur schwer zu entziffern, doch gleich in der zweiten Zeile traf er auf einen bekannten Namen.

Nun, da es Gottes Wunsch ist, dass mein Leben bald zu Ende geht, möchte ich, Moritz Andraský Ritter von Audráz, geboren den 13. Mai A.D. 1542 in Meißen, meinem Gewissen eine Bürde nehmen, von der niemand jemals erfahren hat. Als ich vor mehr als zehn Jahren nach Konstantinopel reiste, wurde ich zum Mitwisser eines Mordes. Da dies in einem fremden Land mit anderen Gesetzen geschah, konnte ich nichts tun, ohne mein Leib und Leben zu gefährden. Hier will ich niederschreiben, was sich damals zutrug.

Am 17. Juni A.D. 1581 fand ich spät in der Nacht am Ufer des Bosporus einen bewusstlosen Mann. Er blutete aus einer Wunde nahe seines Herzens. Mithilfe der beiden Diener, die mich begleiteten, brachte ich ihn in mein Haus. Trotz der vorangeschrittenen Stunde ließ ich nach dem Apotheker schicken, einem Griechen, der in derselben Gasse wohnte. Er untersuchte den Mann, säuberte die – laut seinen Worten von einem Degen stammende – Wunde, verstrich sie mit einer Salbe und verband sie. Die ersten zwei Tage schlief der Verletzte tief, am dritten Tag wurde sein Zustand bedenklicher, er begann, hoch zu fiebern, seine Atmung ging schwer. In seinem Kampf mit dem Fieber sprach er vieles, ohne wach und bei sich zu sein. So wusste ich bisweilen nicht, ob er Geschehenes noch einmal durchlebte oder ihn das Hirn im Delirium betrog. Das meiste davon stellte sich später, nachdem er mein Haus wieder verlassen und ich behutsam einige Erkundigungen eingeholt hatte, als wahr heraus. Und nur dies werde ich wiedergeben.
Der Mann hieß Jacob Reniger, er stammte aus einer reichen Kaufmannsfamilie von niederem Adel in Mainz und war wenige Monate vor mir nach Konstantinopel gekommen. Welchen Geschäften er in der Stadt nachging, erhellte sich mir nicht. Seinen Stunden zwischen Leben und Tod entnahm ich, dass er auf der Suche nach einem Unheil abwehrenden Stein – einem Bezoar – gewesen war, der sich, nach seinem Hörensagen, im

Besitz eines wohlhabenden persischen Händlers namens Bahram Rahmani befand und viel besonderer als die anderen seiner Art war. Ich erfuhr, wie er vergeblich versucht hatte, diesen Bezoar mit hohen Summen zu erwerben, und wie er danach den Gedanken geboren hatte, den Händler zu töten, um sich den Stein aus dessen Haus zu verschaffen, ohne dass der Verdacht auf ihn fiele. Reniger wimmerte und schrie, als ihm das Gespenst jener Nacht nochmals erschien. In wirren Bildern voll Blut, Wasser und Blitzen malte er es mir aus. Er erdolchte Bahram Rahmani in einer der Gassen von Pera, unbeobachtet, während der Regen wild vom Himmel strömte. Sein Versuch, den Stein in derselben Nacht zu stehlen, scheiterte; im Schlafgemach lag des Händlers Weib mit ihrem Liebhaber. Alles schien vergeblich gewesen, er hatte einen Unschuldigen umsonst getötet. Doch Reniger fasste einen neuen Plan. Er beschloss, Bahram Rahmanis Ehefrau, von der er zuvor nichts gewusst hatte, zu umwerben.

Wie es ihm gelang, diese kennenzulernen, weiß ich nicht. Sie muss wunderschön gewesen sein – mit weißer Haut, blondem Haar und einem anziehenden Gesicht, das nahe der Schläfe ein Muttermal in der Form eines Herzens trug. Aus dem, was Jacob Reniger in seinem Wahn über sie sagte, schloss ich, dass sie nicht nur ihn in ihrem Bett empfangen hatte. Mehrmals nannte er sie eine italienische Hure mit dem Glauben an den Alkoran. Immer wieder stöhnte er dabei das Wort Bezoar. Ob er den Stein aus den Händen seiner Geliebten bekam, ist mir nicht bekannt.

Am fünften Tag begann sein Fieber zu sinken, sein Bewusstsein kehrte bald darauf ganz wieder. Er erinnerte sich offenbar nicht daran, was er mir im Delirium gebeichtet hatte, und ich erwähnte es auch nicht. Er sprach nur wenig und wollte, obgleich er mir für die Rettung seines Lebens dankbar war, auf meine Frage, woher seine Verwundung stammte, keine Antwort geben. Da er in seinen dunklen Stunden einmal von einer Bat-

tuta fantasiert und im selben Atemzug kaum verständlich „Aleazzo" gejammert hatte, vermute ich, ein Gesandter aus Mantua mit dem ähnlich lautenden Namen Galeazzo, den ich flüchtig kannte, könnte der Mann gewesen sein, der ihm den Degenstich zugefügt hat. Jacob Reniger verließ mein Haus, kaum, dass es ihm besser ging. Ich sah ihn danach niemals wieder.

Wenn er eines Tages für den Tod von Bahram Rahmani gerichtet wird, geschieht dies wohl nur durch die Hand unseres allmächtigen Herrn. Und so verzeihe mir Gott, mit meiner Kenntnis darüber so lange geschwiegen zu haben. Er sei meiner sündigen Seele gnädig und all jene, die hier von meinem Wissen erfahren haben, soll er nur mit seiner unendlichen Liebe belangen.

Gaiswinkler war bass erstaunt. „Welch ein seltsamer Zufall das doch ist", dachte er. Ausgerechnet der verstorbene Vater von Praunfalks Schwarm Veronika brachte mehr Licht in das Dunkel. Wie Thommerl wohl an die Notizen von Moritz Andraský Ritter von Audráz und an das Büchlein gekommen war, das sich beim Hineinblättern als dessen verschwundenes Tagebuch herausstellte, nach genauerem Lesen allerdings nichts weiteres Aufschlussreiches zu enthalten schien? Und warum waren diese Aufzeichnungen in einem geheimen Fach versteckt gewesen? Wollte der Hofzwerg damit jemanden erpressen, oder hatte er es bereits getan und deswegen den Tod gefunden? Aber wer mochte derjenige sein, den man mit dieser Niederschrift unter Druck setzten konnte? Jacob Reniger – ein Mörder, wie sich gezeigt hatte – und Moritz Andraský Ritter von Audráz freilich eher nicht, denn die beiden waren ja nicht mehr am Leben. Somit blieb nur Andrea Galeazzo übrig, der nach Andraskýs Vermutung der Verantwortliche für Renigers schwere Verwundung gewesen war, aus welchem Grund auch immer. Hatte der mantuanische Botschafter in Prag nun vollendet, was ihm in Konstantinopel nicht gelungen war? Und wie hing das alles mit dem Stück Papier in der Hand des Hofzwergs zusammen? Mit dem Fund zeigte sich alles, je länger Gaiswinkler darüber nachdachte, noch verworrener als zuvor, denn gerade, als er geglaubt hatte, auf einer Spur voranzukommen, tat sich ihm nun wieder auf einer anderen etwas auf. Und später an diesem Abend teilte ihm dann auch noch Miguel mit, dass ihn der Obersthofmeister am kommenden Tag sprechen wolle.

KAPITEL 27

Vor Wolf Siegmund Rumpff vom Wullross lagen zwei hohe Stöße Akten. Während er versuchte, in den Papierberg Ordnung zu bringen, griff er immer wieder zu dem Teller auf dem Schreibtisch, um sich ein Stück von dem süßen Mandelgebäck in den Mund zu schieben. Genüsslich daran kauend, blickte er merklich nicht unerfreut über die Unterbrechung seiner Arbeit auf, als sein Besucher eine Stunde vor Mittag erschien. Er legte die Schriftstücke augenblicklich zur Seite und bat Gaiswinkler, Platz zu nehmen. Zunächst erkundigte er sich, ob die durch den Überfall verursachten Verletzungen nun schon endgültig ausheilt seien. „Wir wissen leider noch immer nicht, wer die Halunken beauftragte, Euch anzugreifen", bemerkte er danach. „Einer von den beiden schien aber schon ein paar Mal knapp davor, zu gestehen. Aus diesem Grunde hoffe ich, dass es nicht mehr allzu lange dauert, bis er endgültig mürbe wird und uns den Hintermann preisgibt." Dann lehnte sich Rumpff in seinem Stuhl zurück und zwirbelte an seinem Schnurrbart. „Eigentlich habe ich Euch aber herbeordert, um von Euch Bericht darüber zu erhalten, was sich mittlerweile an Neuem in dem Mordfall zugetragen hat", sagte er, „daher möchte ich nun von Euch hören, welche Erkenntnisse Ihr seit unserer letzten Begegnung dazugewonnen habt."

Und so begann Gaiswinkler zu erzählen. Über die Gespräche, die er mit Joachim von Eitzing, Heinrich Hoffmann von Grünbühel und Salomon Porticus geführt hatte, über seine Entdeckung im Kästchen des Hofzwergs und seine Verdachtsmomente gegen José Alvarez und Andrea Galeazzo. Dass der Obersthofmeister geduldig lauschte, erstaunte ihn dabei abermals. Woher kam dieses Entgegenkommen? War vielleicht der Kaiser derjenige, der – in Anbetracht von Alchemie und Bezoar – dem mächtigsten

Mann seines Hofstaates solch eine Bereitwilligkeit nahegelegt hatte?

„Was Ihr vermutet, ist mir vollkommen neu", bekundete Rumpff schließlich, verwundert den Kopf schüttelnd. „Davon, dass sich der tiefgläubige Katholik Alvarez mit Dingen beschäftigt, die von der Kirche streng abgelehnt werden, ist mir noch niemals etwas zu Ohren gedrungen. Ich fürchte, das wird Seiner Majestät gar nicht gefallen. Man muss den Jesuiten unbedingt noch einmal ins Gebet nehmen. Ebenso wie den Botschafter aus Mantua. Andrea Galeazzo kommt ja, nach allem, was Ihr gerade ausgeführt habt, nicht nur als Mörder dieses – sich mir zugegebenermaßen immer mehr als dubiose Gestalt erweisenden – Jacob Reniger infrage, sondern auch als der Thommerl Niderthors. Letzteres freilich nur, falls der Zwerg wirklich so vermaledeite Dinge tat, wie es in Eurer Schilderung leise angeklungen ist. Was für eine seltsame Geschichte … Da ich Rudolf II. und seine Suche nach dem Stein der Weisen sehr gut kenne, weiß ich, dass es wohl im Sinne des Kaisers ist, zuerst den Pater zu befragen. Ein Mord wegen des ungewöhnlichen Magensteins scheint bei José Alvarez am wahrscheinlichsten. Ich werde einen reitenden Boten zum Clementinum schicken, damit Ihr ihn noch am heutigen Tage aufsuchen und hoffentlich sein Schweigen brechen könnt."

Gaiswinkler bedankte sich untertänigst. Nachdem er verabschiedet worden war, warteten er und der Trabant eine geraume Zeit auf die Nachricht des Boten. Erst nach ungefähr zwei Stunden, in denen er so manches über Miguels Heimat Kastilien – eine weite, trockene Ebene mit sehr heißen Sommern und kalten Wintern – erfuhr, konnten sie sich endlich hinab zur Moldau begeben.

Als sie nach der Steinernen Brücke die wenigen Schritte in der Altstadt zum Jesuitenkolleg zurücklegten, machte sich zunehmend ein mulmiges Gefühl in ihm breit. Zwar zählte Hartnäckigkeit, oder besser eiserne Beharrlichkeit, zu seinen Charaktereigenschaften, doch er erinnerte sich an sein erstes Gespräch mit dem Jesuiten, in dem dieser, ebenso zäh wie er selbst, jegliche Auskunft verweigert hatte.

Wieder lagen die Mauern des Clementinums düster und stickig vor ihm. Die Türe wurde ihnen geöffnet, die Freundlichkeit bei der Begrüßung suchte man aber vergeblich. Diesmal blieb ihm sogar ein heuchlerisches Lächeln erspart, José Alvarez blickte ihn lediglich eiskalt an. Es gab nicht einmal ein Gebet, keine konfessionelle Diskussion. Da ihm auch kein Sessel angeboten wurde, ließ sich Gaiswinkler unaufgefordert auf dem am bequemsten aussehenden der drei Armstühle nieder, gegenüber dem Pater, dessen gemästeter Leib über die seitlichen Lehnen seines Sitzes quoll.

„Eure Exzellenz, kommen wir gleich zur Sache", sagte der junge Ausseer in das Schweigen hinein. Woher er seinen Mut nahm, wusste er nicht. „Ich habe nun aus einer sicheren Quelle erfahren, dass Exzellenz der auf der Kleinseite Ermordete – sein Name ist Jacob Reniger – in Konstantinopel bekannt gewesen ist."

„Was erlaubt Ihr Euch, so etwas zu behaupten? Und wer wagt es, mir das zu unterstellen? Vermutlich ebenso ein Ketzer wie Ihr", grollte Alvarez. Die Kälte in seinen Augen war inzwischen blankem Hass gewichen. „Denn nur Häretiker können solche Lügenmärchen verbreiten, sie sind schamlos und haben …"

„Die Konfession trägt hier nichts dazu bei. Ich bin Protestant, der alle anderen ihre Religion ausüben lässt, auch wenn sie Papisten sind. Diese Toleranz erwarte ich ebenso mir und meinen Glaubensbrüdern gegenüber", fiel ihm Gaiswinkler heftig ins Wort, und als er weitersprach, wurde sein Ton noch forscher. „Es geht nicht darum, welche Religion die Wahrheit verkündet, sondern mit welcher Wahrheit Exzellenz mir helfen kann, einen Mörder aufzuspüren. Die Zehn Gebote, die unter anderem das Töten und das Lügen als schwere Sünde bezeichnen, sind im Protestantismus und im Katholizismus dieselben. Ich habe schon beim letzten Mal gefragt, ob Eure Exzellenz das Mordopfer kannte, und keine Antwort darauf bekommen. Nun stelle ich die Frage noch einmal und hoffe, dass Exzellenz als Christ und Priester mir heute ehrlich erwidern wird."

Alvarez war völlig stumm geworden, er wirkte eingeschüchtert ob der Entschiedenheit, die ihm entgegengebracht wurde. Eine solche Behandlung hatte er offenbar noch nie erlebt. Schließlich fing er sich jedoch wieder und beschimpfte seinen Besucher diesmal als räudigen Ketzer. Fauchend drohte er ihm an, bei Hof zu melden, wie sich so ein unbedeutender Mensch wie ein protestantischer Salzamtsgegenschreiber gegenüber einem Jesuiten benehme.

Gaiswinkler überlegte aufzugeben, denn es erschien ihm aussichtslos, etwas Sinnvolles aus José Alvarez herauszubringen. Das letzte Wort sollte allerdings noch das Seine sein, und so warf er mit erbitterter Stimme ein: „Der Hass Eurer Exzellenz auf alle Religionen außer dem Katholizismus widert mich an. Am liebsten würde Exzellenz wohl wieder in Ihre Heimat Spanien reisen, um dort all diejenigen zu verfolgen, denen nicht die katholische Konfession eigen ist; zurückkehren in ein Land, in dem für die Verbrennung der Andersgläubigen am Scheiterhaufen ein feierliches Wort geschaffen wurde. In diesen sogenannten Autodafés würde Exzellenz womöglich Ihr Glück finden. Doch Eurer Exzellenz sei gesagt: Die Menschen kommen zu diesem bestialischen Theater nicht, weil sie dadurch frommer werden, sondern lediglich, um sich an dieser Schrecklichkeit zu erfreuen." Während seiner Worte hatte Gaiswinkler bemerkt, wie der Jesuit auf seinem Stuhl mit zitternden Händen immer mehr in sich zusammengesunken war, was ihn seinen scharfen Ton etwas bereuen ließ. Doch dieser zeigte Wirkung. José Alvarez hatte jegliche Überlegenheit verloren.

Leichenblass hob er seinen Kopf, und nach einer Weile begann er auch zu sprechen. „Nun gut, ich habe diesen Reniger entfernt gekannt und will in meiner christlichen Güte auch die von Euch herausgeworfene Anschuldigung zur Seite schieben. Ehe ich Weiteres offenbare, muss Euch allerdings bewusst sein: Wenn einer von uns beiden auf dem Scheiterhaufen unter grässlichem Leiden zu Tode kommt und dann seine Zeit im Höllenfeuer mit grausamsten Schmerzen verbringen wird, dann seid Ihr das, denn die Leugnung der Tatsache, dass nur die katholische Kirche die einzig seligmachende ist, bringt Euch für alle Ewigkeit in den Ort der Verdammnis." Für einen Augenblick schien es, als ob er wieder in Stillschweigen verfallen würde, aber nach einem kurzen Zögern, während dem er seine Lippen mit der Zunge benetzte, fuhr Alvarez fort: „Dieser Reniger ist mir also in Konstantinopel einige Male über den Weg gelaufen. Er war lästig, ähnlich den Wanzen in den Betten unserer Unterkunft. Ständig suchte er die Nähe zu dem einen oder anderen aus der Gesandtschaft und stellte alle möglichen Fragen. In einen persönlichen Umgang mit ihm kam ich allerdings nie. Ich wüsste auch nicht, aus welchem Grund das hätte geschehen sollen."

Die Antwort des Jesuiten enthielt erneut eine Lüge, und so entgegnete Gaiswinkler, nicht ohne Nachdruck in seiner Stimme: „Aus einigen Gesprächen mit kundigen Menschen kam ich zu dem Schluss, dass Eure Exzellenz sich mit der Alchemie, die von der katholischen Kirche ja bekämpft wird, beschäftigt. Und das nicht nur in der Theorie der Bücher, nein, Exzellenz scheint großes Bestreben darin zu haben, selbst Gold aus anderen Materien herzustellen. Ist nicht gerade das der Grund, warum Jacob Reniger, der sich offenkundig für magische Steine interessierte, mit Eurer Exzellenz und Euren Leuten in Konstantinopel zusammenkam, wie man erzählt?"

„Zusammenkam?", schnaubte der Jesuit. „Unsere Ziele waren vollkommen unterschiedliche. Dieser Mensch war besessen von dem Aberglauben. Ich hingegen habe mich immer wieder über die Alchemie weitergebildet, um Argumente gegen diese Zauberei zu erhalten. Falls es aber wirklich einem von diesen Magiern gelingen sollte, den Stein der Weisen zu finden, dann müsste man ihm all das Gold entziehen, um damit die Kirchen zu verschönern, die Heiligenstatuen zu verzieren und den Triumph des Katholizismus zu zelebrieren."

„Wie äußerte sich diese – wie Exzellenz es nennt – Besessenheit von Reniger?"

„Wie ich hörte, war er völlig entrückt. Er versuchte unter anderem, seltsame Zeichen zu entschlüsseln. Sie sollten ihn zu einer Schrift führen, die Auskunft über irgendeinen Hokuspokus gab. Weit scheint er damals damit aber nicht gekommen zu sein", murrte Alvarez und betonte nochmals, sich mit der Alchemie bloß beschäftigt zu haben, da er die Sünden und Verbrechen des Volkes habe kennenlernen wollen, um dessen Aberglauben besser bekämpfen zu können.

Dass dies nur eine Ausrede war, die von etwas anderem ablenken sollte, dessen war sich Gaiswinkler bewusst. Und plötzlich schien ihn der Teufel zu reiten, und sein Zorn fand seinen Weg: „Das ist wohl wie bei einem Sodomiten, der es mit Schafen und anderen Tieren treibt und dann behauptet, er habe diese schreckliche Verfehlung nur versucht, um zu wissen, wie man ihrer Herr wird. Dabei wird er aber in der Hölle enden, denn diese schwere Sünde wird in allen christlichen Religionen verfolgt."

Obwohl er nichts von der Beziehung zwischen zwei Männer erwähnt hatte, wurde die Miene des Jesuiten darauf komplett starr. Eine Mischung von Flüchen und Gebeten murmelnd, warf er seinen Besucher und Miguel, aus dessen

Gesicht man nicht lesen konnte, was er sich dachte, hinaus. Gaiswinkler wusste, dass ihn sein Auftreten in große Schwierigkeiten bringen konnte. Sollte sich José Alvarez beim Kaiser beschweren, blieb ihm nichts anderes übrig, als auf das Verständnis Rudolfs II. zu hoffen.

KAPITEL 28

Hin und her gerissen zwischen Verdruss und Befriedigung über den Ausgang seines Gesprächs, wollte sich Gaiswinkler nach seiner Heimkehr ins Palais in die Bibliothek zurückziehen. Er benötigte eine Beschäftigung, um klarere Gedanken fassen zu können. Die Literatur des Grafen schien ihm dafür die nötige Abwechslung zu bieten. Doch als er das Zimmer betrat, fiel sein Blick auf Helena von Grünbühel, die in einem Buch auf dem Tischchen neben sich blätterte, eher lustlos, wie ihm schien. Noch ehe die Hausherrin ihn wirklich wahrgenommen hatte, machte er, eine Entschuldigung murmelnd, schnell kehrt und zog die Tür hinter sich zu. Seit dem gezänkreichen Abend versuchte er, so gut es ging, eine Begegnung mit ihr zu vermeiden.

Auf dem Gang zu seiner Stube vernahm er plötzlich die Stimme Praunfalks hinter sich: „Matthias, warte!" Sein Freund kam ihm in Reitstiefeln nach, sein Haar war zerzaust und sein blasses Gesicht gerötet. „Ich war gerade beim Stallknecht und habe ihn gebeten, mein Ross ordentlich zu bewegen. Der junge Gaul wirkt mir sehr unruhig, vorhin hat er mich abgeworfen. Er darf nicht zu lange stehen, sonst macht er Mätzchen. Wenn er weiter so bockt, komme ich auf seinem Rücken nie zurück nach Aussee. Da du der geschicktere Reiter von uns beiden bist, müssten wir dann unsere Hengste tauschen. So bitte ich dich, zu veranlassen, deinen Braunen bis zu unserer Heimreise auch genügend traben zu lassen. Ich benötige ein sanftes Pferd."

„Das will ich gerne tun", erwiderte Gaiswinkler, und da ihm Praunfalk genauso ruhelos wie er selbst erschien, schlug er vor, die Stunde bis zum Abendmahl gemeinsam zu verbringen. Zumal er bisher noch nicht dazu gekommen war, ihm von seinem Fund zu berichten.

„Gehen wir in mein Gemach, dort können wir uns ungestört unterhalten. In den anderen Räumen sind mir die Ohren meiner Tante zu groß", meinte Praunfalk zustimmend.

Der Kamin in seinem Zimmer brannte hell, und nachdem sie einen der Diener um einen Krug mit heißem Wein geschickt hatten, waren die beiden bald gänzlich wohlig durchwärmt. Gaiswinkler streckte auf dem unbequemeren der zwei Stühle die Beine von sich und ließ seinen Freund – nicht weniger eingeschränkt, als es ihm notwendig erschien – die Neuigkeiten seiner Nachforschungen wissen. Mit anderen Dingen beginnend, kam er schließlich auf das Kästchen des Hofzwergs zu sprechen.
„Und welche Schrift war nun in diesem Geheimfach, die mit mir auf die eine oder andere Weise in Verbindung stehen soll? Etwa ein Papier über die Salinen? Das scheint mir kaum möglich zu sein", unterbrach ihn Praunfalk ungeduldig.
„Nein, das Ganze zeigt sich noch seltsamer. Ich habe ein Tagebuch und ein paar lose dazugehörende Blätter entdeckt. Alles stammt vom Vater deiner angebeteten Veronika."
„Diese letzte Bemerkung von dir ist vollkommen unangebracht, Matthias. Jedem Blinden fällt auf, wie sehr Božena und du euch begehrt. Ich vermute, eure Leidenschaft ist inzwischen so weit gediehen, dass sie bald ein Kind von dir unter ihrem Herzen trägt. Dann wird meine Tante sie des Hauses verweisen. Ohne jegliches Mitleid und ohne die Zuwendung eines einzigen Groschens. Aber ich denke, dessen seid ihr beide euch bewusst. Und dass es in Aussee keinen guten Eindruck macht, wenn die Braut mit einem geschwollenen Leib vor den Altar tritt, brauche ich dir ja auch nicht zu sagen. Gerade du, dem so viele Mädchen bei uns in der Gegend schöne Augen machen, wärest dann vor schmutzigem Gerede nicht gefeit. Denn jede Maid, die du nicht er-

hörtest, wird dir, wenngleich du ihr nie etwas tatest, aus Eifersucht eine üble Nachrede anhängen."

„Es tut mir leid, wenn ich dir zu nahe getreten bin", sagte Gaiswinkler, verwundert darüber, dass Praunfalk so scharf reagierte. Hier in Prag schien diesem wirklich eine besondere Laus über die Leber gelaufen zu sein. „Du musst mir jedoch keine Moralpredigt halten, zumal du mich gut genug kennst."

„Schön, lassen wir das. Ich finde es nämlich fürwahr auch sonderbar, dass du auf das verschwundene Tagebuch gestoßen bist. Und warum hatte es der tote Hofzwerg? Wie kann er an dieses herangekommen sein?"

Nachdem Gaiswinkler ihm – ohne den Bezoar allzu ausführlich zu erwähnen – geschildert hatte, was in den Schriftstücken stand, wurde das Erstaunen seines Gefährten noch größer: „Veronika hat mir ja gesagt, dass ihr Vater oft sehr bedrückt wirkte, so als hätte er eine Sache erlebt, die er nicht bewältigen konnte. Aber dass das mit jemandem zusammenhing, dessen Leiche wir beide Jahre später weit entfernt von Konstantinopel in der Gasse finden, in der Moritz Andraský Ritter von Audráz' Tochter wohnt, ist viel an Zufall. Ich habe mit Veronika – im Einverständnis ihrer Zieheltern – vereinbart, morgen einen Ausflug mit ihr zu machen. Mein Onkel hat versprochen, mir Kutsche und Kutscher zu leihen. Da könnte ich ihr davon erzählen. Spricht etwas dagegen? Es wäre sicherlich tröstlich für sie, zu erfahren, was ihrem Vater all die Zeit am Herzen lag."

„Nein, das kannst du ruhig tun, der Obersthofmeister hat gestattet, darüber zu sprechen." Gaiswinkler schien es sonnenklar, dass sein Freund die Aufzeichnungen für seine Werbung bei dem Mädchen nutzen wollte. Als er ihm noch seine Überlegungen in den zwei Mordfällen ausführen wollte, hörte ihm dieser kaum mehr zu. Abwesend blickend, war Praunfalk in Gedanken wohl bei der jungen Frau.

Allein mit seinen Annahmen und Zweifeln, blieb auch er dann den Abend über weitgehend schweigsam und nachdenklich, was Božena, obwohl sie ihm nur für einen Augenblick in Begleitung der Gräfin über den Weg lief, bemerkte. Kurz vor Mitternacht kam sie in seine Stube gehuscht und wenig später unter seine Decke geschlüpft. „Was bedrückt dich, Matthias?", fragte sie, zärtlich seine dichten Locken zausend. Er hatte sich bisher bei ihr genauso wie bei den anderen an sein Schweigegelübde gehalten und ihr nur wenige Einzelheiten zu den Verbrechen erzählt, die ihn beschäftigten. Doch nun, wo sie sich einander immer mehr vertraut fühlten und er mit diesem Mädchen, dem er die Unschuld genommen hatte, sein Leben verbringen wollte, begannen die Worte aus ihm herauszufließen.

„Du weißt ja, der Kaiser hat mir auferlegt, so manches von dem, was ich bei meinen Nachforschungen zu dem Mord auf der Kleinseite vernehme, nicht weiterzugeben", sagte er und zog sie näher an sich. „Christoph schien sehr enttäuscht zu sein, nicht alles hören zu dürfen. Heute Nachmittag gewann ich erneut den Eindruck, dass seine Freundschaft zu mir deswegen nicht mehr so ist, wie sie einmal war. In den letzten Tagen verbrachte ich viel Zeit damit, zu überdenken, was ich auf die eine oder andere Weise erfahren habe. Aber es fehlt mir jemand, mit dem ich sprechen kann, der mir sagt, wenn ich auf der falschen Fährte bin. Du hast mir das Leben gerettet, und ich bin verrückt nach dir in meiner Liebe, die sich danach sehnt, dich als meine Braut heim nach Aussee zu nehmen. Mit einem Wort, dir, mein Liebstes, möchte ich alles über diesen Mordfall mitteilen und ebenso das, was mich an dem Verbrechen an dem Hofzwerg Thommerl Niderthor beschäftigt. Ich hoffe, dir voll und ganz vertrauen zu können, nichts davon anderen gegenüber zu erwähnen."

Božena stützte ihre Arme auf seine Brust und sah ihn an. „Wenn du dir bis jetzt meiner nicht sicher bist, scheinst du mir verloren zu sein, Matthias Gaiswinkler." Sie schob sich ein Stück weiter zu ihm hinauf und küsste ihn. Erst nach einer Weile sprach sie, eng an ihn geschmiegt, weiter: „Ich möchte nie mehr erfahren, wie es sich ohne dich anfühlt, und denke nur in deinem Sinne. Auch bin ich keine, die ständig herumtratscht und alles, was sie weiß oder zu wissen glaubt, gleich in die Gerüchteküche trägt. Besonders, da die Mehrheit der Rederei der Menschen hier in Prag entweder erfunden ist oder der wahre Kern einer Sache so ausgeschmückt wurde, dass sich diese am Schluss als völlig falsch erweist. Du kannst dich also auf mich verlassen."

„Darüber bin ich mir vollkommen klar", meinte Gaiswinkler, und sie noch fester an sich drückend, begann er, ihr die Ereignisse in vollem Umfang zu erzählen. Božena hörte ihm aufmerksam zu, doch von Zeit zu Zeit, wenn ihr seine Schilderung nicht klar genug erschien, unterbrach sie ihn, um das eine oder andere nachzufragen. Ihre Fragen waren klug, was sie wohltuend von vielen der jungen Frauen, die er kennengelernt hatte, unterschied. Mit ihrem wachen Verstand stand sie so manchem seiner Gedanken auch zweifelnd gegenüber.

„Einiges scheinst du mir dabei ein wenig auszublenden", meinte sie. „Was tat dieser Jacob Reniger all die Jahre zwischen seinem Aufenthalt im Osmanischen Reich und dem in Prag? Verließ dieser seltsame Mensch Konstantinopel allein oder mit seiner Geliebten? Ging sie mit ihm, würde ich sie an deiner Stelle auch nicht so ganz aus den Augen lassen. Wenn sie eine Dirne war, hätte er den Bezoar wohl nach kurzer Zeit käuflich von ihr erwerben können, warum ließ er sich auf eine offenbar engere Beziehung mit ihr ein? Und wenn wir bei Konstantinopel verbleiben, der Botschafter aus Mantua scheint mir derjenige zu sein, der Reniger damals am besten kannte. Ich bin mir bei ihm, nach all dem, was ich von dir über ihn hörte, aber nicht so ganz sicher, ob er sich für den Stein interessierte." Gaiswinkler stimmte ihrem

Einwand nachdenklich zu. Boženas kritischer Geist zeigte sich auch, nachdem er ihr ungeschönt seinen Verdacht über die Erpressungsversuche Thommerl Niderthors dargelegt hatte. „Ob dieses zerrissene Papierstück, das der Zwerg in seiner Faust hatte, in einem Zusammenhang mit dem ersten Verbrechen steht, finde ich fraglich", bemerkte sie. „Der Zettel kann sich ebenso gut auf etwas anderes beziehen als eine Sache, mit der er den Mörder in der Hand hatte. Ich kenne leider einige Dienstboten, die gerne Geheimnisse über ihre Herrschaft und deren Bekannte ausplaudern. Es tauchen außerdem des Öfteren Gerüchte auf, dass sich manche von ihnen für das, was sie aufschnappen und weitergeben, bezahlen lassen. Wenn es dir recht ist, kann ich – soweit es meine Zeit ermöglicht – versuchen, mich vorsichtig umzuhören, ob es Getratsch über Hausangestellte gibt, die einem bunt gekleideten Zwerg Informationen über ihre adeligen Herren zukommen ließen, und in welchen Häusern das geschah."

„Das ist eine feine Idee, doch ich möchte dich auf keine Weise in irgendeine Gefahr bringen, denn dazu bist du mir viel zu lieb geworden", sagte Gaiswinkler, dem immer deutlicher wurde, welch gute Entscheidung es gewesen war, Boženas in sein vertrauliches Wissen einzuweihen, zärtlich. Die beiden rätselten noch eine Zeit lang darüber, ob der Mörder auch den Überfall auf ihn beauftragt hatte, aber dann gaben sie sich bald lieber wieder anderen Dingen hin.

KAPITEL 29

Da am nächsten Morgen die Sonne schien und mit ihrer Wärme den in den letzten Tagen gefallenen Schnee zum Schmelzen brachte, beschloss Gaiswinkler, noch ehe er sich etwas anderes für den Tag vornahm, nach den Pferden zu sehen. Er wollte anstelle des Knechts Praunfalks Ross draußen ein wenig ertüchtigen, damit es gefestigter unter dem Sattel ging. Auf dem Weg zum Stall kam ihm Miguel entgegen. Dieser hatte zeitig in der Früh den Burghügel erklommen und dort mit dem Obersthofmeister gesprochen. Wolf Siegmund Rumpff vom Wullross war beim Kaiser gewesen, der ihm unwirsch mitgeteilt hatte, dass die Suche nach dem verschwundenen Bezoar nicht zu lange andauern dürfe. Der damit betraute Salzamtsgegenschreiber solle schneller seine Erkundigungen einholen. „Und so wird Euch der mantuanische Botschafter bereits heute Nachmittag in seinem Haus empfangen müssen", erklärte der Trabant.

Die Zeit bis dahin verbrachte Gaiswinkler auf dem Rücken von Praunfalks Fuchs. Gemeinsam mit Miguel ritt er über die sanften Hügel entlang der Moldau, was den Rössern erlaubte, sich richtig zu bewegen. In ruhigem Trab und schnellem Galopp zogen sie bergauf und bergab auf der nassen Schneedecke am Fluss vorbei, in dem sich das Wasser zwischen Eisschollen kräuselte. Während er den jungen Hengst, der seinen Willen ungestüm zeigen wollte, behutsam mit Gewicht, Schenkeln und Zügeln zu bändigen versuchte, dachte er an sein bald folgendes Gespräch. Beim letzten Mal hatte Andrea Galeazzo zu allen wesentlichen Dingen geschwiegen. Die Wahrscheinlichkeit, etwas Neues zu erfahren, erschien ihm daher äußerst gering. Und so war er zunächst etwas mutlos. Doch je länger er das Pferd trieb und zurücknahm und je gefügiger dieses dabei wurde, desto mehr bekam er auch die Entschlossenheit, sich von dem

Botschafter nicht abschrecken zu lassen und mit dem Wissen, das er inzwischen besaß, Druck auf ihn auszuüben.

Als er drei Stunden nach Mittag in dem aufwendigen Palais Einlass bekam, begrüßte ihn Galeazzo, wie erwartet, erneut mit einem Benehmen, das für einen Adligen in seiner Stellung reichlich rüde und ungehörig war. Mit einer raschen Geste seiner Hand bot er seinem Gast zwar an, Platz zu nehmen, aber sein Ton ließ all seine Verachtung für diesen erkennen: „Was will Er schon wieder von mir? Ich habe Ihm doch gesagt, ich kenne diesen Mann nicht, und selbst wenn, geht Ihn das einen Dreck an."

„Das ist allerdings sehr eigenartig, wie die Erinnerung Eurer Exzellenz in Unordnung gekommen ist", warf Gaiswinkler forsch ein. „Einen Mann, den Exzellenz in Konstantinopel mit dem Degen zu töten versucht hat, kann Exzellenz doch wohl nicht leugnen. Ich glaube nicht, dass Ihr Eure Bekanntschaft mit Jacob Reniger vergessen habt."

Galeazzo erbleichte. So sehr, dass er, trotz der ihm eigenen olivgetönten Gesichtsfarbe sogar Christoph Praunfalk, den wohl blassesten Menschen der Welt, übertraf. Von der Selbstgefälligkeit, mit der er sich zuvor auf seinem Stuhl zurückgelehnt hatte, war nichts mehr zu spüren. „Woher weiß Er das alles?", stammelte er.

„Nun, auch wenn es Exzellenz nicht gefällt, muss ich Euch leider mitteilen, dass ich es von einem Zeugen erfahren habe und nicht nur ich von ihm darüber weiß. So bitte ich Euch, nun wahrheitsgemäß zu erzählen, was sich damals abspielte. Und zur Beruhigung: Da Reniger in Prag lebend auftauchte, haben Eure Exzellenz ihn in Konstantinopel offensichtlich nicht tödlich verwundet. Aber das ist Exzellenz ja bekannt!"

Der Botschafter starrte mit leerem Blick auf eine der Waffen an der Wand, er atmete unruhig. Erst nach einer geraumen Weile, in der er nach dem Glas neben sich gegriffen und einen Schluck genommen hatte, begann er zu sprechen: „Ich ahne zwar nicht, von wem Er sein Wissen hat, aber Reniger wird wohl irgendjemandem davon erzählt haben. Als ich sein Porträt im Vladislav-Saal sah, bin ich tief erschrocken. Bis dahin war ich der festen Überzeugung gewesen, diesem Menschen vor vielen Jahren das Leben genommen zu haben. Dass er nach Prag gekommen war, darüber hatte ich keinerlei Kenntnis, denn ich habe weder etwas davon gehört, noch bin ich ihm in der Stadt begegnet. Ich bin also nicht sein Mörder. Hier hätte ich auch keinen Grund dazu gehabt. Wir duellierten uns in Konstantinopel um eine Frau, die ich liebte."

Nach all dem, was Gaiswinkler bisher über Galeazzo bekannt war, passte das in sein Bild. Er erinnerte sich an den gierigen Blick des Botschafters, mit dem dieser bei seinem letzten Besuch über die verschleierten Schönheiten gesprochen hatte, und an das, was Eitzing und Grünbühel über ihn erzählt hatten. Andrea Galeazzo war wohl eher an Frauen interessiert gewesen als an dem Bezoar. „War das ein Duell um die Gemahlin eines Persers, die blonde Haare und ein herzförmiges Muttermal im Gesicht besaß?", fragte er aufs Geratewohl.

„Woher habt …? Ja, es war wegen Livia. Dem schönsten Weib, das ich jemals gesehen habe."

„In einem fremden Land Kontakt zu Frauen aufzunehmen, schien doch, wie Eure Exzellenz das vorige Mal vorbrachten, sehr schwierig gewesen zu sein. Konnte man ungestraft Beziehungen mit ihnen eingehen? Wie mir eine schriftliche Quelle verriet, gab es strenge Regeln der Trennung zwischen Haremlik und Selamlik, den Räumen, in denen sich die beiden Geschlechter bewegen. Wo hat Exzellenz diese Frau kennengelernt?"

„Mit hohen Bestechungsgeldern ist einiges möglich gewesen, was viele Männer auch ausgenutzt haben. Nicht im Harem des Sultans natürlich, der strengstens bewacht wurde, aber sonst … Ich hatte das bei Livia allerdings nicht notwendig, da ich sie in einem Geschäft sah und sie mich ansprach. Sie stammte aus Genua und hörte, dass ich mich in ihrer Muttersprache unterhielt."

„War das vor oder nach dem Tod ihres Gemahls?"

„Wie kann Er das alles erfahren haben?" Galeazzo riss erstaunt die Augen auf. Doch vielleicht, weil er bemerkte, dass ihm Gaiswinklers Kenntnis über die Dinge auch weiterhelfen konnte, sprach er fort. „Ich lernte Livia mehrere Wochen vor dem Tod ihres Mannes kennen. Sie war ihm gut gesinnt, denn sie hatte eine abenteuerliche Geschichte hinter sich. Das Schiff, auf dem sie zwei Jahre zuvor auf der Überfahrt vom Hafen Genuas nach Süditalien gesegelt war, hatten Piraten aus den Maghreb-Staaten überfallen. Livia, damals kaum fünfzehn Jahre alt, wurde in die Sklaverei verkauft. Der persische Händler, der sie erwarb, behandelte sie sehr freundlich und heiratete sie sogar. Er war allerdings weitaus älter als sie und konnte ihre Lust nicht mehr erfüllen. So suchte sie ihre sinnlichen Freuden woanders, was ihr den Ruf einer Liebesdienerin einbrachte, die es mit mehreren Männern trieb und an deren Geschenken – Gewand, Schmuck, Geld – interessiert war. Doch in der ersten Zeit gab sie sich offenbar nur mir hin. Wenn sich ihr Ehemann nicht daheim aufhielt, und sei es auch bloß in einem anderen Teil der Stadt, trafen wir uns in seinem Haus, was mich verwunderte. Vielleicht war er ja aber Livia genauso verfallen wie ich, sodass er, trotz seines strengen Glaubens, über so manches bei ihr hinwegsah. Meine Geliebte teilte unsere Begierde allerdings nicht mehr so leidenschaftlich, als sie diesen zweifelhaften Reniger kennenlernte. Das geschah kurz nach der Ermordung ihres Mannes, die – meines Wissens nach – in der Zeit, in der ich mich in Konstantinopel aufhielt, nicht aufgeklärt wurde."

„Hat Exzellenz Jacob Reniger schon gekannt, bevor dieser ein Verhältnis mit Livia einging?"

„Ja, er war ein sonderbarer, widerlicher Zeitgenosse. In unserer Gesandtschaft suchte er jedoch nicht meine, sondern die Gesellschaft von José Alvarez. Reniger schien das Geld der Kirche für seine undurchsichtigen Vorhaben zu benötigen."

„Ist Exzellenz darüber informiert, welche Vorhaben das waren?"

„Nein, diese waren mir egal, ich dachte nur an meinen Engel und an die Eifersucht, die ich auf Reniger empfand. Ich vermied es, mit ihm zusammenzukommen, was auch im Sinne von Livia war."

„Und in dieser Eifersucht hat Eure Exzellenz nicht nur damals versucht, ihn zu töten. Nachdem sich herausstellte, dass er noch lebte, habt Ihr auch hier in Prag Hand an ihn gelegt!" Gaiswinklers Ton war wieder scharf geworden, er beharrte auf dieser Feststellung, obwohl er nicht mehr annahm, den Botschafter zu einem Geständnis zu bringen.

„Nein", schrie Galeazzo laut auf, „selbst wenn ich gewusst hätte, dass er noch lebte. Meine Eifersucht ist schon zu sehr vergangen und Livia schon zu lange aus meinem Leben verschwunden. Ich habe sie nach meiner Auseinandersetzung mit Reniger niemals mehr wiedergesehen."

„Wie kam es zu dem Duell? Exzellenz meinte doch, dem Nebenbuhler aus dem Weg gegangen zu sein."

„Eines Tages war ich spät am Abend in Pera unterwegs und traf dort zufällig auf ihn. Er begann sogleich, sehr vulgär über Livia zu sprechen. Dabei warf er mir an den Kopf, dass ich von ihr ablassen solle, denn sie liebe nur ihn. Die anderen Liebhaber seien nur der Geschenke wegen interessant. Wir begannen, uns gegenseitig zu beschimpfen, und unser Wortgefecht wurde immer heftiger. Plötzlich zog Reniger seinen Degen. Es gelang mir – Gott sei der heiligen Maria und dem Alois von Gonzaga Dank –, auch meine Waffe zu zücken. So fochten wir in einem wilden Kampf, in dem ich ihm schließlich einen Stoß mit dem Degen versetzen konnte, der ihn niederwarf. Als ich mich zu ihm hinabbeugte, gewann ich den Eindruck, er sei tot. In dem Augenblick hörte ich die Stimmen mehrerer Menschen, vermutlich angelockt von unserem Geschrei. Ich konnte es mir nicht leisten, länger stehenzubleiben. Obwohl ich von Reniger angegriffen worden war, hätte man mich bestimmt zunächst in ein Gefängnis gebracht. Die Erzählungen über die Zustände dieser Zellen – nass und kalt, mit einem Essen, das häufig schimmelte, riesigen Ratten und anderem Ungeziefer sowie Gewalt durch andere Gefangene und die Wächter – führten dazu, dass ich den Schauplatz so schnell als möglich verließ."

„Hat sich Eure Exzellenz nie gefragt, warum niemand über den Fund der Leiche berichtete?"

„Natürlich, aber ich vermutete, dass die Gruppe, die mich vom Tatort verscheuchte, den Toten ausgeraubt und dann ins Wasser geworfen hatte. Wir duellierten uns in der Nähe der Meerenge."

„Nun gut, in manchem scheint mir die Erzählung Eurer Exzellenz schlüssig, in anderem nicht. Doch für heute, denke ich, bleibt mir nichts anders übrig, als unser Gespräch zu beenden", sagte Gaiswinkler, der zunehmend an einem Mord durch den Botschafter, der in der letzten Stunde viel seines Hochmuts und seiner zur Schau gestellten Unerschütterlichkeit verloren hatte, zweifelte. Wäre das Verbrechen auf der Kleinseite durch einen Degen erfolgt, hätte er vielleicht einiges mehr von dem, was ihm jener schilderte, hinterfragt. Aber da ihm tief in seinem Inneren so viele Jahre nach einer nicht mehr greifbaren Geliebten auch ein Racheakt unwahrscheinlich schien, wanderte er dann den Weg von der Moldau zum Palais Grünbühel mit dem Gefühl hinauf, Andrea Galeazzo glauben zu wollen.

KAPITEL 30

„Du schaust heute Morgen sehr glücklich aus, Christoph", stellte Gaiswinkler schmunzelnd fest. Praunfalks Augen strahlten, und sein Gang wirkte beschwingter und aufrechter als sonst. Die beiden Freunde waren sich soeben beim Verlassen des Hauses in der Halle begegnet und marschierten nun beide hinauf zur Burg – Gaiswinkler in Begleitung des Trabanten zum Obersthofmeister, Praunfalk zu einer weiteren Verhandlung wegen der Salinensache.

„Das bin ich, fürwahr, das bin ich. Obwohl mich am Hradschin wohl gleich neuer Ärger erwartet, scheinen mir die Dinge alle gerade so leicht zu sein. Du weißt doch, ich habe gestern einen Ausflug mit Veronika gemacht, dem schönsten, lieblichsten und zauberhaftesten Wesen der Welt." Praunfalk sagte das mit einer solchen Inbrunst, dass Miguel, der ja des Deutschen gut mächtig war und daher nicht umhinkam, ihnen zuzuhören, trotz größter Mühe seine spöttische Miene nicht verbergen konnte. Das Benehmen eines erwachsenen Mannes, das sich wie das eines zum ersten Mal verliebten Jünglings ausmachte, erschien dem Leibgardisten offenbar lächerlich. „Wir fuhren mit der Kutsche in die Umgebung der Stadt, an den Weingärten der Klöster vorbei, durch seelenruhige Dörfer mit nur ganz wenigen Häuschen. Für die Landschaft hatten wir aber kaum einen Blick, denn wir kamen uns mit unseren Worten immer näher."

„Und wie hat sich die Neuigkeit, dass ich das Tagebuch ihres Vaters ausfindig gemacht habe, auf dein Werben ausgewirkt?", fragte Gaiswinkler etwas spitzzüngig, woraufhin Miguel noch mehr grinste. Doch Praunfalk bemerkte es nicht, er war ganz in seiner Schwärmerei verloren.

„Es war herzzerreißend. Veronika weinte, sie verstand nun, was ihren Vater, der mit diesem Geheimnis leben hatte müssen, all die Jahre belastete. Um sie nicht weiter zu erregen, erzählte ich ihr nicht, dass du das Tagebuch im Haus eines ermordeten Hofzwergs gefunden hast. Stattdessen sprach ich ihr Trost zu. Ich nahm ihre Hand in die meine, und nach einer Weile versuchte ich, sie zu küssen. Sie wehrte mich nicht ab. Meine Zärtlichkeit und meine hingebungsvollen Sätze schienen ihr zu gefallen."

„Ich nehme an, du bist nun so gut wie verlobt", meinte Gaiswinkler und vermied es, den Trabanten anzusehen.

„Ja, ich fragte sie, ob sie sich vorstellen könne, mich zu heiraten. In ihrer Schüchternheit antwortete sie darauf nicht, aber ihr Blick sprach Bände. So sagte ich zu Veronika, dass ich an einem der nächsten Tage bei ihren Pflegeeltern formell um ihre Hand anhalten wolle. Du hättest sie dabei sehen müssen, Matthias. Die Tränen kullerten ihr aus den Augen. Diesmal waren es freilich Tränen der Freude. Ach, wie ist dieses Mädchen doch betörend."

Praunfalk hatte sich ja schon öfters für ein Mädchen begeistert. In jedem Ort, in den er kam, gefiel ihm eines. Diese Schwärmerei schien Gaiswinkler aber eine andere zu sein, und so wollte er etwas Freundliches erwidern. Sie waren allerdings im Burghof angelangt, wo sich ihre Wege trennten. Ehe er ein Wort äußern konnte, zog sein Gefährte versunken von dannen.

In der Burg wurden Miguel und er in das Zimmer des Obersthofmeisters vorgelassen, ohne lange warten zu müssen. Wolf Siegmund Rumpff vom Wullross saß vor einem der hohen Fenster mit bunten Gläsern, die das Sonnenlicht durch einen matten Schleier aus Staub und den Spuren von Regen und Schnee zaghaft durchbrach. Zu Gaiswinklers Überraschung verlangte er, nachdem er ihn begrüßt und einen Stuhl angeboten hatte, keinen Bericht seiner Gespräche mit dem Jesuiten und dem Botschafter. „Wir sind ein Stück weiter bei der Aufklärung eines der Verbrechen. Allerdings handelt es sich dabei nicht um einen der beiden Morde, sondern den Überfall auf Euch", sagte Rumpff stattdessen erfreut. „Nach der langen peinlichen Befragung war einer der beiden Halunken endlich bereit zu verraten, wer Euch nach Eurem Leben trachtete. Der Schurke, dem Ihr den Arm gebrochen habt, hatte die ganze Zeit starke Schmerzen, und als der Henker gestern schärfere Torturen einsetzte, begann er zu reden. Ihr werdet es nicht für möglich halten: Der Mann, der die zwei beauftragte, ist ein Diener Gottes. Es ist José Alvarez."

„Nun, das scheint mir nicht ganz unmöglich. Alvarez hasst mich, seitdem ich das erste Mal bei ihm war. Doch dass ich in seinen Augen ein Ketzer bin, kann es allein nicht sein. Nachdem ich beim Kaiser gewesen bin und dann mit Alchemisten sprach, hatte ich, bevor man mich überfiel, ein paar Mal das Gefühl, verfolgt zu werden. Vermutlich hat es ihm gar nicht gefallen, dass ich mich mit alchemistischen Fragen beschäftigte."

„Eigentlich dürfte ich Euch das nicht sagen, aber mir scheint dieser Jesuit – obwohl ich Katholik und fromm bin – schon seit Langem fragwürdig und undurchsichtig. Es gibt viele Gerüchte über ihn, die freilich nur schwer zu beweisen sind. In der Sache, dass man unter vier Augen im Flüsterton davon spricht, er hätte eine Neigung zu Männern, war ich immer ein wenig feig. Bei einem Konflikt mit den Jesuiten kann man auch in wichtiger Position bei Hofe gefährdet sein. Der Kaiser schützt zwar meist seine Berater, aber er ist unberechenbar. Die kleinste Bemerkung vermag dazu beizutragen, dass man verstoßen wird." Rumpff starrte, während er sich mehrmals mit dem Finger über die Nase strich, an Gaiswinkler vorbei. Er schien sich nicht sicher zu sein, wie er weiter vorgehen sollte – alles unter den Teppich kehren oder mutig versuchen, Alvarez' Leben und Taten aufzuhellen? Nach einer Weile in Selbstvergessenheit machte er einen Vorschlag: „Wir könnten José Alvarez zu einem Gespräch hier bei Hof holen. Dann werdet Ihr ihn befragen, derweil ich im Nebenzimmer sitze, von dem sich die Unterhaltung verfolgen lässt. Sollte es notwendig werden, könnte ich so sehr rasch eingreifen." Einen Augenblick später bekräftigte er kopfnickend: „Ja, ich denke, das werde ich tun."

Kaum mehr als eine Stunde später betrat der Jesuit die Burgräume. Erst hier erfuhr er, dass er nicht von einem der Höflinge, sondern von dem vermaledeiten Häretiker, den er hasste wie die Pest, empfangen wurde. Sein feistes Gesicht war purpurrot. „Was soll das?", fuhr er den Salzamtsgegenschreiber barsch an. Nur mit Widerwillen nahm er Platz.

Doch Gaiswinkler ließ sich nicht abschrecken. Wie bei seiner letzten Begegnung mit Alvarez ging er sofort in die Offensive und vermied dabei diesmal auch die Höflichkeitsform Exzellenz. „Die beiden Strolche, die mich vor mehreren Tagen auf der Kleinseite überfallen haben, gestanden, dass Ihr ihnen den Auftrag gegeben habt, mich zu töten. Da wird Euch weder der Orden des heiligen Ignatius von Loyola noch die katholische Kirche helfen", begann er mit einem durchdringenden Blick auf den Kleriker, der abwechselnd die Hände faltete und die Finger ineinander verschränkte. „Am besten wäre es, jetzt ein Geständnis abzulegen, denn das würde Euch zumindest die hochnotpeinliche Befragung ersparen."

Alvarez knetete seine Hände noch unruhiger, und als er antwortete, klang seine hohe Stimme schrill: „Was erlaubt Ihr Euch? Das ist eine Verleumdung! Ich schwöre bei Gott, wer auch immer diese Leute sind, dass ich ihnen niemals einen Mord befohlen habe. Wie es sich für einen frommen Katholiken und einen Jesuiten gehört, bin ich unschuldig." Daraufhin ging er ohne Pause dazu über, diese Floskel immer wieder laut vor sich hin zu murmeln.

Gaiswinkler ließ allerdings von seiner Härte nicht ab. Die Frömmigkeit nütze Alvarez nichts, es gebe genügend Beweise für seinen Auftrag, und man werde außerdem wohl auch den Kaiser darüber informieren, dass sich ein Vertreter der Kirche für die Goldmacherei interessierte. Was die Schmerzen unter der Folter noch verstärken würde, warnte er. Schließlich tat Alvarez eine neue Erklärung kund. Die beiden Missetäter, die er zwar kannte, hätten etwas missverstanden. Nie und nimmer habe er gewollt, dass sie jemandem Gewalt zufügen. Es dauerte eine gute Weile, bis der Jesuit unter der wiederholten Androhung, Rudolf II. ins Bild zu setzen, zusammenbrach. Er gestand, zwei seiner Getreuen auf den Ausseer – einen Mann anderen Glaubens – angesetzt zu haben.

„Dass der Angriff der beiden auf mich nur darauf beruhen soll, dass ich nicht Eurer Konfession angehöre, halte ich wahrlich nicht für glaubhaft. Es wird wohl eher Eure Angst gewesen sein, dass ich herausfinde, welche Geschäfte Ihr mit Jacob Reniger zu machen versuchtet, um den Stein der Weisen zu finden", widersprach Gaiswinkler forsch.

Obwohl José Alvarez noch immer bemüht war, zu leugnen, erstarrte er zunehmend. Sein Schrecken wuchs, anstatt abzunehmen. Und vielleicht auch, um den Verdacht in den Hintergrund zu schieben, von der dämonischen Wissenschaft der Alchemie angezogen zu sein, erklärte er schließlich: „Obwohl ich mit Jacob Reniger nie Geschäfte machte, stand er vor mehreren Tagen plötzlich vor der Tür unseres Klosters, was mich überraschte. Er verhielt sich eigenartig. Trotz der Wärme im Raum legte er während seines Aufenthaltes nicht seinen Mantel ab. Im Gegenteil, es schien, als ob er sich mit seinen Händen tief in dessen Säcke verkriechen wollte. Unser Gespräch war lang und wenig ertragreich. Zunächst wusste ich nicht, welches Anliegen ihn zu mir führte. Erst als ich bereits nahe daran war, ihn von einem Diener aus dem Haus befördern zu lassen, kam er mit einem Angebot, das mich ebenso überraschte wie sein Besuch. Er fragte mich, wie viel mir ein Bezoar, in dessen Umhüllung Notizen über alchemistische Formeln versteckt seien, wert wäre. Ich wusste nicht so recht, was ich sagen sollte. Noch bevor ich ihm etwas erwidern konnte, sprang Reniger allerdings auf und meinte, am Anfang der nächsten Woche wiederzukommen. Bis dahin solle ich mir überlegen, welche Summe ich zu bieten bereit sei. Das alles erschien mir ungeheuer. Und so schickte ich ihm František, einen Novizen aus unserem Kloster, nach, damit er ihn durch die Stadt verfolge und beobachte, was er im Schilde führte. Spät am Abend kam František entsetzt und verwirrt zurück. Er war Jacob Reniger zunächst in der Altstadt und dann auf der Kleinseite hinterhergegangen, wo er – in der inzwischen hereingebrochenen Dunkelheit und nur aus der Entfernung – plötzlich einen Mann, der diesem offenbar auflauerte, wahrgenommen hatte. Reniger schien versucht zu haben, sich umzuwenden, doch in diesem Augenblick legte der fremde Kerl blitzschnell etwas um seinen Hals. Vermutlich einen Strick. Wie František behauptete, fiel Reniger nach einem einzigen festen, langen Zusammenziehen der Schlinge zu Boden und bewegte sich nicht mehr. Der Mann, der ihn niedergestreckt hatte, beugte sich länger zu ihm herab und nahm dann anscheinend etwas an sich. František lief aus Angst davon, sah aber noch, dass Reniger von dem Ort, an dem er lag, weggezogen wurde. Das ist alles, was ich dazu weiß. Ich habe mit dem Tod dieses Schwätzers nichts zu tun und stehe daher – wie Ihr ja glaubt – unter keinem Verdacht. Welchen Grund hätte ich auch haben sollen, ihn umzubringen?"

Anstatt dem Jesuiten etwas darauf zu erwidern, stand Gaiswinkler auf und begab sich in das Nebenzimmer, in dem der Obersthofmeister vor einer kleinen Maueröffnung saß, durch die klar und deutlich die Schilderung des Jesuiten gedrungen war. Rumpff, der ob dem, was er vernommen hatte, aufgeregt wirkte, erhob sich. Gemeinsam verließen sie den Raum, damit der Pater ihre Unterhaltung nicht hörte.

„Wir müssen auf jeden Fall diesen Novizen befragen", sagte der Salzamtsgegenschreiber, als die Wand keine Ohren mehr besaß.

„Am besten lassen wir ihn gleich holen", schlug der Obersthofmeister vor, „dann kann sich Alvarez davor nicht noch mit ihm absprechen."

František, ein schmächtiger junger Mann, dem der rechte Unterarm fehlte, erschien nicht allzu viel später. Seine Erzählung bestätigte, dass er den Verbrecher in der Dunkelheit nicht erkennen hatte können, und glich zunächst stark der Aussage des Geistlichen. Bis er berichtete, dass der Mond ganz kurz hinter einer Wolke hervorgekommen war. Wodurch er hatte sehen können, wie viel Mühe es dem Täter bereitete, etwas mit einem glitzernden Werkzeug vom Unterarm – oder Handgelenk – seines Opfers zu lösen. Der Mond hatte sein Licht auch auf den großen dunklen Hut geworfen, der das Gesicht des Mörders weitgehend verdeckte. Dieser sei ihm seltsam vorgekommen, denn die breite Krempe funkelte schwach, so als wäre allerlei silberner Firlefanz darauf angebracht gewesen. Das war ein neuer Hinweis von jemandem, der die Gewalthandlung wirklich beobachtet zu haben schien und aufgrund seines fehlenden Armes wohl eher nicht der Täter sein konnte. Hätte José Alvarez, den bestimmt nicht der Teufel ritt, sich mit solchen Dingen selbst die Hände schmutzig zu machen, Reniger nach dem Leben trachten wollen, wären die beiden Halunken sicherlich geeigneter gewesen, den Adeligen zu verfolgen.

„Obwohl man natürlich nicht ganz ausschließen kann, dass František seinen Vorgesetzten deckt, scheint es mir durch seine Aussage etwas unwahrscheinlicher geworden, dass Alvarez für das Verbrechen an Jacob Reniger verantwortlich ist", meinte Gaiswinkler zu Wolf Siegmund Rumpff vom Wullross, nachdem der Novize wieder gegangen war. „Und dass der Pater Thommerl Niderthor ermorden ließ, habe ich von Beginn an nur wenig in Betracht gezogen. Aber ich denke, es ist gerecht, wenn er nun des Auftrags an die Schurken, die mich zu töten versuchten, überführt werden kann. Vielleicht sehe ich darin Eigennutz. Er ist ein radikaler Anhänger der gewaltsamen Gegenreformation und hätte durchaus bloß aus diesem Grund auf die Idee kommen können, mich zu beseitigen. Als Protestant war ich in unseren Gesprächen ziemlichem Druck ausgesetzt. So bitte ich, mir nachzusehen, wenn ich mich gegenüber Alvarez auch gewehrt habe, denn, wie Exzellenz wissen, ist seit 1555 der Protestantismus ein anerkannter Glaube." Der Obersthofmeister nickte, wenngleich er sich über den Augsburger Religionsfrieden sicherlich nicht freute.

Da der Vorwurf, dass sich der Jesuit mit der Goldmacherei beschäftigte, noch offen war, ging Gaiswinkler wieder zu diesem ins Zimmer. Nachdem er gleich darauf Alvarez erneut die Anschuldigung an den Kopf warf, etwas für einen kirchlichen Vertreter Verbotenes zu tun, rechtfertigte sich der Pater zunächst wütend: „Das ist schon wieder eine Verleumdung, ich sagte Euch bereits vorgestern im Clementinum, mich nur für die Alchemisten interessiert zu haben, weil ich diese Schweine, die Aberglauben verbreiten, überwachen und schließlich dorthin verfrachten möchte, wo sie hingehören."

„Ihr solltet Euch nicht am achten Gebot vergehen. Hört endlich auf zu lügen, ich kann beweisen, dass Ihr nicht die Wahrheit sagt. Gebt doch zu, dass Ihr versuchtet, den Stein der Weisen zu finden – vermutlich gemeinsam mit Jacob Reniger, der Euch mit dem Bezoar einen neuen Zugang dazu versprach. Doch Ihr wolltet das Gold nicht, um die Armen damit zu fördern oder die Kirche in der barmherzigen Tätigkeit zu unterstützen, sondern um es – so man es herstellen kann – selbst zu verwenden, oder, wie Ihr mir das letzte Mal erzählt habt, für die Repräsentation der Kirche. Eure Träume von goldenen Heiligenstatuen sind mir noch gut in Erinnerung."

Während Gaiswinkler seine Worte vorbrachte, hatte Alvarez immer mehr zu zittern begonnen. Weinerlich fing er an, laut zu Gott und allen möglichen Heiligen zu beten. Sie mögen ihn doch endlich von diesen ketzerischen Behauptungen erlösen. Aber dann, mitten in seinem Flehen, entfuhr dem Jesuiten plötzlich etwas Erstaunliches. „Ich hätte ja all das Geld, das ich mir aus der Ordenskasse ausgeborgt habe, wieder zurückgegeben. Nun werde ich das nicht mehr können und schuld seid Ihr, Ketzer. Der Teufel soll Euch holen!"

„Von diesem ‚ausgeborgten' Geld hat außer Euch in der Societas Jesu wohl niemand etwas gewusst, nehme ich an?"

Darauf erntete Gaiswinkler lediglich Schweigen. Es war ihm einerlei. Nähere Nachforschungen dazu würden das alles sicherlich aufarbeiten, was jedoch nicht mehr in seiner Verantwortung lag. Und so sagte auch er nichts mehr und machte sich auf zu Wolf Siegmund Rumpff vom Wullross.

„Leider können wir José Alvarez für den Überfall auf Euch nicht selbst bestrafen, denn er steht unter dem Schutz der Jesuiten und muss ihnen übergeben werden", erklärte der Obersthofmeister mit einem keineswegs begeisterten Gesichtsausdruck. „Seine Verteidigung, einen Häretiker, der uneinsichtig war, aus der Welt schaffen zu müssen, damit er in der Hölle sein qualvolles Ende findet, widerstrebt mir. Ich bin auch Katholik und glaube, dass nur diese Religion den Menschen zum Heil verhilft, aber jemanden deswegen ermorden zu wollen, ist etwas, das ich nicht gutheiße. Da man ihn nicht vor ein weltliches Gericht stellen kann, sollte er im Zusammenhang mit dem veruntreuten Geld von der Kirche bestraft werden. Ein Prozess dieser Art wird aber vermutlich nie stattfinden. Im schlimmsten Fall wird er in ein Kloster verbannt, wo er den Rest seines Lebens verbringen muss. Es könnte auch sein, dass die Jesuiten die Geschichte nicht selbst lösen wollen. In diesem Fall werden sie ihn an einen Ort schicken, wo ihn niemand kennt. Über seine Taten, auch über die der Sodomie, wird man einen Schleier breiten, und ihm – wie ich nicht nur vermute, sondern sicher bin – wird nichts geschehen."

KAPITEL 31

Gaiswinkler verließ die Burg erst geraume Zeit nach Einbruch der Dunkelheit. Er hatte noch länger mit dem Obersthofmeister gesprochen, auch über seine Befragung von Andrea Galeazzo, über die zu berichten in all dem Trubel um José Alvarez keine Zeit gewesen war. Am Ende ihrer Unterhaltung waren er und Rumpff der Meinung gewesen, dass sowohl der Jesuit als auch der mantuanische Botschafter als Hauptverdächtige für die Morde an Jacob Reniger und Thommerl Niderthor kaum mehr infrage kamen. Doch welcher mögliche Täter blieb nun noch im Spiel?

Durch den langen Aufenthalt in dem gut geheizten Zimmer des Obersthofmeisters fuhr ihm auf der Schlossstiege, obwohl untertags wieder die Sonne schien, die Kälte in die Glieder. Er war hungrig und sehnte sich nach einer reichhaltigen Mahlzeit.

Als er ins Grünbühl'sche Haus kam, hatten der Graf und Gräfin, die fast immer alleine aßen, und Praunfalk bereits zu Abend gespeist. Božena löschte gerade die letzte Kerze im Esszimmer. „Matthias!", rief sie und lief mit einem Lächeln auf ihn zu, um ihn schnell auf den Mund zu küssen. „Du bist leider zu spät zum Abendmahl. Weil die Herrschaft bei Joachim von Eitzing eingeladen ist, wurde heute etwas früher gekocht. Aber geh mit mir in die Küche, es ist noch genügend davon übrig für dich."

Sie eilte ihm voran in den vom stundenlangen Feuer des ummauerten Herds gewärmten Raum, in dem es neben Schweineschmalz, Zwiebeln und Braten nach Muskat und Nelken roch. Gaiswinkler schob einen der drei Schemel an den klobigen Eichentisch, über dem verschiedene Schöpfer, Kessel und Pfannen von der Decke baumelten, und nahm darauf Platz. Da die Köchin schon fort war und das Küchenmädchen in einer Kammer das Geschirr wusch, waren sie ungestört. Während Božena ihm aus den Töpfen, die am Ofen auf Eisenplatten warm gehalten worden waren, nach und nach von den übriggebliebenen Speisen auftischte, erkundigte sie sich nach seinem Tag oben am Hradschin.

„Wie kann ein katholischer Pater so ein Schwein sein, so ein grässliches Schwein?", fragte sie wütend, nachdem er ihr geschildert hatte, wer der Verantwortliche für den Überfall auf ihn war und was mit diesem geschehen würde. „Es ist jedoch wunderbar, nicht mehr solche Sorgen um dein Leben haben zu müssen, und dass du nun sicher vor ihm und seinen Strolchen bist. Trotzdem, dieser Alvarez soll einmal in der Hölle dafür schmoren." Božena ereiferte sich eine Weile weiter über den Jesuiten, bis sie dann sagte: „Aber nun hör du mir zu, denn ich kann dir ebenfalls etwas berichten." Bevor sie sich auch auf einen Schemel setzte, reichte sie ihm noch ein Stück Marzipankrapfen, von dem Gaiswinkler eine Hälfte abbiss und ihr die andere in den Mund schob. „Ich war heute Vormittag unterwegs zum Markt", begann sie schließlich, sich die Süße von den Lippen leckend. „Zum Gallimarkt, drüben in der Altstadt, auf dem man fast alles bekommt. Vor einem der großen Gemüsestände dort zupfte mich plötzlich meine Base Eliška am Mantel. Sie stammt aus dem Dorf Oselec, das nicht weit entfernt von meinem Heimatort Nepomuk liegt, und dient hier in Prag bei einer adeligen Familie in der Altstadt. Wir begegnen uns aber nur selten. Eliška ist schrecklich neugierig und klatschsüchtig. Wenn man ihr etwas erzählt, kann man damit rechnen, dass es bald darauf der ganzen Umgebung bekannt ist. Sie kennt viele Leute und weiß über alles und jeden Bescheid. Wie die Ehen der Bewohner funktionieren, welche Männer und Frauen fremdgehen, wie sich deren Kinder entwickeln, wo es Einbrüche und Diebstähle gegeben hat und so fort. Ohne Atempause fing sie an, mir den neuesten Tratsch weiterzugeben. Zu meinem Glück ist sie aber offenbar über die Dinge, die auf der Kleinseite passieren, weniger gut informiert. So kam ich wenigstens nicht in die Verlegenheit, mich zu den beiden Mordfällen dumm stellen zu müssen. Als …" Božena unterbrach, da das Küchenmädchen das restliche Geschirr zum Waschen holen kam und – sichtlich neugierig, was die beiden miteinander sprachen – längere Zeit jede schmutzige Bratpfanne einzeln hin- und hertrug. Und so tischte sie Gaiswinkler unterdessen noch einen Teller mit Käse auf, von dem auch sie tüchtig zugriff, bis sie weiter fortfahren konnte.

„Nun gut, wo war ich stehen geblieben? Das Geplapper meiner Base ist mir vor dir ein bisschen peinlich. Ah, also, als mir schon eine Ausrede, mit der ich mich von Eliškas Geschwätz losreißen konnte, auf der Zunge lag, hielt sie auf einmal von selbst inne und wies mich an, mich umzudrehen. Ich sollte zu dem Marktstand sehen, bei dem es verschiedene Duftstoffe zu kaufen gibt. Vor diesem stand eine große, schlanke, vornehm gekleidete Dame, mit einer Haut wie weißer Alabaster und feinen Gesichtszügen. Da sie keine Haube, sondern einen Hut trug, konnte man erkennen, dass ihr auch wundervoll glänzendes und wohl sehr langes blondes Haar eigen ist. Wie nicht anders zu erwarten, flüsterte mir meine Base sofort etwas über sie zu. Dass sie im Haus des Arztes Schrattenbach lebe, mit ihm aber nicht verheiratet sei, sondern ein Verhältnis mit ihm habe. Eliška verstehe nicht, wieso sich jemand, der so ebenmäßig schön ist und gewiss ganz andere Männer haben könnte, mit diesem steifen, eitlen Doktor abgibt. Sie tratschte weiter und meinte, sie habe gehört, diese Frau komme aus einem anderen Land, sie spreche zwar leidlich Deutsch, aber Böhmisch nur sehr gebrochen. Und das, obwohl sie angeblich schon seit einigen Jahren hier in Prag sei. Ich zweifelte an all dem, denn davon, dass Schrattenbach zusammen mit einer Geliebten wohnt, ist mir noch nie etwas zu Ohren gedrungen. Dann, Matthias, als die Frau, die offenbar nicht mehr ganz jung ist, an uns vorbeiging, fiel mir etwas auf, was mich ein wenig stutzig machte. Ich bemerkte seitlich ihrer linken Augenbraue einen herzförmigen Leberfleck, der nicht aufgemalt und kein künstlicher Zierrat, sondern echt zu sein schien. Das hat alles wahrscheinlich gar nichts zu bedeuten. Vor lauter Mord und Totschlag sehe ich vermutlich schon Gespenster. Ich wollte es dir nur nicht verschweigen, weil du mir von einem ähnlichen Muttermal erzähltest, das Jacob Renigers Geliebte hatte."

„Das ist ja interessant." Gaiswinkler hatte ihr erstaunt zugehört, so erstaunt, dass er sich fast an einem Stück Käse verschluckt hätte. „Natürlich könnte das alles auch ein Zufall sein, aber was, wenn nicht? Dann sieht einiges etwas anders aus. Ich weiß im Augenblick jedoch noch nicht, auf welchem Weg sich Näheres über diese Dame herausfinden lässt. Wir müssen sehr vorsichtig vorgehen. Schrattenbach, den ich irgendwie nicht ausstehen kann, hat als Arzt vermutlich einige Beziehungen, die mich in große Schwierigkeiten bringen könnten."

Božena fuhr ihm nachdenklich mit den Fingern durch die Haare. Da die junge Küchenmagd nun ganz verschwunden zu sein schien, hatte sie sich auf seinen Schoss gesetzt und Gaiswinkler seine Arme um sie geschlungen. Nach einer Weile meinte sie jäh: „Vielleicht, mein liebster Matthias, gibt es da ja eine Möglichkeit. Denn wie ich mich gerade erinnert habe, sagte meine Base heute noch etwas Brauchbares. Eliška hat erwähnt, dass sie eines der Dienstmädchen im Haus Schrattenbach flüchtig kennt, da sie dieses öfters zeitig am Morgen bei einem Metzger am Markt trifft. In ihrer Geschwätzigkeit hat sie mir die Dienerin auch beschrieben. Sie ist noch sehr jung, rothaarig und heißt Ivana. Ich denke, ich könnte ja versuchen, ob ich sie in der Früh am Gallimarkt finden kann, um mit ihr ins Gespräch zu kommen. Dabei ist allerdings zu hoffen, dass diese Ivana auch so ein Tratschteufel ist wie meine Base."

KAPITEL 32

Während Gaiswinkler, noch reichlich gesättigt von den eingemachten, gesottenen, gekochten und gebratenen Fleischstücken und anderen Dingen, mit denen ihn Božena am Vorabend gemästet hatte, gemeinsam mit Praunfalk sein Frühmahl einnahm, betrat Grünbühel das Zimmer. Er war in Mantel und Stiefeln gekleidet und offenbar auf dem Weg zu seinen Geschäften. „Guten Morgen, ich möchte euch nicht lange stören. Helena und ich waren ja gestern bei Joachim von Eitzing zu Besuch. Dieser sprach dabei viel von Euch, lieber Gaiswinkler. Ihr habt ihm neulich wohl sehr imponiert. Joachim gibt heute Abend für Faro ein Essen. Dabei wünscht er sich Eure Gesellschaft sowie deine, mein lieber Neffe, denn er möchte euch seinen Gast vorstellen."

„Entschuldigt bitte meine Frage, werter Graf, aber wer ist Faro?", erkundigte sich Gaiswinkler, dem dieser Name rein gar nichts sagte.

Grünbühel ließ sich auf einem Stuhl nieder und begann, wie es manchmal seine Art war, wenn ihn niemand davon abhielt, anstatt einer kurzen Erwiderung umständlich und detailreich zu erklären: „Johann Franc dal Faro war der Hofdolmetscher, der mit Eitzing im Osmanischen Reich in enger Verbindung stand, da er für ihn die Verhandlungen übersetzte. Auch ich kam mit ihm ins Gespräch, als wir in Konstantinopel weilten. Ich weiß nicht wieso, aber der Dolmetscher sprach gerne mit mir, ja, es entstand sogar so etwas wie eine Freundschaft zwischen uns. Faro faszinierte mich nicht nur aufgrund seiner reichen Sprachkenntnisse, die Griechisch, Türkisch, Arabisch, Persisch, Lateinisch, Böhmisch und Deutsch umfassten, sondern vor allem, weil er vielseitig gebildet war. Er führte mich durch die Altstadt und erläuterte mir dabei so manches, an dem die meisten von uns achtlos vorbeigingen. Unter anderem zeigte er mir etwa die ehemals byzantinische Kirche Hagia Sophia, die nach der Eroberung der Hauptstadt Ostroms durch die Türken eine Moschee wurde, den Platz des Hippodroms oder Atmeydan, auf dem Pferderennen stattfanden, und den großen gedeckten Basar mit all seinen unbekannten Gewürzen und verschiedenerlei sonstigen fremden Sachen. Ich habe eine Menge von ihm gelernt. Der Dolmetscher wird auch Euch sicher in unterschiedlichen Belangen über das Osmanische Reich berichten können."

Gaiswinkler war die Einladung unangenehm, denn sie klang ihm auf ihn ausgerichtet. Keinesfalls wollte er auf irgendeine Weise im Mittelpunkt stehen. Doch noch bevor er etwas dagegen einwenden konnte, sprang der Graf auf. „Wir sehen uns also heute Abend bei Eitzing, ich muss nun los, lebet wohl", sprach er und schritt eilends davon.

Aus Praunfalks Miene vermochte man nicht zu lesen, was er sich dachte. Ob ihn der Empfang bei dem Gesandten freute, oder er den Gesprächen über die Stadt des Sultans, die ihm beim letzten Mal einen gehörigen Rausch verursacht hatten, gelangweilt entgegensah. Seit seinem Ausflug mit Veronika nahm er das meiste nur mehr selig hin, so wie nun, als er, bloß ein paar Bissen essend, lächelnd vor seinem Teller saß. Über die Salinenverhandlungen verlor er kaum ein Wort, und nach dem Fortgang der Ermittlungen seines Freundes erkundigte er sich ebenfalls nicht. Vor den Gedanken an seine Liebste, um deren Hand er am nächsten Tag bei den Pflegeeltern anhalten wollte, schien alles andere in den Hintergrund geraten zu sein.

Einige Stunden später war dann allerdings auch er beeindruckt. „Donnerwetter, das ist ja keine alte Hütte, in der man nicht wohnen wollte", entfuhr es ihm, nachdem er und Gaiswinkler zügig durch die Straßen zu Eitzings Palais in der Karmelitergasse marschiert waren; gemeinsam mit

Grünbühel und zu ihrer beider Freude ohne die Gräfin, die sich für den Abend hatte entschuldigen lassen, da sie sich nicht wohlfühlte. Das hell erleuchtete Gebäude mit seinen breiten Flügeln, das der Gesandte bewohnte, war tatsächlich imposant, doch das nicht nur durch seine Weitläufigkeit. Die mit Sgraffiti bedeckte Fassade, der Innenhof mit seinen Arkaden und klassischen Säulen, in dem die Lichter bizarre Schatten warfen, die feinen Stuckarbeiten, Gesimse und Friese sowie vieles andere mehr vermittelten einem den Eindruck, in Italien zu sein. Über eine breite Stiege, die zu beiden Seiten von einer Balustrade und oben von den lebensgroßen Skulpturen der beiden Gottheiten Mars und Venus gesäumt war, gelangten sie hinauf in das erste Geschoss, wo sie der Hausherr in einer der geöffneten Türen empfing. Erstaunlicherweise bot sich ihnen dahinter ein zwar hohes, aber relativ kleines Zimmer, vollgestopft mit etlichen vermutlich auf Reisen erworbenen Kunstgegenständen, Möbeln und orientalischen Teppichen, zwischen denen der Tisch, den man gedeckt hatte, fast unterging. Zweifellos ein bewusst gewählter Raum, denn wie sich bald darauf herausstellen sollte, waren bis auf Faro keine weiteren Gäste geladen.

Joachim von Eitzing erschien Gaiswinkler noch stattlicher als beim letzten Mal. Sein fülliges Gesicht strahlte erneut eine so offene Freundlichkeit und Freude aus, wie man ihr im Leben nur selten auf den ersten Blick begegnete. Auch die Erscheinung seiner wohl weit über ein Jahrzehnt jüngeren Ehefrau, die ihr achtes Kind erwartete, war geprägt von Herzlichkeit. Im Unterschied zu Helena von Grünbühel zeigte Catharina von Eitzing keinerlei Standesdünkel. Als sie den Salzamtsgegenschreiber an der Seite ihres Gemahls willkommen hieß, überzog ihre weichen, hübschen Gesichtszüge ein ehrliches Lächeln.

Kaum dass ihnen ihre Plätze zugewiesen worden waren, wurde mit kurzer Verspätung der Ehrengast von einem Diener in den Raum geführt. An die alten Gelehrten in Padua denkend, die alle eine gebeugte Haltung besaßen, da sie den ganzen Tag über Büchern verbrachten, hatte sich Gaiswinkler unter dem Dolmetscher ein schmales, verhutzeltes Männchen vorgestellt. Doch Johann Franc dal Faro war ein Mann von straffer und hoher Gestalt mit den ausgeprägten Zügen eines Griechen, dunklem Haar und einem schwarzen, kurz geschorenen Spitzbart. Er ging mit erhobenem Haupt, und seine Bewegungen muteten geschmeidig und jugendlich an. Ohne jegliche steife Zurückhaltung reichte er den beiden Salzbeamten die Hand. Eitzing und Grünbühel begrüßte er freudig. „Wie lange haben wir uns schon nicht getroffen?", erkundigte er sich, derweil er sich auf seinem Stuhl niederließ.

„Oh, ich denke, es muss zwölf Jahre her sein, seit Eurer Reise mit der Botschaft des Sultans nach Wien, als Ihr Rudolf II. die Nachricht überbringen solltet, dass Murad III. ein zweiundfünfzig Tage dauerndes Beschneidungsfest im Hippodrom von Konstantinopel plant und nicht nur die muslimischen Herrscher, sondern auch den Kaiser des Heiligen Römischen Reiches einladen wolle. Heinrich und ich haben Euren prächtigen Einzug in der Stadt ja vom Graben aus beobachtet, gemeinsam mit vielen anderen, die mit uns im Osmanischen Reich gewesen sind", erklärte Eitzing und begann, seinen jungen Gästen langatmig das Spektakel zu illustrieren. Er erläuterte in allen Einzelheiten die glanzvollen Gewänder, die verschiedenen einmarschierenden Truppen und Grenzer mit ihren Tigerfellen und Adlerschwingen, die besonders farbenfroh gekleidete Reitertruppe und die ihr Können demonstrierenden Kunstreiter, Ringer und Athleten in der Begleitung der Gesandtschaft sowie die öffentlich zur Schau gestellten Geschenke für Rudolf II. „Mich haben ja vor allem die wilden Tiere begeistert. Man hat dem Kaiser Löwen, Tiger, Affen, Kamele, Jagdgeparden, Jagdfalken und Windhunde mitgebracht. Seine Majestät war mit diesen offenbar sehr zufrieden. Viele davon kann man neben Bären, Wisents, Büffeln, Elchen, Rotwild und fremden Vogelarten nun hier in seiner Menagerie auf dem Hradschin bestaunen", meinte er gerade, ehe er innehalten musste, da die Speisen des ersten Ganges aufgetragen wurden. Er nahm den Faden seiner Erzählung aber nicht mehr auf, sondern wandte sich Johann Franc dal Faro zu, um ihn zu fragen, wie es ihm denn all die letzten Jahre ergangen war.

Darauf gab der Dolmetscher die nächste Stunde etliche Schnurren und Murren über die verschiedenen Botschafter zum Besten, für die er am Hof des Sultans übersetzt hatte. Die Unterhaltung des Abends wurde auf Deutsch geführt. Faro, der mit dem Personal Böhmisch sprach, beherrschte es fast akzentfrei. Gaiswinkler lauschte interessiert seinen Ausführungen und verstand immer mehr Grünbühels Begeisterung über den klugen, einnehmenden Mann, dessen Alter zu erraten er sich schwertat.

Im Gegensatz zu seinem Gefährten war Praunfalk allmählich immer mehr in sich selbst versunken, was dem Gastgeber offensichtlich nicht entging. Bemüht, ihn mehr in die Konversation einzubeziehen, lenkte Eitzing das Thema erst eine Weile auf Aussee und die Salzgewinnung, bis er dann schließlich, um Gaiswinkler die Gelegenheit zu geben, dem Dolmetscher Fragen zu stellen, auf den Aufenthalt in Konstantinopel zu sprechen kam. Davor hatte er Faro aber noch über den Mordfall auf der Kleinseite informiert und die Tätigkeit des Salzamtsgegenschreibers dabei mit aller denkbaren Übertreibung gelobt, was jenen sehr beschämte.

„Gerne will ich Euch über das berichten, was ich damals an den Menschen, die mit der kaiserlichen Botschaft bei uns waren, beobachtete. Oder wohl eher über die Dinge, die mir von all dem noch in Erinnerung sind", meinte Faro wohlgesonnen. Da sich Catharina von Eitzing nach dem letzten Gang zurückgezogen hatte, saßen er, Grünbühel und der

Hausherr mittlerweile rauchend da. Sie pafften genüsslich das braune Kraut aus der Perlmuttdose – „aus einer der Erinnerungsdosen", wie der Gast aus dem Osmanischen Reich erfreut lächelnd festgestellt hatte. Auch Gaiswinkler probierte eine von Eitzings Pfeifen, der Tabak schmeckte ihm.

Vieles, was der Übersetzer nun zu schildern begann, brachte zunächst nichts Neues, das meiste davon hatten schon andere erzählt. Erst als der junge Ausseer nach dem Ermordeten und der mysteriösen Livia fragte, nahm das Gespräch eine interessante Wendung.

„Bei meiner Tätigkeit habe ich viele merkwürdige Gestalten kennengelernt", lachte Faro, „aber dieser Reniger war sicher eine der wunderlichsten. Er befand sich ständig in der Gesellschaft der Europäer und auch einiger am Hof des Sultans beschäftigter Männer. Vermutlich hat er diese bestochen, um Dinge zu erfahren, die sie wussten. Was er von ihnen wollte, ist mir allerdings nicht ganz klar. Seine Geliebte, Livia, habe ich bereits während ihrer Ehe mit Bahram Rahmani kennengelernt, durch Zufall, am Basar. Eine so eindrucksvolle junge Frau ist mir danach fast nie mehr begegnet. Obwohl sie nicht am Osmanischen Hof lebte, besaß sie nach dem Tod ihres Gemahls in unserem Land mit seiner strengen Trennung der beiden Geschlechter wohl eine Art von Freibrief. Zum besseren Verständnis dessen, muss ich ein wenig den Hintergrund beleuchten. Im Harem des Sultans, der ja nur für ihn und Eunuchen zugänglich ist, hatten zwei Frauen ein ähnliches Schicksal erfahren wie Livia. Eine davon war Nurbanu, die Mutter Murads III., die ursprünglich Cecilia Venier-Baffo hieß und eine gebürtige Venezianerin war. Sie wurde von Piraten als Sklavin genommen und landete auf etlichen Umwegen im Harem des Herrschers. Nurbanu stieg zur Lieblingsgespielin des Sultans auf und erlangte nach dessen Tod große Macht über die Politik des Reiches, da sich ihr gemeinsamer Sohn kaum für diese interessierte.

Zufällig – oder auch nicht – kaufte Murad III. eine Frau für seinen Harem, der offenbar Ähnliches wie seiner Mutter geschehen war: Safiye. Sie gebar ihm bald darauf einen Sohn. Über Safiye gab es damals die unterschiedlichsten Gerüchte. Eines der wahrscheinlichsten erschien mir dabei immer, dass sie die Tochter von Leonardo Baffo war, dem venezianischen Gouverneur auf der Insel Korfu, und mit Nurbanu, da sie den Namen der gleichen Patrizierfamilie teilte, in einem Verwandtschaftsverhältnis stand. So könnte ich mir vorstellen, dass diese zwei Frauen – beide von Piraten verkauft – Renigers Geliebte ob ihrer ähnlich unglücklichen Geschichte schützten. Über ihre Unkeuschheit hüllten sich die Mutter und die Ehefrau des Sultans wohl in ein tiefes Schweigen."

„Ich danke Euch sehr für Eure Ausführungen", Gaiswinkler war verwundert, dass einmal jemand ohne Druck zugab, diese lasterhafte Frau zu kennen. „Darf ich Euch noch etwas fragen? Wisst Ihr, ob Livia in Konstantinopel geblieben ist? Könnte sie mit Jacob Reniger gemeinsam das Osmanische Reich verlassen haben? Oder gar allein?"

„Das lässt sich leider nur schwer beantworten, sie war jedenfalls eines Tages plötzlich verschwunden. Am Hof des Sultans gab es Gerüchte, dass Livia ohne ihren Geliebten versucht habe, nach Europa zu kommen. Ob sich ihr allerdings ein Weg bot, um so weit fortzugehen, davon habe ich keine Ahnung. Natürlich lässt sich ein Schiffer gelegentlich mit viel Geld dazu bringen, jemanden in ein anderes Land mitzunehmen, ohne ihn zu melden. Allerdings birgt das alles ein großes Risiko. Die Kontrollen sind – auch heute noch – streng und die meisten Reiserouten nicht ungefährlich. Man kann versuchen, nach Norden zu segeln und sich dann nach Polen durchzuschlagen, oder über den Bosporus und die Dardanellen ins Mittelmeer zu kommen, um ins venezianische Küstengebiet oder nach Süditalien zu gelangen. Beides ist ein sehr großes Wagnis. Falls Livia wirklich allein geflohen sein sollte, wäre das wohl nur mit dem Schutz der beiden Sultaninnen im Harem möglich gewesen. Für einen Mann wie Jacob Reniger, der vieles erlebt und überlebt hat, war die Ausreise vermutlich auch anders machbar."

Während der Ausführungen des Dolmetschers hatte Praunfalk heftig dem Wein zugesprochen und begann nun mit derber Zunge einige Bemerkungen über den Ermordeten und dessen Geliebte fallenzulassen. Um abzulenken von diesen Worten, die ihm das Gespräch in eine eigenartige Richtung zu bringen schienen, bedankte sich Gaiswinkler höflich bei Johann Franc dal Faro. Er hätte noch einige Fragen zu stellen gewusst, für diesen Abend ließ er das jedoch lieber bleiben. Stattdessen plauderten sie dann heiter über alles Mögliche dahin, und als sie schließlich auseinandergingen, war es nach Mitternacht geworden. Nach einem hatte sich der junge Ausseer nebenbei allerdings erkundigt, nämlich ob Grünbühel und Eitzing die schöne Partnerin Albrecht Schrattenbachs kannten. Keinem der beiden sei diese jemals begegnet, davon, dass dem Doktor jemand das Haus führte, hatten sie bisher bloß gehört.

KAPITEL 33

Božena war erneut sehr zeitig aufgestanden. Dass die Köchin Innereien benötigte, hatte ihr eine Ausrede erspart, warum sie schon wieder den Gallimarkt besuchen wollte. Die Gräfin sah es nicht gerne, wenn man an mehreren Tagen hintereinander in die Altstadt einkaufen ging. Zu dieser frühen Stunde herrschte auf dem großen Marktplatz und in der steinernen Halle, die sich an dessen Ende erstreckte, noch wenig Treiben. Und jetzt, zur Winterzeit, zeigte sich vieles im Gegensatz zum Sommer, wo die Bauern der Umgebung in ihren Trachten die Ernte ihrer Gehöfte anboten, auch ansonsten weniger bunt. Vor den Brotbänken, den Obst- und Gemüseständen, bei denen es in diesen Monaten fast ausschließlich Kohl, Kraut, Rüben, Zwiebeln, Äpfel und getrocknete Früchte gab, bewegten sich, ebenso wie vor den anderen Händlern mit all ihren Kesseln, Löffeln und Küchenmessern, ihrem Gewand oder Schmuck, nur wenige Menschen. Es waren vorwiegend Dienstboten aus reicheren Häusern. Den Leuten aus ärmeren Haushaltungen begegnete man meist erst knapp vor dem Zusperren des Marktes, wenn die Auswahl der Waren zwar sehr eingeschränkt, der Preis aber stark gesunken war.

Bereits am vorhergehenden Tag hatte Božena den Weg hierher angetreten, vergebens für ihr Ziel. Weder beim Metzger noch anderwärts hatte sich die Dienstmagd von Doktor Schrattenbach blicken lassen. Auch an diesem Morgen schien es zunächst so zu sein. Vor dem Fleischstand fand sich wieder kein Mädchen, auf das die Beschreibung ihrer Base passte. Doch dann, als sie weiter um sich blickte, erspähte sie nur wenige Schritte von der großen Markthalle entfernt eine dralle junge Frau, die sorgsam Äpfel aussuchte. Unter ihrem Kopftuch blitzten kupferrote Haarsträhnen hervor. „Das könnte diese Ivana sein", dachte sie und machte sich langsam zu dem Obststand auf, um nicht den Eindruck zu erwecken, bewusst auf die Dienerin zuzuschreiten. Während sie sich dann dort von dem Händler einen Sack mit gedörrten Birnen geben ließ, versuchte sie, mit dem rothaarigen Dienstmädchen, das sie neugierig musterte, ins Gespräch zu kommen. Ihre dafür zurechtgelegten Worte schienen allerdings vorerst nicht auf fruchtbaren Boden zu fallen, denn auf ihre Bemerkung, sie sei eine Verwandte von Eliška, verzog die Magd bloß ihr Gesicht. Ebenso wie Gaiswinkler war Božena jedoch Zielstrebigkeit eigen, und so fuhr sie fort: „Dein Herr, Albrecht Schrattenbach, ist ein von meinem Herrn, Graf Hoffmann von Grünbühel, sehr geschätzter Arzt. Man ruft ihn häufig zu uns. Seine Frau scheint der Doktor ja wie einen Schatz zu hüten, vermutlich wegen ihrer unglaublichen Schönheit, die ich unlängst einmal zu Gesicht bekommen habe. Ich nehme an, du musst sehr glücklich sein, in deren Haus zu dienen."

„Was glaubst denn du? Wenn du, wie du sagst, Schrattenbach kennst, dann müsstest du doch wissen, was das für ein Mensch ist." Ivanas Miene wurde noch ärgerlicher, diesmal aber sichtlich wegen ihres Dienstgebers, auf den sie nun zu schimpfen begann, in einem Ton, der Eliškas Geschwätzigkeit bei Weitem übertraf: „Der Doktor verstellt sich wohl, wenn er bei anderen ist. Einigen von uns Dienstboten macht er dagegen oft das Leben zur Hölle. Es gibt Tage, an denen er so mürrisch aufgelegt ist, dass er mit uns nur herumbrüllt. Seiner ach so wundervollen Olivia liegt er hingegen zu Füßen."

„Das tut mir sehr leid für dich. Aber ich hoffe, dass deine Herrin gut zu dir ist?"

„Pah! Die Frau ist zwar anziehend schön, ja, das muss man ihr lassen, doch sie kann auch ein unfreundlicher Teufel sein. Sie bestraft uns Dienstboten gern. Außerdem ist ihr Benehmen völlig unmoralisch." Als Božena fragte, was sie damit meine, packte Ivana über weitere Dinge im Haus Schrattenbach aus: Nicht nur, dass Olivia mit dem Doktor nicht verheiratet sei, sie habe auch eine Affäre mit einem der Diener.

„Woher hast du das? Deine Herrin wird doch den reichen Mann, mit dem sie zusammenlebt, nicht mit einem Dienstboten betrügen. Oder hast du sie dabei gesehen?"

„Wie kannst du so etwas Schreckliches denken, wie dass ich als gute Christin ein Paar in einer solchen Situation beobachten würde. Nein, ich habe zufällig vor einiger Zeit spätnachts den Diener Václav aus ihrem Zimmer kommen sehen. Ich bin mir sicher, dass er längere Zeit bei ihr gewesen ist. Und was sollten die beiden denn sonst gemacht haben, außer furchtbare Sünden zu begehen?", fragte Ivana mit entsetztem Blick.

Die Dienstmagd des Arztes schien Božena eine ziemliche Betschwester zu sein. Sie selbst stand solchen Sachen gleichmütiger gegenüber. Zwar war auch sie in ihrer Kindheit mit der gesamten Familie am Sonntag zum Gottesdienst gegangen, und was der Pfarrer – der als einer der wenigen lesen und schreiben konnte und deshalb als besonders kluger Mann galt – predigte, hatten die meisten für richtig und wahr gehalten. Doch in ihrem Verhalten zeigten sich ihre Eltern, die eine bessere Erziehung genossen hatten als so manch anderer im Ort, immer ein bisschen kritischer – bis heute. Nicht alles, was der Pfarrer von sich gab, fanden Vater und Mutter, die beide mit dem Protestantismus liebäugelten, unwidersprochen annehmbar.

„Sie ist aber nicht nur lasterhaft, sie ist auch ein faules Weibsstück", riss Ivana sie aus ihren Gedanken, „denn sie geht fast nie aus dem Haus. Die meiste Zeit liegt sie irgendwo herum und liest, und von Zeit zu Zeit läutet sie das Glöckchen, damit wir ihr das eine oder andere servieren. Manchmal besucht sie ihre italienischen Freundinnen, um mit ihnen in ihrer Muttersprache zu tratschen. Mit dem Doktor ist sie so gut wie nie unterwegs."

Nachdem Božena noch nachfragte, woher aus Italien die Dame des Hauses Schrattenbach denn stamme und als Antwort „aus irgendeiner Hafenstadt" bekam, plauderte sie mit Ivana noch ein wenig über alles Mögliche, bevor sie sich verabschiedete und zum Stand des Metzgers zurückging. Mit frischen Kutteln und Nieren neben dem Sack gedörrter Birnen in ihrem Korb machte sie sich danach auf den Heimweg ins Grünbühl'sche Palais, wo die meisten noch friedlich schlummerten.

Zwei Stunden später stand sie mit einem Wasserkrug in der Hand vor Gaiswinklers Bett. Dieser hatte sich noch nicht überwinden können aufzustehen. „Es muss gestern wohl sehr spät geworden sein. Als ich mitten in der Nacht aufgewacht bin, habe ich den Schein der Fackeln, mit denen euch die Diener Joachim von Eitzings nach Hause begleiteten, in meinen Fenster spiegeln sehen. Soll ich dir ein bisschen beim Aufstehen behilflich sein?", fragte Božena mit einem spitzbübischen Lächeln und spritzte ihm mit den Fingern mehrere Tropfen Wasser ins Gesicht. In ihrem hellbraunen Kleid, das über ihrer schlanken Taille mit einer Kordel geschnürt war, sah sie dabei, die langen Haare in zwei Zöpfen herabfallend, besonders liebreizend aus und weitaus frischer als er. Der ungewohnte Tabak, gemeinsam mit einer nicht unerheblichen Menge Wein, schien bei ihm seine Spuren hinterlassen zu haben. Er fühlte sich schlapp; sein Gaumen und seine Zunge waren trocken und pelzig. „Du solltest nämlich wach sein, Matthias, wenn du hören willst, was ich dir zu berichten habe", sagte sie.

Gaiswinkler raffte sich seufzend, aber neugierig geworden auf und nahm ihr den Krug ab, um Wasser in die Waschschüssel zu gießen. Während er sich wusch und rasierte, erzählte ihm Božena mit leiser Stimme, da man nicht sicher sein konnte, wer vor der Tür aller mitlauschte, was sie am

Markt erfahren hatte. Beim Namen Olivia wollte er sie verwundert unterbrechen, doch er ließ es bleiben, denn sie musste ihm rasch berichten. Eigentlich durfte sie zu dieser Zeit, in der es im Haus sehr viel für sie zu tun gab, gar nicht länger in seiner Stube sein.

„Mein Schatz, ich danke dir, du bist sichtlich sehr vielseitig begabt", meinte er schließlich freudig und drückte sie kurz an sich. „Das klingt ja alles sehr interessant. Dass die Frau, die im Haus von Schrattenbach wohnt, nicht nur an derselben Stelle wie Renigers Geliebte ein Muttermal besitzt, sondern auch einen fast ähnlichen Namen trägt und wie diese aus Italien stammt, müsste schon ein äußerst seltsamer Zufall sein. Und an den glaube ich mittlerweile nicht mehr."

„Ich auch nicht, Matthias. Einen Zufall gibt es allerdings", meinte Božena, bereits in der Tür. „Später wird der Doktor hier erscheinen, da die Gräfin offenbar wirklich an einer Erkältung leidet und es gestern doch keine Ausrede gewesen ist, dass sie nicht zum Freiherrn von Eitzing ging. Also, falls du Schrattenbach etwas fragen möchtest …"

Nachdenklich zog sich Gaiswinkler sein Hemd über. Auch wenn diese Prager Olivia jene Livia aus Konstantinopel war, was konnte man ihr vorwerfen? Ihren Lebenswandel? Der ging niemanden etwas an. Und ob sie Jacob Reniger in Prag getroffen hatte, ließ sich wohl nur schwer nachweisen. Eine zarte Frau kam als Mörderin eines kräftigen Mannes kaum infrage. Doch was war die Rolle Albrecht Schrattenbachs? Was wusste dieser über das Vorleben seiner Olivia in Konstantinopel? Und vor allem: Was wusste der Arzt über den Bezoar?

KAPITEL 34

Nachdem Gaiswinkler am Nachmittag mehrmals zwischen seiner Stube und der Bibliothek des Hauses hin- und hergegangen war, sah er schließlich Grünbühel den Doktor begrüßen. Der Graf hatte bereits längere Zeit ungeduldig auf Schrattenbach gewartet. Sei es, da er sich tatsächlich um seine Gemahlin sorgte, oder weil sich diese, wenn sie sich krank fühlte, noch misslauniger verhielt als sonst. Obwohl Helena von Grünbühel ihrem Ehemann bei Weitem nicht die liebevolle Sanftheit entgegenbrachte, die Catharina von Eitzing dem ihren zuteilwerden ließ, schien es erstaunlicherweise Ersteres zu sein. Als der Arzt dann eine gute Weile später aus dem Gemach der Gräfin kam und den Hausherrn auf dem Flur beruhigen konnte, dass diese bloß an einer leichten Erkältung litt, lief Gaiswinkler den beiden wie zufällig über den Weg.

Den Gast des Grafen erblickend, unterbrach sich Albrecht Schrattenbach. „Ach, der Salzamtsgegenschreiber. Hat Er den Mordfall endlich gelöst?"

Anders als die vorhergehenden Male versuchte der junge Ausseer, den Doktor, der ihn aus seinen kalten grauen Augen geringschätzend anstarrte, nicht zum Schweigen zu bringen. An diesem Tag war ihm dessen Frage sehr willkommen. „Euer Interesse daran will ich gerne glauben. Denn wir haben jetzt die Frau gefunden, die vor mehreren Jahren eine nicht unwesentliche Rolle für Jacob Reniger – das Mordopfer – spielte. Sie lebt hier in Prag, also ganz in der Nähe."

„Wer soll das sein?" Schrattenbachs Miene blieb unverändert gefroren. Kein Aufblitzen in seinen Augen, rein gar nichts legte die Vermutung nahe, dass er seine Gefährtin damit in Verbindung brachte. Entweder besaß er bemerkenswert starke Nerven, oder wirklich nur wenig Ahnung über die Zeit, bevor er diese kennengelernt hatte.

„Nun, ich denke, Euch ist eine aus Italien stammende Dame bekannt, die einen herzförmigen Leberfleck auf ihrer Schläfe trägt und eine Weile im Osmanischen Reich zugebracht hat."

„Das trifft weitgehend auf die Frau zu, mit der ich zusammenlebe, ja", sagte der Arzt verwundert, und sein Erstaunen schien echt zu sein. „Sie ist Italienerin und trägt so ein Mal, wie Er es beschreibt. Doch ich wüsste nicht, dass sie jemals im Osmanischen Reich gewesen ist. Wie sollte sie allein auch dorthin gekommen sein? Das ist durchaus kein Land, in dem Frauen sicher sind."

„Dass sie vor über einem Dutzend an Jahren in Konstantinopel mit einem persischen Händler verheiratet gewesen ist, davon habt Ihr also noch nie etwas gehört? Auch nicht, dass sie Reniger gut gekannt hat? Jenen Mann, dem bei seiner Ermordung hier in Prag ein kunstvoll verzierter Bezoar entwendet wurde – ein Stein, den Eure Partnerin damals ihr Eigen nannte."

„Woher hat Er denn diese Narreteien? Das ist doch völlig aus der Luft gegriffen. Olivia gehört einer aristokratischen Familie mit venezianischen und genuesischen Wurzeln an. Nie und nimmer hätte sie einen muslimischen Mann geheiratet. Zu der Zeit, von der Er spricht, hat sie außerdem in der Hafenstadt Genua gelebt. Bis vor einem Jahrzehnt. Dann machte sie, bloß von einem Diener begleitet, im Auftrag ihres Onkels eine Reise nach Dresden. Weil sie schwer erkrankte, strandete sie aber in Prag. Wochenlang lag sie hier darnieder. Als sie fast schon im Sterben lag, rettete ich ihr mit meiner ärztlichen Hilfe das Leben. Wir beide fanden zusammen. Und ich denke, damit habe ich Ihm mehr als nötig erzählt. Olivia ist das reinste und anständigste Geschöpf, dem ich jemals begegnet bin. Sie in Zusammenhang mit einem grausamen Verbrechen zu bringen, ist von Ihm eine Frechheit, die ich nicht gutheiße und auf keinerlei Art zu dulden bereit bin. Ich möchte nun nicht weiter mit solch albernem Geschwätz behelligt werden." Ungehalten schickte sich der Doktor an weiterzugehen.

Da auch Grünbühel ihn ob der Mutmaßung, die Frau im Haus seines ihm gut vertrauten Arztes wäre jene Livia aus Konstantinopel, entgeistert ansah und sie offenbar ebenfalls für an den Haaren herbeigezogen hielt, ließ Gaiswinkler weitere Fragen bleiben, allerdings nicht aus diesem Grund allein. Albrecht Schrattenbach war ihm in seiner Unwissenheit auf irgendeine Weise glaubwürdig erschienen. Doch dann, als er sich nach einer schnellen Verabschiedung wieder in seine Stube begeben wollte, hörte er plötzlich die Stimme des kräftigen Dienstboten mit den derben Gesichtszügen, der den Medicus begleitet und in der Halle auf diesen gewartet hatte. Ob er die Instrumente schon in die Karmelitergasse tragen könne, oder ob sie der Doktor noch für einen anderen Patienten brauche, fragte der Diener.

„Nein, Václav, ich benötige sie nicht mehr. Ich werde noch ein wenig hier bei Graf Heinrich Hoffmann von Grünbühel verweilen", meinte Schrattenbach. „Geh heim und unterstütz dort die anderen Hausangestellten bis zum Beginn deines freien Abends bei der Reinigung der Fenster. Sie sind mir, wie sonst auch immer, dabei nur allzu faul."

Verdutzt hielt Gaiswinkler inne. War das Palais in der Karmelitergasse auf dem Bruchstück des Zettels in der Hand Thommerl Niderthors gar das Haus des Arztes? Wie dumm wäre er dann doch gewesen, sich in der breiten, langen Straße lediglich nach adeligen Besitzern umzusehen. Hatte Jacob Reniger Albrecht Schrattenbach aufgesucht und der Doktor auf diese Weise vom Vorleben seiner Livia erfahren? War ihm der ehemalige Geliebte als eine Gefahr für sein Glück erschienen, die er beseitigen musste? Oder hatte er von dem Bezoar Kenntnis erhalten und ihn danach in seinen Besitz bringen wollen? Und kam er nicht auch als Mörder des Hofzwergs infrage? Sich in weitere Gedanken verstrickend, wanderte Gaiswinkler in seine Stube, wo er müde vom vorhergehenden Abend in der behaglichen Wärme der kleinen Kammer auf seinem Bett einschlief.

Nach einer Weile, in der es draußen bereits dunkel geworden war, weckten ihn plötzlich klagende Laute. Ein Schluchzen, das aus einem der umliegenden Räume kommen musste. Rasch sprang er auf, um den Geräuschen nachzugehen. Sie führten ihn in Praunfalks Gemach. Zusammengekauert wie ein Ungeborenes saß sein Freund in einem Sessel, das Gesicht in den Händen verborgen. „Ich habe meine große Liebe verloren", stammelte er und hob den Kopf. Seine Augen standen voller Tränen. „Ich kann Veronika nicht heiraten. Ihre Zieheltern verhandelten, ohne sie einzuweihen, über eine Ehe mit einem älteren Adeligen, der noch dazu katholisch ist. Gestern haben sie mit dem Alten – der Teufel soll ihn holen – den Heiratsvertrag geschlossen. Als ich heute zu ihnen kam, in der Absicht, um die Hand meines geliebten Mädchens anzuhalten, weinte Veronika nur. Sie konnte nicht sprechen und mir erzählen, was sie bedrückte. Stattdessen warf mir ihr Ziehvater mit eiskalter Miene die beschlossene Heirat an den Kopf. Mein Einwand, dass Veronika und ich uns sehr zugetan sind, wurde vom Tisch gewischt. Man befahl mir, das Haus zu verlassen, in dem meine Liebe in Tränen zerfloss. Solange ich dort war, habe ich mich zusammenreißen können, doch jetzt, Matthias, jetzt geht es einfach nicht mehr. Ich bin so traurig. Das, was mir am liebsten ist, habe ich für immer verloren."

Praunfalk sank noch mehr in sich zusammen und weinte haltlos weiter. So sehr, dass ihn Gaiswinkler, statt tröstende Worte zu spenden, die hier im Augenblick wohl nichts wiederherzustellen vermochten, und entgegen seiner Gewohnheit, umarmte. Er hatte so etwas wie ein schlechtes Gewissen, ein Privilegium zu haben, das sein Freund nicht besaß – nämlich keinen Adelstitel zu tragen und bei einer Eheschließung deshalb viel weniger von der Heiratspolitik der Eltern abhängig zu sein.

In dieser Nacht, in der Božena nur kurz bei ihm blieb, da die Gräfin in ihrer Unpässlichkeit jederzeit nach ihr rufen konnte, fand er nur wenig Schlaf. Sich unruhig hin und her wälzend, nickte er bloß einige Male länger ein, offenbar ohne sich von seinen Gedanken zu befreien. Seine Träume waren wirr, voll aller möglicher Menschen, mit denen er sich beschäftigte. Bunt und fremdartig gekleidet, befanden sich diese in einem Zimmer, das in einem Eck mit einem mächtigen Ofen, aus dem die Flammen schlugen, und an den Wänden mit orientalischen Waffen bestückt war. Thommerl Niderthor, Jacob Reniger, Albrecht Schrattenbach und sein Vater, der ihn mit einer Greisin verheiraten wollte, saßen an einem Tisch, auf dem ein goldverzierter Stein lag. Die für ihn vorgesehene Braut, eine hagere Frau mit zerzaustem weißem Haar, schlechten Zähnen und einem blutroten herzförmigen Muttermal, lehnte halb nackt auf einem Stuhl. Gleich darauf trug sie schwarze Kleider und verwandelte sich in Rudolf II. Mit Marterwerkzeug in der Hand mahnte ihn der Kaiser, endlich die Lösung in dem Mordfall zu finden.

KAPITEL 35

In jenen Augenblicken, in denen er nicht von seinen Traumbildern verfolgt worden war, hatte Gaiswinkler darüber nachgedacht, welche Möglichkeiten es gab, Albrecht Schrattenbach ein weiteres Mal zu befragen. Ohne Zutritt zu dessen Haus erschien ihm das letztendlich freilich sinnlos. Und so blieb ihm am nächsten Morgen nichts anderes übrig, als Miguel – der trotz des Geständnisses von José Alvarez und der damit wohl gebannten Gefahr eines weiteren Überfalls auf ihn zu seinem Schutz im Palais geblieben war – zu bitten, ihn zum Obersthofmeister zu begleiten. Unruhig wollte sich Gaiswinkler noch vor dem Frühmahl zur Burg begeben. Wie sehr war es ihm inzwischen unangenehm, Wolf Siegmund Rumpff vom Wullross bloß mit vagen Vermutungen und ohne handfeste Beweise aufzusuchen. Lange würde er die Geduld des mächtigen Mannes am Hof wohl nicht mehr beanspruchen können.

Die Zeit, in der er und der Trabant dann am Hradschin darauf warteten, empfangen zu werden, erschien ihm ewig und das Licht der Fackeln in dem kleinen, kahlen Raum finsterer als sonst. Der kalte Wind, der durch das Gemäuer blies, entsprach allerdings nicht der Stimmung des Obersthofmeisters. Denn dieser begrüßte ihn wohlwollend.

„Die Lage dünkt mir sehr heikel zu sein. Dieser Doktor ist bisher ein ganz unbescholtener Mensch gewesen", meinte Rumpff mit nachdenklich gerunzelter Stirn, nachdem er sich von Gaiswinkler die Erkenntnisse der letzten beiden Tage hatte schildern lassen. „Wenn Eure Mutmaßungen nicht stimmen und wir dennoch eingreifen, könnte er sich bei Hofe beschweren. Dann sind die Umstände für Euch, aber auch für mich, nicht günstig." Er hielt eine Weile inne, und in seiner Miene las man die Sorge, die es ihm bereitete, eine rechte Lösung zu finden. „Aber ich denke, man muss das Risiko eingehen", fuhr er zu guter Letzt fort. „Die neuen Beobachtungen sprechen dafür, dass Schrattenbach und vielleicht auch seine italienische – nun, wie soll man das nennen? – Geliebte mit diesen beiden Morden, oder zumindest mit dem an Reniger, in irgendeiner Weise in Verbindung stehen. Ich gebe Euch zu Miguel noch vier weitere Trabanten und ein Schreiben mit, das Euch die Tür zum Palais des Arztes öffnen müsste."

Gaiswinkler bedankte sich mit mehreren Verbeugungen und machte sich daran, das Zimmer zu verlassen. Als er dabei noch einmal zum Obersthofmeister blickte, stellte er fest, wie wenig geheuer diesem die Sache offenbar trotz allem noch immer war. Auch er selbst verspürte ein flaues Gefühl in seinem Magen, eine Bange, die ihm auch seine stattliche Begleitung nicht nehmen konnte. Zum Grübeln blieb ihm allerdings nicht viel Zeit. Die fünf Leibgardisten an seiner Seite schritten, miteinander scherzend, zügig auf die Kleinseite hinab zu einem zweistöckigen Haus, das – um einiges geringer prächtig – nur ein paar Hundert Fuß entfernt von dem Joachim von Eitzings lag.

Beim Gebäude angekommen, befahl Gaiswinkler zwei der Trabanten, den Eingang zu bewachen. Derweil wollte er sich mit den beiden anderen und Miguel an der Tür melden. Auf ihr kräftiges Klopfen erschien zunächst niemand. Erst nach einer Weile zeigte sich an dem hölzernen Tor eine gebückte, runzlige Dienerin mit einem dunklen Bartwuchs über der Oberlippe, bei dem wohl jeder Mann neidisch geworden wäre. Zusammen mit ihren schwarzen und ausgebrochenen Zähnen gab er ihr ein etwas schauriges Aussehen.

Die alte Frau begegnete ihnen unfreundlich und abweisend. Auf Gaiswinklers Aufforderung, ihn und die Leibgardisten zu Albrecht Schrattenbach zu führen, meckerte sie: „Man darf den werten Doktor in seinem Arbeitszimmer nicht stören. Ich kann Euch nicht zu ihm bringen. Er hat mir befohlen, niemanden einzulassen. Kommt ein anderes Mal, wenn Ihr Euch vorher angemeldet habt!"

Ohne auf ihre Worte einzugehen, drängten sich der junge Ausseer und die drei Trabanten an ihr vorbei. Hinauf in den ersten Stock eilend, fanden sie dort hinter der vierten Tür das Arbeitszimmer. Es war leer.

„Wo ist der Medicus wirklich? Sagt uns das augenblicklich, sonst werdet Ihr bestraft und ins Gefängnis gesteckt", drohte Miguel dem Weiblein, das ihnen aufgebracht hinterhergehumpelt war. Unterdessen hatte Gaiswinkler jedoch entdeckt, dass der nächste Raum einen zweiten Ausgang besaß. Nur wenig später stand er auf einer Treppe, von der man in den Garten gelangte. Und siehe da: Von ihren Stufen aus erspähte er zwischen den kahlen Büschen und Bäumen Albrecht Schrattenbach. Der Arzt machte sich gerade daran, ein schmales Tor in der Mauer zu öffnen, offenbar wollte er in die Stadt entschwinden.

Gaiswinkler rief den Trabanten noch zu, man solle auch den Garteneingang sowie die Frau des Hauses bewachen, dann hastete er Schrattenbach nach. Rasenden Schrittes und dem peitschenden Wind trotzend, folgte er ihm auf die Straße zur Steinernen Brücke. Dieser in nur eine Richtung verlaufende Weg mutete ihm für eine Flucht seltsam an, denn in einer der kleinen Seitengassen auf der Kleinseite hätte man jemanden, der einem auf den Fersen war, bei Weitem besser abschütteln können. Aber der Doktor rannte unbeirrt weiter, bis ihm kurz nach dem Brückentor ein schwarzes Ross entgegenkam. Mit einem Satz sprang er darauf zu, um dessen Reiter mit beiden Händen und voller Wucht aus dem Sattel zu stoßen. Es war der Augenblick, in dem Gaiswinkler sah, dass Schrattenbach ein braunes Säckchen bei sich trug. Ihm blieb jedoch keine Zeit, darüber nachzudenken, denn der Medicus schwang sich auf den Rappen und galoppierte los. Obwohl es ihm sinnlos schien, sich mit einem schnellen Ross zu messen, eilte der Ausseer hinterher. Und wie durch ein Wunder hatte er Glück. Nach mehreren Galoppsprüngen, fast schon über dem letzten der sechzehn Brückenpfeiler vor dem Tor zur Altstadt, blieb das Pferd plötzlich stehen und stellte sich quer. Kopf und Nacken hochreißend, hob es sich auf seine Hinterhand. Schrattenbach gelang es zunächst noch, sich im Sattel zu halten und den Rappen wieder auf seine Vorderbeine zu bringen, doch als er ihn danach antrieb, buckelte der Hengst und schlug rückwärts heftig aus. Der Arzt verlor das Gleichgewicht und flog in weitem Bogen vom Rücken des Tieres gegen den Stein der Brüstung. Fast zeitgleich kam Gaiswinkler außer Atem angelaufen und beugte sich zu dem Gestürzten herab, der zwar bei Bewusstsein war, aber benommen auf dem Boden lag, vor sich hin stierend und am ganzen Leib zitternd. Noch bevor er etwas zu ihm sagen konnte, hörte er die Stimmen Miguels und eines der anderen Leibgardisten hinter sich: „Gott ist gerecht", lachten die beiden.

Gemeinsam zogen sie Schrattenbach hoch und lehnten ihn an die Mauer der Brücke. Dabei fiel Gaiswinklers Blick in die Richtung des Pferdes, das noch an der Stelle, an der es seinen unliebsamen Reiter abgeworfen hatte, verharrte. Nur wenige Schritte von seinen Hufen entfernt befand sich der braune Beutel. Er war dem Doktor bei seinem misslungenen Versuch, den Rappen zu bändigen, offensichtlich entglitten. Ohne zu zögern, ging der Ausseer hin, um die lederne Hülle, die etwa zwei Fäuste groß war und eine Öse besaß, an der fünf Glieder einer goldenen Kette hingen, aufzuheben. Als er sie, vor neugierigen Augen geschützt, hinter dem Rücken der Trabanten öffnete, sah er, dass in den türkis-goldenen, leinwandartig gewebten Stoff auf ihrer Innenseite kleine Pergamentstreifen eingenäht waren. Sie waren über und über mit Schriftzeichen versehen, seltsamen Buchstaben, deren

Alphabet er nicht kannte – wohl eindeutig jene, von denen Salomon Porticus gesprochen hatte. Gespannt auf den Anblick des ihm so mysteriös geschilderten Bezoars, griff Gaiswinkler tiefer in den Beutel hinein – und fand einen einfachen grauen Kieselstein. „Das kann doch unmöglich das prächtige Objekt sein, das der Alchemist beschrieben hat", dachte er mit einiger Verwirrung. „Aber wo ist dann der Bezoar?" Alles schien darauf hinzuweisen, dass Schrattenbach Renigers Mörder war, seine Flucht ohne den wertvollen Magenstein machte allerdings nur wenig Sinn. Warum hatte er diesen nicht dabei?

Inmitten all der Leute, die auf sie zuströmten, konnte man den Arzt dazu wohl nicht befragen. Man sollte es jedoch tun, solange diesem noch der Schreck in den Gliedern saß. Und so gab Gaiswinkler den beiden Leibgardisten ein Zeichen, den mittlerweile wieder fast ganz bei Sinnen Wirkenden mit vereinten Kräften auf die Kleinseite zu führen. Dort, in einer der kleinen, engen Seitengassen, in der sich kaum eine Menschenseele zeigte, begann er, mit Schrattenbach zu sprechen.

„Ich sage Euch gleich, ein Leugnen ist zwecklos. Der lederne Beutel hier, mit dem Ihr Euer Haus vorhin so fluchtartig verlassen habt, lässt kaum einen Zweifel daran zu, dass Ihr den früheren Geliebten der Frau, mit der Ihr zusammenlebt, getötet habt. Denn er wurde Jacob Reniger, als er ermordet wurde, entwendet. Wir werden Euch gleich hinauf zur Burg bringen. So wie die Dinge stehen, wäre es allerdings besser, wenn wir Ihr uns jetzt schon mitteilt, wo Ihr den Bezoar versteckt habt. Oben wird man Euch, falls Ihr Euch unwillig zeigt, nämlich unter Folter dazu befragen."

Der Doktor, der neben einem Hauseingang am Boden kauerte, riss die Augen auf. In seinem glasigen Blick spiegelten sich Angst und Erstaunen. „Auch wenn Ihr es nicht glauben wollt, ich habe diesen Reniger nicht umgebracht. Und was soll die Frage mit dem Bezoar? Der ist doch in dem Beutel."

„Nun, wir haben diesen geöffnet und festgestellt, dass sich darin nur ein Kieselstein befindet. Warum seid Ihr ohne das wertvolle Stück geflohen? Es wird doppelt schwer lasten, wenn Ihr uns hierbei nicht die Wahrheit sagt."

„Diese elendigliche Schlange, diese Teufelin, das muss sie getan haben!", schrie Schrattenbach, um dann kurz innezuhalten und schließlich leise und gebrochen weiterzureden. „Dabei wollte ich ihr … ihr doch all das, was sie mir gestern erzählte, glauben. Ich … ich habe heute fast mein Leben – ja, mein Leben – für sie geopfert. Was bin ich doch für ein Rindvieh, wie war ich nur dumm."

„Ich nehme an, Ihr sprecht von Olivia, oder wohl besser Livia. Hat sie Euch eine neue Geschichte ihres Lebens erzählt?", fragte Gaiswinkler mit einem spitzen Unterton in seiner Stimme. „Dafür, dass wir Euch mehr Glauben schenken, wird diese Erklärung aber, fürchte ich, nicht reichen."

„Ihr müsst mir vertrauen", flehte Schrattenbach, der dem Salzamtsgegenschreiber gegenüber nun kontinuierlich die Höflichkeitsform anwandte, bar jeglichen Hochmuts. „Alles, was ich Euch nun berichten werde, ist wahr. Als ich gestern das Palais Graf Grünbühels verließ, habe ich mich, durch Eure Fragen verunsichert, in meinem Haus umgesehen. Da Olivia in die Apotheke gegangen war und dort, wie öfters, länger blieb, konnte ich auch die Schubladen in ihrem Zimmer durchsuchen. Nie hätte ich gedacht, diesen Bezoar, den Ihr erwähntet, in einer davon zu finden. Als Olivia heimkehrte, stellte ich sie zur Rede, obwohl ich mich schlecht fühlte, sie hintergangen zu haben. Zunächst versuchte sie mir weiszumachen, dass sie nicht gewusst habe, was dies für ein Gegenstand war. Er sei ihr in ihrer Heimat geschenkt worden. Nach einem längeren Streit gestand sie – mit vielen

Tränen in den Augen –, im Osmanischen Reich gelebt zu haben. Wo sie einen Mann namens Jacob Reniger kennenlernte. Er sei ein schrecklicher Mensch gewesen, der sie immer wieder nötigte, diesen Bezoar, den sie aus Genua mitgebracht hatte, herauszugeben. Schließlich habe er sich ihn mit Gewalt von ihr genommen. Lange nachdem Olivia aus einem anderen Leben, über das sie mir nicht berichten hatte wollen, weil sie sich dafür schämte, geflohen war, tauchte Reniger vor Kurzem hier in Prag auf, in unserem Palais. Er bedrängte sie, mit ihm zu kommen, und als sie ihm sagte, dass sie nur mich liebt und mich nie verlassen würde, drohte er ihr, Lügen über sie zu verbreiten und unser Leben zu zerstören. Unser Diener Václav hörte dieses Gespräch angeblich mit an und wurde sehr wütend. Da er uns beiden sehr treu ergeben ist, hat er darauf, ohne ihr Wissen, Jacob Reniger verfolgt und ermordet. Und den Bezoar, der ja Olivia gehörte, dem Toten entwendet und ihr zurückgegeben. Ich konnte Václav gestern nicht mehr dazu befragen, da er sich wegen seines freien Abends nicht mehr im Haus aufhielt."

„Das klingt alles gut und schön, erklärt aber nicht, warum Ihr heute so überstürzt geflohen seid. Das hätte wohl nur der Mörder von Reniger getan."

„Oh doch tut es das. Ich wollte den Bezoar außer Haus schaffen, denn wenn man ihn bei uns fände, würde man Olivia oder mich mit dem Mord in Verbindung bringen. Mir ging es vor allem darum, Olivia zu schützen. Ich hielt sie für unschuldig. Um mir zu beweisen, wie sehr sie mich liebt, hat sie mir gestern den Stein überlassen. Sie sagte, sie brauche nicht zu wissen, wohin ich ihn bringe, sie vertraue mir blind. Dass Ihr so bald kommen werdet, damit habe ich allerdings nicht gerechnet. So musste ich die Flucht schnell ergreifen, ohne zu wissen, dass Olivia mich offenbar belogen und den Bezoar später noch ausgetauscht hat. Ich habe heute Morgen nicht mehr in dem Beutel nachgesehen."

„Das ist eine der möglichen Darstellungen. Es wäre allerdings einfacher anzunehmen, dass Ihr den Mord an Jacob Reniger begangen habt. Aber das wird man dann oben am Hradschin sicher mit härteren Mitteln klären können."

„Ich habe diesen Reniger nie gesehen, das schwöre ich", bekundete der Doktor laut und verzweifelt. Dann schwieg er, bis er, nach einem längeren Augenblick, in dem er nachzudenken schien, plötzlich fragte: „An welchem Tag geschah der Mord denn überhaupt?"

„Laut dem Hofmedicus am fünfzehnten November."

Über Schrattenbachs Gesicht ging ein Leuchten. „Dann kann ich es doch gar nicht gewesen sein!", rief er. „An diesem Tag war ich beim Grafen Sternberg in Konnepisch. Er hat mich vom dreizehnten bis zum achtzehnten November auf sein Schloss zur Jagd eingeladen."

„Ein einfacher Mediziner soll bei einem der reichsten und bedeutendsten Adelsgeschlechter Böhmens zu Gast gewesen sein? Das ist doch gelogen", entgegnete Gaiswinkler mit gnadenloser Stimme und wehrend dem Gefühl tief in seinem Inneren, das ihm zunehmend verriet, dass der Arzt die Wahrheit sprach.

„Nein, ich kann es beweisen. Auf meinem Schreibtisch liegt noch die Einladung. Wenn Euch diese nicht reicht, könnt Ihr ja einen Boten nach Konnepisch senden. Man wird dort meine Anwesenheit an jenen Tagen sicherlich bestätigen. Und zu Eurer Frage, warum ich mich in dieser adeligen Gesellschaft bewege. Ich habe den jungen Grafen Sternberg geheilt, als er vor ein paar Monaten hier in Prag sehr schwer erkrankte. Das hat mir sein Vater nicht vergessen."

„Wir werden ja sehen, ob sich das als Wahrheit erweist, oben auf der Burg, wohin Euch der Trabant nun begleiten wird."

Und als der Leibgardist mit Schrattenbach von dannen zog, machten sich Gaiswinkler und Miguel zum Haus des Doktors auf.

KAPITEL 36

Vor dem Palais in der Karmelitergasse hielt einer der Trabanten Wache. „Hier und auch beim hinteren Eingang ist niemand herausgekommen", grinste er, „die Dame wird im großen Mittelzimmer oben bewacht."

Die grimmige alte Dienstmagd, die ihnen bei ihrem vorhergehenden Besuch die Tür geöffnet hatte, schlich im Erdgeschoß herum. Sie fluchte und spuckte vor ihnen auf den Boden. Nicht nur der Diener Václav schien hier seiner Herrschaft treu ergeben zu sein. Hinauf ins erste Geschoss eilend, führte Gaiswinkler der Weg zunächst in das Arbeitszimmer des Doktors. Auf dem Schreibtisch lag, inmitten vieler anderer Papiere, tatsächlich ein Einladungsschreiben mit dem blau-goldenen Wappen der Familie Sternberg. Um es dem Obersthofmeister zu übergeben, nahm er es an sich. „Ob Schrattenbach dieser Einladung zur Jagd auch wirklich gefolgt ist, muss man auf Schloss Konnepisch aber auf jeden Fall überprüfen", dachte er.

Drei Räume weiter sah er dann jene Frau, von der er in den letzten Tagen so vieles gehört hatte. Bewacht von dem größten und stärksten der Trabanten, saß sie weinend auf einem Stuhl. Dass Livia die Tränen über die Wangen liefen, tat ihrer Schönheit allerdings nur wenig Abbruch, denn der bernsteinfarbene Glanz in ihren grünen Augen leuchtete dadurch nur umso mehr. Sie trug ein karminrotes Kleid mit einer goldenen Brokatverzierung, das ihren außergewöhnlich hellen Teint, dem vermutlich ein Gemisch aus Bleipulver nachhalf, betonte. Über ihr lockiges, im Nacken zu einem Knoten zusammengestecktes blondes Haar war ein mit Perlen geschmücktes Netz gelegt. Als sie den jungen Ausseer erblickte, musterte sie ihn länger als geboten.

„So einen hübschen Jüngling, wie Ihr es seid, habe ich schon lange nicht mehr gesehen. Was führt Euch zu mir?", äußerte sie schließlich, all ihren Kummer in ein strahlendes Lächeln verwandelnd.

Doch Gaiswinkler versuchte, sich dadurch nicht beirren zu lassen. „Etwas, das Euch nur wenig gefallen wird", eröffnete er ihr auf Italienisch. „Und das wisst Ihr auch, sonst hättet Ihr eben nicht geweint." Seine Stimme klang erstaunlich fest. „Oder bringt Euch die Sorge um Doktor Schrattenbach zu solchen Tränenflüssen? Habt Ihr Angst, dass ihm etwas zustieß auf seiner Flucht? Wenn dies der Grund für Eure Verzweiflung ist, kann ich sie Euch nehmen. Albrecht Schrattenbach lebt und ist nun oben auf der Burg, wo er sich zum Mord an Jacob Reniger erklären muss. Ich nehme an, er wird dabei auch einiges über Euch berichten."

„Ich weiß nicht, was Ihr meint. Was soll er da erzählen? Wir haben doch nichts getan. Und wer ist dieser – wie heißt er, Reinniger – überhaupt?" Livia lächelte weiter, doch ihr Ton war etwas lauter geworden. Da sie in dem sehr eigenen genuesischen Dialekt sprach, musste Gaiswinkler genau hinhören, um zu verstehen, was sie sagte.

„Euch dumm zu stellen, nützt Euch nichts. Wir wissen sehr wohl, dass Ihr Jacob Reniger kennt, aus der Zeit, in der Ihr in Konstantinopel ward. Das zu leugnen, hat keinen Sinn. Es gibt hier in Prag zwei Menschen, die Euch damals begegneten. Johann Franc dal Faro, der sich im Augenblick in der Stadt aufhält, und Graf Andrea Galeazzo, einer der Männer, mit denen Ihr damals eine Beziehung unterhieltet. Die beiden werden das sicherlich bezeugen."

„Ach, Andrea, der verbreitet sicher nur Gemeinheiten über mich", seufzte Livia. „Er war so maßlos eifersüchtig."

„Nun, dann möchte ich von Euch hören, wie sich alles zugetragen hat. Und auf welche Weise Ihr an den ledernen Beutel mit den Schriftzeichen und dem Bezoar gekommen seid, den Jacob Renigers Mörder ihm abgenommen hat. Aber seid vorsichtig dabei, denn ich weiß über manches mehr Bescheid, als Ihr denkt, und werde es dem Obersthofmeister melden, wenn Ihr mich anlügt. Jede Lüge, die Ihr mir hier erzählt, wird im Weißen Turm auf der Burg für Euch eine Tortur mehr sein."

„Wie könnt Ihr nur so grausam sein, so furchtbar grausam? Bitte übergebt mich nicht der scharfen Frage, ich werde Euch ganz sicher die Wahrheit sagen." Livia sah ihn flehend an, mit einem Blick, von dem sie vermutlich gewohnt war, ihr einen Mann zu Füßen zu legen.

Gaiswinkler, der ihr mit verschränkten Armen auf einem Stuhl gegenübersaß, musste sich eingestehen, dass es auch ihm nicht leichtfiel, so hart mit dieser Frau, die wohl sechs oder sieben Jahre mehr als seine fünfundzwanzig Lenze zählte, aber weitaus jünger wirkte, umzugehen. Trotzdem wiederholte er mit strengem Nachdruck: „Dann legt mir augenblicklich alles dar. Sobald mir etwas davon unwahr erscheint, werde ich unsere Unterhaltung abbrechen und Euch von den Trabanten hinauf zum Hradschin führen lassen."

„Das wird nicht nötig sein, bitte, bitte hört mir zu! Da Ihr ja, wie Ihr sagtet, Johann Franc dal Faro kennt und Euch auch mit mir in meiner Muttersprache unterhält, wisst Ihr ja wohl bereits, dass ich in Genua in eine reiche Händlerfamilie hineingeboren bin. Ich verbrachte dort eine wundervolle Kindheit, und wenn mein Vater geahnt hätte, was mir passieren würde, hätte er wohl nie zugestimmt, mich einem wohlhabenden Händler in Salerno, der eine junge, gutbürgerlich erzogene Frau suchte, als Braut zu schicken. So aber segelte ich mit fünfzehn Jahren hinunter in den Süden, auf einer spanischen Galeone, die lediglich mit ein paar Geschützen bestückt war. Knapp vor meinem Ziel nahm in der Bucht die Fahrt ein schreckliches Ende. Ein nordafrikanischer Piratenkahn näherte sich und eroberte unser Schiff nach einem kurzen Kampf. Vor meinen Augen wurden die gesamte Mannschaft und alle älteren Menschen, die an Bord waren, grausam abgeschlachtet. Nur wenige konnten wie ich dem Tod entgehen." Sie unterbrach sich kurz, um sich ein paar Tränen aus den Augen zu wischen. Als sie weitersprach, blickte sie durch ihn hindurch. Sie hatte ihren Oberkörper leicht vorgebeugt, sodass das Mieder ihres Kleides einiges von ihren Reizen deutlich erkennen ließ. „Man brachte uns nach Tunesien, wo ich an einen Händler verkauft wurde. Er meinte, dass eine Jungfrau mit blonden Haaren in Konstantinopel sehr viel Geld bringen könnte. Und so wurde ich dann auf dem Sklavenmarkt in der Stadt des Sultans versteigert. Doch ich hatte Glück. Ein älterer, fein gekleideter persischer Mann erwarb mich um einen Sack von Akçe, türkischen Silbermünzen. Entgegen meinen schlimmsten Befürchtungen behandelte mich mein neuer Herr gut. Er schlug mich nie, und ich musste auch keinerlei schwere Arbeit verrichten. Nach kurzer Zeit machte er mich auch zu seiner Gemahlin. Offenbar liebte er mich sehr, allerdings ohne die sinnliche Lust, die ich begehrte …"

„Und so nahmt ihr Euch zahlreiche andere Liebhaber, die Euch auch reich beschenkten", warf Gaiswinkler ein.

„Nein, das stimmt nicht, woher habt Ihr das?", brauste Livia auf. Dann aber, nachdem sie ihn kurz durchdringend gemessen hatte, setzte sie unerwartet leise fort: „Ich kannte in jener Zeit nur Andrea und Jacob. Von ihnen beiden bekam ich nie Geld, lediglich einige kleine Geschenke." Falls der Schmuck an ihrem Hals und Handgelenk nicht von ihrem persischen Ehemann Bahram Rahmani oder Albrecht Schrattenbach stammte, strafte dieser ihrer Erzählung allerdings Lügen. Dem wollte Gaiswinkler jedoch nicht nachgehen. „Ihr hattet also eine Beziehung mit Jacob Reniger?", fragte er stattdessen.

„Ja, ich lernte ihn bald nach dem grausamen Tod meines Gemahls kennen. Bahrams Ermordung wurde nie geklärt, und ich hegte Zweifel, ob es nicht Andrea Galeazzo gewesen war. Man kannte die genaue Zeit der Tat ja nicht. So hätte Andrea, obgleich er ein paar Stunden an diesem Abend in meinem Bett zugebracht hatte, Bahrams Mörder sein können. Ich vertraute ihm nicht. Da er aus Mantua stammte, erinnerte er mich zwar an meine Heimat, und vielleicht war er auch ein ganz guter Liebhaber, doch das war alles. Denn er verhielt sich sehr besitzergreifend und hätte wohl jeden, der seiner Begierde für mich im Weg stand, getötet. Als ich nun so voller Ungewissheit war, begegnete ich durch Zufall Jacob Reniger, ganz in der Nähe meines Hauses. Wir kamen ins Gespräch. Er bewegte sich im Umkreis der kaiserlichen Gesandtschaft, weshalb er Galeazzo kannte. Jacob bestärkte mich in meinem Verdacht, dass Andrea Bahrams Mörder sein musste. Ich verliebte mich in ihn, und wir waren mehrere Monate sehr glücklich miteinander."

„Bis Euch bewusst wurde, dass Reniger Euren Gemahl getötet hatte und eine Beziehung mit Euch nur eingegangen war, um an den Bezoar heranzukommen. Und dafür habt Ihr hier, nach vielen Jahren, Rache an ihm genommen."

„Nein! Dass er Bahram umgebracht haben könnte, daran dachte ich damals nie. Und von dem Bezoar bekam er erst durch mich Kenntnis. Jacob war fasziniert von der Alchemie. Ihn interessierte daher mehr die Schrift auf den Pergamentstreifen im Inneren des Beutels. Ich vermutete immer – auch aufgrund mancher Bemerkungen meines verstorbenen Gemahls –, dass diese Zeichen eine Fälschung waren. Jacob hingegen glaubte, dass sie ihn zu seinem Traum führen würden, Gold zu machen. Er war besessen davon und hatte bereits all sein Vermögen dafür verschwendet. Mir tat er leid."

„Bis er Euch eines Tages verlassen hat. Mit den Schriftzeichen und dem Bezoar, der – wenn ich Euch Glauben schenke – für Euch den größeren Wert als die Pergamente besaß. Dass Euer Geliebter Euch allein zurückließ, habt Ihr ihm nie verziehen. Weshalb Ihr ihm den Tod wünschtet und ihm, als ihr ihn wiedersaht, das Leben nahmt."

„Warum wollt Ihr mir nicht glauben? Wie könnt Ihr nur weiterhin so unnachgiebig sein?" Während Livia ihren verzweifelten Blick aufsetzte, füllten sich ihre Augen erneut mit Tränen. „Ich habe ihn nicht ermordet. Schaut mich doch an, wie könnt Ihr mir, einer schwachen Frau, so etwas zutrauen?", schluchzte sie, um gleich darauf aber mit einer wieder etwas festeren Stimme fortzufahren. „Als Jacob in Konstantinopel eines Tages plötzlich aus meinem Leben verschwand, dachte ich, er sei tot. Es gab Gemunkel. Der Bezoar war ebenfalls verschollen."

„Ihr wusstet also damals nicht, dass er sich aus dem Land fortgemacht hatte?"

„Nein, ich war der Meinung, er liebt mich. So meinte ich, es konnte ihm nur etwas Schreckliches zugestoßen sein. Meine Stimmung wurde in den nächsten Monaten deshalb fortwährend trüber, so trüb, dass ich weg wollte aus dem Osmanischen Reich." Livia sprach nun leiser und strich sich dabei immer wieder mit den Händen über die Oberarme, ihr war offenbar kalt. Das Feuer im Kamin schien fast ausgegangen zu sein. Gaiswinkler stand auf und legte ein paar Holzscheite im Ofen nach. Als er sich wieder setzte, sah sie ihn lächelnd an. „Ich danke Euch, in der Steiermark besitzt man merklich Manieren", sagte sie. Woher er stammte, hatte ihr wohl Schrattenbach erzählt. „Ich beschloss also, alles hinter mir zu lassen", fuhr sie dann mit ihrer Schilderung fort, „und erstaunlicherweise gelang es mir, aus Konstantinopel abzureisen. Die Fahrt verlief abenteuerlich. Zunächst ging es mit einem Boot zum Norden des Schwarzen Meeres, von dort dann über kleine Straßen und Wege an die Grenze. Ich hatte mich als türkische Braut verkleidet, um nicht allzu sehr aufzufallen. Unter Abenteuern konnte ich die Grenze in der Nacht überqueren und war damit in Sicherheit vor den Osmanen. Diese Flucht kostete mich viel Bestechungsgeld. Außerdem musste ich einige Male statt der Münzen meinen Körper einsetzen. Damit kam ich zu den Dingen, die ich unbedingt brauchte: Orts- und Sprachkenntnisse sowie die Bereitschaft einiger Männer, mich aus dem Land zu schmuggeln."

„Nun, wie auch immer, Ihr habt es geschafft", warf Gaiswinkler ein, verwundert darüber, was sie hierbei alles erwähnte.

„Ja, ich hatte Glück. Nach der Grenze begann der Weg durch das Großfürstentum Litauen und Polen. Ich wurde krank und war in Polen gezwungen, länger an einem Ort zu verweilen, um mich zu erholen. Dort lernte ich einen älteren Mann aus Prag kennen, der meine Muttersprache beherrschte und mir helfen wollte. Ich erzählte ihm meine Geschichte. Er war sehr bemüht und kümmerte sich um mich wie um eine Tochter. Kein einziges Mal versuchte er, mir nahe zu kommen. Schließlich bot er mir an, mich in seiner Kutsche, auf die er etliche Waren für sein Geschäft geladen hatte, mitzunehmen. Da ich nicht mehr nach Genua zurückwollte, weil ich nicht wusste, was man dort alles an Unwahrheiten über mich in Umlauf gebracht hatte, kam ich mit nach Prag. Ich wohnte vorerst in einem kleinen Zimmer bei einer Wirtin drüben in der Altstadt. Mein Gesundheitszustand verschlechterte sich allerdings. Ich begann, hoch zu fiebern, weshalb man nach einem Doktor rief. So lernte ich Albrecht kennen."

„Gut, Livia. Ich möchte von Euch allerdings nun endlich erfahren, wie Ihr hier in Prag an den Bezoar gekommen seid und wo sich dieser jetzt befindet. Und ich sage Euch noch einmal: Ich will dabei keine Lüge hören, denn das ist der einzige Weg für Euch, einer peinlichen Befragung oben auf der Burg zu entgehen."

Überrascht davon, dass er nicht nachgab, zuckte Livia zusammen. „Ihr seid schon wieder so grausam, verspürt Ihr denn keinerlei Mitleid mit mir? Ich bin ja völlig unschuldig und kann Euch lediglich das sagen, was ich weiß. Vor etwa drei Wochen wurde von einer meiner Dienerinnen ein Besuch für mich angemeldet. Als ich diesen erblickte, dachte ich, ein Gespenst vor mir zu sehen. In der Tür stand Jacob Reniger. Er sprach mit mir, so als ob wir in größter Freundschaft auseinandergegangen wären. Galeazzo habe sich damals mit ihm wegen mir duelliert. Weil Jacob fürchtete, in Konstantinopel in Schwierigkeiten zu kommen, verließ er darauf das Osmanische Reich. Er schlug sich auf einem Schiff und dann auf gefährlichen Umwegen in sein Heimatbistum Mainz durch. Seinen erträumten Reichtum fand er all die Jahre nicht. Den Bezoar hatte man ihm angeblich in Konstantinopel gestohlen. Die Lederhülle, die ich nur einmal ganz kurz sah, da er seine Hände in den Mantelsäcken verbarg, besaß er noch. Es war ihm aber nicht gelungen, die Schriftzeichen zu entziffern. So sei er nun mit seinen letzten Münzen nach Prag gekommen, um bei den Alchemisten des Kaisers sein Glück zu versuchen. Da er sich hier lediglich eine miese Unterkunft leisten konnte, bat er mich um Geld. Er versprach, es mir zurückzuzahlen. Außerdem wolle er sein Leben mit mir verbringen. Ich glaubte ihm nicht und lehnte ab. Er wurde wütend und drohte mir, alles über meine Vergangenheit zu verbreiten. Auch, dass ich bei meiner Heirat mit Bahram Rahmani den Glauben an Allah annehmen musste, etwas, das mir hier in diesem Land große Schwierigkeiten einbringen kann und das Albrechts Ruf schadet."

„Und somit habt Ihr beschlossen, diese Gefahr für Euch aus dem Weg zu schaffen."

„Nein, so war das nicht. Als Jacob mich bedrängte, habe ich ihn von unserem Diener Václav hinauswerfen lassen. Václav hatte offenbar unser Gespräch mit angehört und bemerkt, dass ich sehr aufgebracht war. So ging er dann ohne mein Wissen Jacob nach und fand dabei wohl heraus, in welcher Gasse dieser Quartier genommen hatte. Zwei Tage danach kam der Dienstbote spät in der Nacht in mein Gemach. In seiner Hand hielt er den Lederbeutel mit dem Bezoar. Er sagte mir, er habe nicht gewollt, dass so ein schrecklicher Mensch das Leben seiner Herrschaft, der er sich treu ergeben fühlt, zerstört. Ich sei immer nur allzu gütig zu ihm und den anderen Hausangestellten gewesen und Albrecht ein in der Stadt angesehener Arzt. Deshalb hätte es für Václav keine andere Möglichkeit gegeben, als Reniger zu ermorden. Von all dem wusste ich davor nichts. Ich schwöre es, das müsst Ihr mir glauben! Denn Jacob zu töten wäre mir – obgleich ich ihm bei Weitem nicht mehr wohlgesonnen war – nie in den Sinn gekommen." Während Livia ihm das darlegte, sah sie ihm immerzu in die Augen. Nichts in ihrem Blick schien darauf hinzudeuten, dass sie nicht die Wahrheit sprach. „Aber im Lügen ist sie ja wohl erprobt", mutmaßte Gaiswinkler bei sich.

„Überzeugend klingt das nicht", sagte er daher kopfschüttelnd. „Ihr habt mir auch noch nicht die Frage beantwortet, wo der Bezoar geblieben ist."

„Den gab ich doch Albrecht. Hat er ihn Euch nicht ausgehändigt?"

„Livia!", fuhr der junge Ausseer sie scharf an. „Dass der Doktor nicht mit dem Bezoar aus dem Haus geflohen ist, wisst Ihr wohl, denn Ihr habt ihn gegen einen wertlosen Stein ausgetauscht. Schrattenbach hatte davon wohl keine Ahnung, denn eine Flucht mit einem Kieselstein macht keinen Sinn. Also, wo ist er?"

„Ich habe ihn wirklich nicht. Vielleicht hat ihn Václav gestohlen."

„Da Ihr mir offenbar keine andere Erklärung als diese liefern wollt, wird man Euch auf dem Hradschin dazu befragen. Bevor ich Euch jedoch dorthin bringen lasse, möchte ich von Euch noch eine Antwort. Hat noch jemand anderer damit gedroht, etwas über Euch zu erzählen? Wurdet Ihr vom Hofzwerg Thommerl Niderthor erpresst?"

„Wer soll das sein? Ich kenne keinen Zwerg. Und womit hätte er mich auch erpressen sollen? Ich habe ja nicht Schlimmes getan."

„Ihr bleibt also dabei, dass niemand außer Reniger an Euch damit herangetreten ist, dass er über Euer früheres Leben Bescheid weiß, auch darüber, dass Ihr eine Ungläubige seid."

„Ja", sagte Livia bestimmt. Alles an ihrer Haltung wirkte ruhig und überzeugend, bis auf ihre Atmung, die für diese Gelassenheit etwas zu schnell schien.

„Nun, es wird sich weisen, ob Ihr die Wahrheit sprecht", erwiderte Gaiswinkler, während er sich erhob. „Ich möchte Euch nun bitten, mich zu Wolf Siegmund Rumpff vom Wullross zu begleiten. Ich verspreche Euch aber, vorab mit ihm zu sprechen und ihn darin zu bestärken, dass ich Euch zwar nicht, so wie ihr es wollt, alles glaube, Ihr in manchem jedoch womöglich tatsächlich unschuldig seid."

„Da Ihr mir mit so eiserner Hand entgegentretet, bleibt mir wohl nichts anderes übrig, als Euch zu gehorchen. Auch, wenn ich mich Euch nun auf diese Weise füge, täte ich es lieber auf eine ganz andere Art. Da sich das aber wohl nie ergeben wird", sagte sie mit einem Lächeln, in dem seltsamerweise so etwas wie eine Spur von Traurigkeit lag, „bitte ich Euch, dass Ihr mir zumindest gewährt, mich noch in meinem Gemach umzukleiden, bevor ich mich hinauf zum Obersthofmeister begeben muss."

Gaiswinkler wollte ihr diese Bitte nicht abschlagen, ging aber mit in ihr Zimmer, um sich zu vergewissern, dass es dort nicht eine Tür hinaus ins Freie gab. Er verspürte ein eigenartiges Gefühl, fand in dem Raum jedoch nichts, was auf eine Fluchtmöglichkeit hindeuten könnte. Und so ließ er Livia allein, da sie ihn ersuchte, ihr Gewand vor seinen Blicken geschützt wechseln zu dürfen.

KAPITEL 37

Die Tür des Gemachs, in das sie sich zurückgezogen hatte, fest im Blick behaltend, setzte sich Gaiswinkler wieder. Jetzt, wo er sich allein befand, spürte er erstmals die Anspannung, unter der er seit Stunden gestanden war. Der Wettlauf mit Schrattenbach und das Geschehen auf der Steinernen Brücke schienen ebenso wie das Verhör des Doktors und die hartnäckig leugnende Livia seinem Körper und Geist stärker zugesetzt zu haben als gedacht. Er fühlte sich müde und ausgelaugt. Doch noch blieb ihm keine Zeit zur Ruhe. Zumal er sich nicht sicher dabei wähnte, ob er dem eben Gehörten Glauben schenken durfte. So manches widersprach sich, anderes klang überzeugend. Die Grenze zwischen Unwahrheit und Wahrheit würde man bei einer im Lügen Erprobten vermutlich auch oben auf dem Hradschin nur schwer ziehen können. Während er sein vorhergehendes Gespräch noch einmal hinterfragte, verlor er das Gefühl dafür, wie viel Zeit verging. Nach einer Weile schreckte er von seinen Gedanken auf. Livia müsste wohl längst mit dem Umkleiden fertig sein. So ging er rasch zu der Tür, die er trotz all seiner Überlegungen unentwegt beobachtet hatte. Als er klopfte, rührte sich nichts, auch auf sein Rufen blieb es dahinter totenstill. Voller Unbehagen drückte er die Klinke hinab, und einen Augenblick später starrte er fassungslos in ein leeres Zimmer. Keine Menschenseele war darin. Wo verbarg sich Livia? Sie konnte doch nicht verschwunden sein. Das Gemach hatte keinen anderen Ausgang.

„¡Madre de Dios!", rief Miguel, der vom oberen Ende des Stiegenaufgangs, an dem er gewacht hatte, herbeigeeilt kam. „Es ist unmöglich, dass uns das Weibsstück entgangen ist!"

Gemeinsam schoben sie die wenigen Möbel zur Seite, um zu überprüfen, ob es dahinter eine Fluchtmöglichkeit gab. Nichts deutete darauf hin. Bis der Trabant in einer Ecke des

Raumes über den dunkel gemusterten Teppich stolperte – über eine Stelle, an der das Gewebe eine Falte bildete. Mit einem Ruck zog er den Rand des Knüpfwerks ein Stück weit in die Höhe. Darunter befand sich eine Kette, die am Bretterboden befestigt war – oder genauer gesagt, an einem eisernen Ring einer in den Boden eingelassenen Tür.

„Verdammtes Luder!", schrie Miguel. Sein Gesicht war purpurrot. Obwohl auch in Gaiswinkler der Ärger hochstieg, versuchte er, einen klaren Kopf zu behalten. Wohin könnte dieser Fluchtweg führen? Nachdem sie an dem Teppich und der Kette kräftig gezogen hatten – womit sich ohne weitere Mühe die Falltür öffnete –, zeigte sich ihnen eine sehr enge Wendeltreppe. Sie musste in einen Wandabschnitt eingemauert sein, den man vom Inneren und Äußeren des Palais nicht als eigenen Bauteil wahrnahm. Dieser schien vom ersten Stock zum Keller zu gehen. Von wo man, von allen hier ungesehen, dann offensichtlich auf irgendeine Weise ins Freie gelangte.

„Lauft zu den anderen Trabanten! Schnell! Livia kann durch eines der Nebengebäude entflohen sein. Sucht auf der Straße und im Garten nach ihr!", befahl er Miguel, ehe er sich, mit einer Kerze in der Hand, rasch auf den knarrenden und teilweise morschen Stufen der Treppe hinunterzwängte. Er erreichte ein nach Moder stinkendes Gewölbe. Es war von Spinnen und fetten Ratten bewohnt und so feucht, dass das Wasser von den Wänden tropfte. Gaiswinkler stieg hinab auf den Lehmboden, auf dem neben einem seltsamen Büschel grauer Haare ein karminrotes Kleid mit goldener Verzierung lag. Nur wenige Schritte davon entfernt, gab es in einer der Mauern eine Tür. Sie stand halb offen und bot den Blick auf ein finsteres Loch. Ohne zu zögern, schob er sich in das Dunkel hinein, wo er sich nur mühsam fortbewegen konnte. Der Gang, niedrig, glitschig und erfüllt vom Quieken der Nagetiere, die sich um seine Füße drängten, schien endlos zu sein. Nicht nur einmal bereitete es ihm Mühe, nicht auszurutschen und sich gegen die Bisse des gierigen Getiers zu wehren. Immer ungeduldiger werdend und mit dem Gedanken, dass Livia lediglich durch seine Schuld hatte fliehen können, drang er vorwärts. Bis er endlich auf einen hohen hölzernen Widerstand vor sich traf: Ein Tor, das in einen Raum führte, in den durch eine schmale Luke ein wenig Licht fiel, auf eine Menge an Fässern, Krügen und Säcken. Sichtlich befand sich Gaiswinkler nun im Keller des Wirtschaftsgebäudes, von dem man über ein paar Stufen hinauf zum Ende des Gartens gelangte. Als er ins Freie trat, war von jener Frau, die ihn so an der Nase herumgeführt hatte, keine Spur zu sehen. Er erblickte lediglich den Leibgardisten, der hier Wache hielt.

„Ist die Hausherrin hier herausgekommen?", rief Gaiswinkler ihm zu.

„Nein", erwiderte der Trabant verwundert, „nur ein altes Männlein mit gebeugtem Rücken und schleppendem Gang. Es hat vorhin durch das Gartentor den Besitz verlassen."

„Wie sah dieser Mensch aus? Hat er etwas zu Euch gesagt?"

Der Leibgardist schaute auf diese Frage noch verwirrter drein. Eine Klugheit wie die von Miguel schien ihm nicht eigen zu sein. „Er hatte einen zerzausten grauen Bart und trug eine große schwarze Tasche. Sein Mantel und sein Hut waren braun. Er redete nichts, denn er schien stumm zu sein. Auf meine Frage, wo er hinwolle, antwortete er nur mit einem heiseren und unverständlichen Gebrabbel. Wie jeder, der nicht sprechen kann."

Hatte sich die mit allen Wassern gewaschene Livia als Mann verkleidet? Sich bucklig gegeben, damit nicht auffiel, dass sie kleiner war als die meisten Männer? Sich stumm gestellt, wodurch ihre hohe Stimme und ihr Akzent nicht hörbar wurden? Alles deutete darauf hin. Sie musste ihre Flucht wohl schon länger geplant haben, die Dinge wirkten genauestens vorbereitet. Aber wohin war sie geflohen? Kannte sie einen Unterschlupf, der ihr Zuflucht bot? Gaiswinkler wurde ob all dieser Fragen immer ärgerlicher. Eilig schickte er den Leibgardisten auf die Straße, um nach dem „Männlein" Ausschau zu halten. Wie sich bald darauf herausstellte, sollte das allerdings vergeblich sein. Livia, in welcher Gestalt auch immer, blieb in den Gassen unauffindbar.

In der Zwischenzeit hatte Miguel von dem Dienstmädchen Ivana, das in der Küche trotz all des Trubels Gemüse putzte, erfahren, dass Václav, dem die Schuld am Mord Renigers zugeschoben wurde, noch schlief. Nach der Meinung der rothaarigen Magd sicherlich aus dem Grund, weil „der trunksüchtige Kerl", wie sie ihn nannte, am Abend davor wieder einmal „zu viel gebechert" hatte.

Begleitet von Ivana, die den jungen Ausseer eifrig beäugte, fanden sie Václav tatsächlich schnarchend im Trakt für die Dienstboten vor. Der Diener lag, im Straßengewand und mit Schuhen bekleidet, zusammengekrümmt auf seinem Bett. Trotz lauter Worte und mehrmaligem Rütteln wurde er erst nach einer Weile wach. Er richtete sich mühsam auf und starrte trüb vor sich hin. Außer einem undeutlichen „Was wollt Ihr von mir?" kam ihm nichts über die Lippen.

„Er hat einen Mord begangen, wir nehmen Ihn jetzt fest und bringen Ihn hinauf zum Hradschin zum Verhör", sagte Miguel laut und bestimmt.

Václav, der nach Bier und Wein stank und keineswegs nüchtern zu sein schien, rülpste. „Lasst mich ... kann alleine gehen ... musste ihn töten ... war nötig ... Olivia ... mir ist", stammelte er noch, bevor er sich in einem großen Schwall vor ihre Füße erbrach. Danach verhielt er sich allerdings so ruhig, dass er ohne Widerstand von Miguel gefesselt werden konnte.

Mit dem Torkelnden, den sie immer wieder stützen mussten, in ihrer Mitte, begaben sie sich auf den Weg zum Hradschin. Es war ein Weg, den Gaiswinkler sehr zwiegespalten zurücklegte, zerrissen zwischen der absehbaren Lösung des Falles und der Niedergeschlagenheit über sein eigenes Versagen. Das erste der beiden Verbrechen schien geklärt zu sein. Mit Václav stand der Täter wahrscheinlich fest. Ob der Diener auch etwas mit dem Mord an Thommerl Niderthor zu tun hatte, würde sich weisen. Livias Aussage, den Hofzwerg nicht gekannt zu haben, durfte man jedenfalls nicht glauben. Das waren die guten Nachrichten, aber es gab auch zwei schlechte: einerseits, dass er Rumpff nur die geheimnisvollen Schriftzeichen überbringen konnte, den Bezoar jedoch nicht, andererseits, dass man die Flucht der mutmaßlich treibenden Kraft der Tat zu einem großen Teil seiner Schuld zuschreiben musste. Und das wog sicherlich am schwersten.

So marschierte er letztendlich ohne jegliches Glücksgefühl zur Burg hinauf, wo sie beinahe sofort beim Obersthofmeister vorgelassen wurden. Wolf Siegmund Rumpff vom Wullross hatte in der letzten Stunde ein Gespräch mit Albrecht Schrattenbach und dem Leibgardisten, der auf der Steinernen Brücke dabei gewesen war, geführt und einen Eindruck von dem Geschehen am frühen Vormittag erhalten. Den Doktor, so fragwürdig er diesen auch fand, hielt er für unschuldig an dem Mord. Bis der Bote mit der Bestätigung aus Konnepisch eintraf, würde er Schrattenbach jedoch auf der Burg festhalten.

Gaiswinkler schilderte ihm kurz, aber eindrücklich das Verhör von Livia, ohne zu verschweigen, dass sie ihm danach entkommen war. Der Obersthofmeister verzog zwar sein Gesicht, als er das hörte, ging aber ohne Kommentar darüber hinweg. Stattdessen bedankte er sich für die letztlich erfolgreiche Untersuchung des Verbrechens: „Ihr habt vieles geleistet. Wir stehen vor der Lösung des Verbrechens auf der Kleinseite. Besonders wichtig wird Seiner Majestät sein, dass die verschlüsselten Hinweise, die zu wichtigen alchemistischen Traktaten führen könnten, nicht in falsche Hände gelangt sind. Bei dem Fall ging es dem Kaiser immer hauptsächlich um diese. Bezoare besitzt er mehrere in seiner Sammlung, auf den einen kann er ohne allzu großen Schmerz verzichten."

Obgleich Rumpffs Lob Gaiswinkler ein wenig froher stimmte, fiel die Schwere, die ihn bedrückte, durch diese Worte nicht von ihm ab. Als er mit Miguel die Burgräume verließ, war er sehr schweigsam. Das Hin und Her seiner Gefühle blieb.

Im Palais Grünbühel zog er sich dann gleich in seine Stube zurück. Weitere Erklärungen wollte er an diesem Tag vermeiden. Da Božena in der Nacht nicht lange bei ihm bleiben konnte, weihte er sie nur kurz in das Geschehen ein. Bis in die frühen Morgenstunden lag er grübelnd wach. Etwas tief in seinem Inneren schien nicht daran zu glauben, dass die Lösung des Falles wirklich so nahe lag.

KAPITEL 38

„Warum schaust du denn noch immer so nachdenklich in die Welt? Der Mörder kann nur der Diener dieser abgefeimten Livia sein. Er hat die Tat nicht abgestritten. Wer sollte Reniger nach allem, was du weißt, denn sonst in ihrem Auftrag ermordet haben? Oder bist du bloß ärgerlich, weil dieses schöne Weib dich um den Finger gewickelt hat?", fragte Praunfalk und grinste. In manchen Augenblicken schien er den Kummer über seine verlorene Liebe bereits wieder vergessen zu können.

„Natürlich beschäftigt es mich, dass mir Livia entkommen ist. Allerdings weniger aus dem Grund, deshalb wie ein dümmlicher Neuling dazustehen. Der Mord an Thommerl Niderthor bleibt weiter ungeklärt. Jetzt, wo sie fort ist, kann sie nicht mehr unter härteren Bedingungen dazu befragt werden. Wenn Václav diese Tat nicht auch gesteht, befürchte ich, dass man ihm trotzdem die Schuld dafür zuschieben könnte. Womit möglicherweise der wahre Mörder nicht gefunden wird", erwiderte Gaiswinkler. Er war nach der fast schlaflosen Nacht sehr zeitig an diesem Morgen in den Stall gegangen. In der Hoffnung, auf dem Pferderücken klarere Gedanken fassen zu können. Letztendlich vergeblich. Trotz eines langes Rittes entlang des Moldauufers war seine Stimmung unverändert geblieben. Mit so manchem Zweifel hatte er während des Frühmahls seinem Freund über den vorhergehenden Tag erzählt.

„Wie wäre es, wenn du dich noch einmal im Haus des Doktors umhörst? Bei Ivana oder den anderen Dienstboten. Und dich nach diesen italienischen Freundinnen erkundigst, denen Livia angeblich immer wieder einen Besuch abstattete", warf Božena, die ihr Gespräch am Rande mitverfolgte, ein. „Vielleicht hat sie sich ja bei ihnen versteckt."

„Ein kluges Mädchen", meinte Praunfalk, als sie wieder

verschwand. „Bist du dir wirklich sicher, dass du Božena mit nach Aussee nehmen willst? Mit ihrem hübschen Antlitz und ihrem gescheiten Kopf könnte sie unseren Marktflecken ordentlich durcheinanderbringen. Und ich fürchte, sie wird dir auch nicht so gehorsam sein, wie andere Frauen es sind. Sie scheint den Widerspruch nicht zu scheuen."

„Ich bin mir vollkommen sicher", lächelte Gaiswinkler.

„Das ist schön, Matthias. Es genügt wohl, wenn einer von uns beiden unglücklich in die Heimat zurückkehrt. Ich nehme an, du wirst dem Rat deiner Liebsten folgen und dich in die Karmelitergasse begeben. Wie gerne hätte ich dich dabei begleitet. Leider muss ich aber los, um die geschäftlichen Dinge heute hoffentlich endlich abzuschließen", erklärte Praunfalk und bat, am Abend weiter über alles unterrichtet zu werden.

Da Miguel nirgendwo auffindbar war, machte sich Gaiswinkler bald darauf allein auf den Weg. Flott schritt er durch die wenigen Gassen. Hinter den Fenstern des Palais Schrattenbach sah er trotz des trüben Tages keinen Kerzenschein. Wie verlassen lag das Gebäude vor ihm. Als er an das Tor klopfte, erschien jedoch die misslaunige alte Dienerin. Mit bösem Blick murmelte sie leise etwas vor sich hin, das fast wie eine Beschwörungsformel klang. Dabei streckte sie ihm drohend eine Hand entgegen. Doch das kümmerte ihn nicht. Ehe sie die Tür zuschlagen konnte, drängte er sich rasch an ihr vorbei und fand im Inneren des Hauses unerwartet ein hektisches Treiben vor.

Seit dem gestrigen Tag schien sich hier alles verändert zu haben. Die Dienstboten, sonst ruhig und leise ihren Aufgaben folgend, rannten aufgewühlt durcheinander wie Ameisen in einem Haufen, den eine äußere Gewalt soeben zerstörte. Manche hatten Tränen in den Augen. Das Gerücht, dass man Albrecht Schrattenbach gefangen hielt und sich Livia auf der Flucht befand, sorgte für Unruhe. Obgleich der Doktor den meisten von ihnen kein freundlicher Dienstherr gewesen war, verspürten wohl alle Angst vor der Zukunft. Auch Ivana, die Gaiswinkler mit zwei Bündeln unter dem Arm entgegenkam. Sie habe ihre wenige Habe zusammengepackt, um sich einen neuen Arbeitgeber zu suchen, tat sie kund.

„Hat Sie trotzdem einen Augenblick Zeit?", fragte er. „Denn ich möchte gerne wissen, wohin die Hausherrin geflohen sein könnte."

„Ich kann Euch darüber leider nur wenig sagen. Mir hat sie kaum etwas erzählt. Aber vielleicht solltet Ihr mit ihrer Kammerzofe sprechen. Ihr müsstet sie oben in Olivias Gemach finden. Sie sucht sich wahrscheinlich Kleider aus dem Schrank, bevor sie sich von hier aus dem Staub macht. Das eitle Weib ist gewohnt, Sachen der Herrin zu tragen, da es öfters Röcke von ihr geschenkt bekam."

Die Kammerzofe, ein schlankes, dunkelhaariges Mädchen, weitaus schöner gekleidet als die anderen Bediensteten, befand sich tatsächlich in Livias Zimmer, mit einem Berg an Gewand zu den Füßen. Keineswegs darüber verlegen, war die junge Frau, die Gaiswinkler, wie er bemerkte, am Vortag schon kurz irgendwo im Palais gesehen haben musste, auch bereit, Auskunft zu geben: „Olivia hat mir lange nicht viel über ihr Leben berichtet. Vor etwa einem halben Jahr begann sie allerdings, von Freundinnen zu sprechen, von zwei Damen, die sie aus ihrer Heimat Genua kenne und die sie durch Zufall in Prag wiedergetroffen habe. In den letzten Monaten besuchte sie diese ein bis zwei Mal die Woche. Da die beiden außerhalb der Stadt leben, nahm sie für den Weg zu ihnen immer ihr Pferd. Ich bin ihren Freundinnen nie begegnet, weder hier noch sonst wo. Gelegentlich habe ich mich daher gefragt, ob das alles stimmt."

„Hat Doktor Schrattenbach die zwei italienischen Damen kennengelernt?", erkundigte sich Gaiswinkler, dem der Verdacht kam, dass sich Livia damit ein paar unbeobachtete Stunden außerhalb des Hauses verschafft haben könnte. Gleichzeitig stellte sich ihm freilich die Frage, wo sie tatsächlich gewesen war, falls es die beiden Italienerinnen nicht gab.

„Soviel ich weiß nicht. Da er den Nachmittag oft bei seinen Patienten verbringt, erfuhr er auch kaum von den Besuchen. Er ist schrecklich eifersüchtig und möchte meine Herrin am liebsten im Hause festhalten. Livia sollte sich nicht allzu oft fortbegeben, auch nicht in die Stadt."

„Hielt sie sich daran?"

„Meistens ja. Sie ging nur selten aus. Manchmal auf den Markt oder in die Apotheke, aber sonst …"

„Ich danke Ihr vielmals, Sie ist offenbar über so einiges in Kenntnis. Darf ich Sie deshalb noch fragen, wie eng verbunden der Diener Václav Livia war?"

„Václav", lachte das Mädchen, „der ist immer schon verrückt nach Olivia gewesen. In der Dienerschaft wird getratscht, dass er vor Kurzem einmal in ihr Bett durfte. Ich will das nicht glauben. Denn ich weiß, dass sie ihn nicht leiden mag, auch wenn sie ein paar Mal heimlich mit ihm redete."

„Ein Traum Livias ist Václav sicherlich nicht", dachte Gaiswinkler bei sich, „aber wohl gut genug, um für sie die Schmutzarbeit zu erledigen. Und vielleicht wurde er ja dafür mit Liebesdiensten in ihrem Gemach belohnt." Er bedankte sich nochmals und verabschiedete sich von der jungen Zofe, die sich wieder der Kleidung ihrer Herrin zuwandte.

Als er zur Treppe ging, sah er an der Balustrade Miguel lehnen. „Endlich, Matthias", rief ihm der Trabant zu, voller Ungeduld, die ihm ansonsten fern lag. „Božena sagte mir, dass Ihr hier seid. Ich war vorhin beim Obersthofmeister. Er lässt Euch bitten, unverzüglich zu ihm zu kommen. Es gibt Neuigkeiten."

In aller Eile marschierten die beiden zum Hradschin, auf dem Weg, den sie in den letzten Tagen so viele Male miteinander zurückgelegt hatten.

In der Burg fanden sie Wolf Siegmund Rumpff vom Wullross unruhig in seinem Zimmer hin- und herwandernd vor. „Seid gegrüßt", sagte er mit gerunzelter Stirn und einem mehrdeutigen Lächeln. „Ich habe Euch einbestellt, da der Diener von Doktor Schrattenbach gestern Abend ein verwunderliches Geständnis abgelegt hat. Auch nachdem man ihn daraufhin die ganze Nacht über im Weißen Turm strengster Tortur unterzogen hat, ist er dabei geblieben." Er unterbrach sich und forderte Gaiswinkler auf, in einem der beiden Stühle vor dem Kamin Platz zu nehmen. Nachdem auch er sich gesetzt hatte, fuhr er fort: „Noch kaum, dass man Václav befragte, gab er zu, Thommerl Niderthor gefoltert und ermordet zu haben. Denn seine Herrin – Olivia, Livia, oder wie auch immer sie sich nennen mag – habe eines Tages eine Nachricht bekommen, in der hundert Gulden gefordert wurden. Von einem unbekannten Schreiber, der drohte, Sachen aus ihrem Leben berichten zu können, die sie wohl besser geheim halten wollte. Er habe Schriften in seinem Besitz und Beobachtungen gemacht. Olivia sollte das Geld an einen bestimmten Ort bringen. Obwohl seine Herrin, wie Václav sagte, ihn zuvor noch nie in etwas eingeweiht hatte, berichtete sie ihm davon und schickte ihn in den einsamen Winkel, wo er den Sack mit den Münzen für sie hinterlegen musste."

„Ich nehme an, Livia hat Václav aber nicht erzählt, welche Dinge man über sie verbreiten könnte", warf Gaiswinkler ein. Er war bass erstaunt. Mit einem Geständnis im Mordfall an dem Hofzwerg hätte er nicht gerechnet.

„Nein, ihr Diener behauptet, nicht zu wissen, was das gewesen sein könnte. Er hält seine Dienstgeberin für so rein wie eine Jungfrau", lachte Rumpff. „Jedenfalls aber lauerte

Václav dem Erpresser dann an dem dunklen Ort auf. Als er in der Finsternis den Zwerg erblickt habe, sei er nicht überrascht gewesen, denn er habe ihn in den letzten Wochen immer wieder auf der Straße vor dem Palais herumschleichen sehen. Er folgte Thommerl Niderthor bis zu dessen Haus, wo er ihn überraschte und die belastenden Dokumente verlangte. Den Rest der Geschichte kennt Ihr wohl nur allzu gut! Da Thommerl die Aufzeichnungen nicht herausrücken wollte, marterte Václav ihn so lange, bis er sie hergab. Dass er den Hofzwerg dann auch erdrosselt hat, rechtfertigt er damit, dass dieser sonst trotz der gezahlten Geldforderung sicherlich falsche Gerüchte über Oliva gestreut hätte. So weit, so gut. Nun aber kommt das Merkwürdige. Als man Václav nach dem anderen Mord fragte, leugnete er hartnäckig, irgendetwas damit zu tun zu haben. Trotz der Folter die ganze Nacht über blieb er dabei, Jacob Reniger nicht umgebracht zu haben."

„Es ist in der Tat wirklich sehr seltsam, warum er das so hartnäckig abstreitet", wunderte sich Gaiswinkler. Angestrengt überlegte er, wie man diesem verhexten Chaos beikommen konnte. Dann fiel ihm etwas ein: „Vielleicht sollten wir noch auf eine andere Weise herauszufinden versuchen, ob Václav den Mord an Reniger wirklich begangen hat. Erinnert Eure Exzellenz sich an František, den Novizen aus dem Clementinum? Er hat die Tat ja beobachtet. Zwar aus der Ferne und in der Dunkelheit, aber mit etwas Glück kann er uns womöglich etwas dazu sagen."

„Ihr gebt Euch wohl nie zufrieden! Aber das ist eine gute Idee von Euch. Ich werde František sofort holen lassen", meinte Rumpff. Er sah den jungen Ausseer anerkennend an, und als dieser bat, in der Zwischenzeit noch einmal allein mit Václav reden zu dürfen, stimmte er ohne Zögern zu und schrieb die dafür notwendige Nachricht.

Der Weiße Turm, der Ort, wo der Diener in Gewahrsam genommen worden war, lag am Ende des Goldschmiedegässchens. Die dicken Mauern des Gefängnisses strahlten nichts als Kälte und Finsternis aus und waren von ins Mark gehenden Schreien durchdrungen. Sie hallten aus dem vergitterten Schacht im Boden, unter dem sich der Kerker befand. Aus diesem Verlies wurde Václav heraufgebracht, in den schweren Ketten, mit denen man ihn dort festgebunden hatte. Sein nackter Oberkörper war voller tiefer roter Striemen und sein Gesicht leichenblass. Den Rücken gebeugt, stierte er aus blutunterlaufenen, übernächtigen Augen vor sich hin, bis sich sein Blick plötzlich an dem jungen Ausseer festhielt. Gaiswinkler musste mit ihm in der Folterkammer sprechen, unmittelbar neben der Streckbank mit ihren vielen kleinen Eisenspitzen, die er – ebenso wie die anderen Marterinstrumente – genauer anzusehen vermied. Es war ein Raum voller Schrecken, der ihn immer mehr frösteln ließ. So kam er schnell zu der Frage, ob der Diener nicht auch den Mord an Jacob Reniger begangen hatte.

Václav stöhnte zunächst nur vor sich hin. Erst nach einer Weile brachte er etwas heraus und beharrte auf seiner Aussage. „Ich habe den adeligen Herrn nicht getötet und ihm auch nicht diesen Beziwa – oder so – weggenommen. Den Zwerg, ja, den habe ich ermordet. Und das ist gut. Er war ein gemeiner Schurke, der Böses wollte. Meine schöne Herrin ließ mich für diese Tat einmal in ihr Bett. Das ist mehr, als ich mir jemals erträumt habe. Auch wenn ich dafür gehängt werde." All das bekannte er weinend und vermutlich in der Hoffnung, dass ihn der Salzamtsgegenschreiber besser verstand als die Folterknechte, mit denen er es in der Nacht zu tun gehabt hatte.

„Dann möchte ich Ihn etwas anderes fragen", erklärte Gaiswinkler. „Hat Er mitbekommen, dass Jacob Reniger im Haus Schrattenbach vor ein paar Wochen mit Livia gesprochen hat? Es müsste an dem Tag gewesen sein, an dem der Doktor angeblich nach Konnepisch aufgebrochen ist."

„Ich habe meine Herrin dort nie mit diesem Reniger sprechen hören, schon gar nicht an diesem Tag. Ich fuhr am dreizehnten November, bevor es Licht wurde, zu meinem Vater nach Počernice. Es ging ihm sehr schlecht. Ich wollte ihn noch einmal sehen. Da sich Doktor Schrattenbach nicht in Prag aufhielt, hat er meine Hilfe nicht bei seinen Patienten gebraucht."

„Wie lange blieb Er dort?" Gaiswinkler zweifelte kaum daran, dass der Diener hier die Wahrheit sprach. Dieser kam ihm nicht helle genug vor, sich auf die Schnelle so etwas einfallen zu lassen.

„Nur bis zum nächsten Tag. Am vierzehnten November bin ich wieder zurück."

„Dann könnte Er am fünfzehnten November den Mord begangen haben."

„Beim Seelenheil meines verstorbenen Vaters", flehte Václav. „Warum glaubt Ihr mir nicht, dass ich dem Mann nichts getan habe? Was kann ich denn noch verlieren? Mein Leben endet demnächst. Ich werde für meine Schuld im Wind baumeln."

Gaiswinkler war sich nicht sicher, ob der Diener die Wahrheit sprach. Was würde Václav allerdings Lügen bringen? Für den Henker machte es keinen Unterschied, ob er einen oder zwei Morde begangen hatte. Die Hinrichtung konnte nur ein einziges Mal erfolgen.

Da er nicht länger in der Folterkammer bleiben wollte, eilte er hinaus, um an der Mauer vor dem Turm auf Miguel und František zu warten. Zermürbt darüber, dass der Mörder womöglich noch immer nicht gefunden war, und mitgenommen von all dem Elend, das er gerade gesehen hatte, sehnte er sich plötzlich heim nach Aussee, nach einem einfachen, friedlichen Leben, ohne jegliches Zeremoniell des Hofes. Und so hoffte er insgeheim, dass der Novize Václav als Täter erkennen würde und alles bald vorüber war.

František und der Trabant erschienen erst eine geraume Weile später. Der junge Novize wirkte ängstlich. Bleich und zitternd ging er zur Folterzelle. Als sich der Geruch nach Kot, Schweiß, Furcht und Schmerzen aus dem Kerkerloch unten immer stärker in seiner Nase festsetzte, wäre er wohl am liebsten sogleich umgekehrt. Die Folterinstrumente und den Gefangenen erblickend, wurde sein Antlitz noch fahler.

„Ihr habt", sagte Gaiswinkler nichtsdestotrotz zu ihm, „ja das Verbrechen in der Gasse auf der Kleinseite beobachtet. Ist der Mann, den Ihr hier vor Euch seht, derjenige, der den Mord begangen hat?"

Auf den Angeketteten starrend, äußerte sich František zögerlich: „Durch die Finsternis habe ich das Gesicht des Mörders ja nicht erkennen können. Die weite Krempe des Hutes hat es auch noch zusätzlich verdeckt. Ich kann Euch daher nicht sagen, ob dieses Geschöpf hier die Tat begangen hat. Der Mann, den ich sah, scheint mir größer gewesen zu sein, aber sicher bin ich mir nicht." Der Novize schluckte mehrmals, offenbar immer mehr gegen die Übelkeit ankämpfend.

„Ich danke Euch", bekundete Gaiswinkler. Mitleid mit ihm habend, zog er František schnell hinaus ins Freie. Nach einem letzten Blick auf den vor sich hin wimmernden Václav, dessen Urteilsvollstreckung vermutlich nicht allzu weit entfernt war.

Ohne Erfolg in der Hand musste er sich zu Rumpff begeben. Mit Bitterkeit in der Stimme berichtete er dem Obersthofmeister über die Aussagen. „Mir scheint das Ganze aber noch nicht völlig geklärt", merkte er danach an. Denn wie hätte Václav, der Reniger nicht gekannt hatte, den Adeligen verfolgen können? Hatte Livia ihn so gut beschrieben, dass dies trotzdem möglich war?

Wolf Siegmund Rumpff vom Wullross lehnte sich zurück und schloss die Augen, wie immer, wenn er angestrengt nachdachte. Nach einer Weile des Schweigens verkündete er mit einer entschlossenen Eindringlichkeit: „Man könnte wohl ewig darüber rätseln, ob jemand anderer Reniger ermordet hat. Aber wir müssen die Sache zu einem Ende bringen. Es wird uns daher nicht anderes übrig bleiben, als mit der Annahme zu leben, dass Václav der Mörder ist, selbst wenn er das abstreitet. František schließt nicht aus, ihn in jener Nacht bei der Tat beobachtet zu haben. Wenn der Bote aus Konnepisch Schrattenbachs Aussage bestätigt, werde ich den Fall abschließen und das auch dem Kaiser melden. Das wird vermutlich noch heute geschehen. Wir werden uns dann wohl nicht mehr sehen, wenn Ihr demnächst abreist. Daher seid nun von mir herzlichst für Eure große Hilfe bedankt. Schade, dass Ihr vor einigen Wochen meinem Angebot, in meine Dienste zu treten, nicht gefolgt seid. Doch der kleine Ort, in dem Ihr lebt, ist wahrscheinlich beschaulicher als Prag."

Bald darauf entließ ihn der Obersthofmeister, nicht ohne ihm zu sagen, dass Rudolf II. ihn vielleicht nochmals zu sich bitten wollte. Miguel, der dem Ausseer nach den vielen Tagen, an denen er ihn begleitet hatte, mittlerweile wie ein Freund erschien, umarmte ihn zum Abschied.

Während er wohl zum letzten Mal die Burgstiege hinabwanderte, war Gaiswinkler mit Rumpffs Entscheidung nicht so recht glücklich. Trotzdem erzählte er, als er heimkam, nichts von seinen Zweifeln. Denn im Speisezimmer fand er Praunfalk nicht allein, sondern mit dem Grafen und der wieder genesenen Gräfin vor. Die beiden waren von ihrem Neffen bereits über so manches informiert worden. Während

Heinrich Hoffmann von Grünbühel die Betroffenheit über die Ereignisse im Hause des von ihm geschätzten Arztes Albrecht Schrattenbach ins Gesicht geschrieben stand, strahlte seine Ehefrau vor Schadenfreude. Was sie gehört hatte, war Wasser auf ihren Mühlen.

„Da siehst du es, Neffe. Man darf sich nie zu sehr mit jemandem unter seinem Stand abgeben. Wenn ich daran denke, dass der Doktor neulich hier am Tisch saß, wird mir ganz elend. Ein Mann, der solch ein Gesindel zum Weib hat. Pfui, pfui Teufel!"

Praunfalk überging die Bemerkung seiner Tante. „Ist die Sache nun endgültig erledigt, Matthias?", fragte er stattdessen.

„Ja, so sieht es aus. Der Obersthofmeister möchte die Ermittlungen für beendet erklären. Er hält den Diener Václav für schuldig an beiden Morden."

„Das ist eine sehr gute Nachricht. Dann können wir ja in den nächsten Tagen endlich heim nach Aussee."

„Welch schöner Erfolg. Jetzt, wo eure Geschäfte und Untersuchungen fruchtbar zu Ende gegangen sind, solltet ihr zwei wirklich nicht mehr allzu lange mit dem Aufbruch warten", warf Grünbühel ein. „Die Reise wird bei dem Wetter lange dauern. Bevor ihr Prag verlasst, werdet ihr Helena und mich allerdings noch zu Joachim von Eitzing begleiten. Er lädt uns zu einem Fest bei sich übermorgen Abend ein."

KAPITEL 39

Obwohl man von einer der nahen Kirchen bereits das Läuten der Glocke hörte, lag Božena am nächsten Morgen noch neben ihm, als er erwachte. Sie sah im Schlaf so selig aus, dass Gaiswinkler sie nur sanft mit seinen Lippen auf der Stirn berührte, um sie zu wecken. Mit einem Murren, das eher wie ein Schnurren klang, räkelte sie sich. Die Augen aufschlagend, lächelte sie ihn an. Heinrich Hoffmann von Grünbühel hatte am Vorabend nach sehr viel Fürsprache von Praunfalk eingewilligt, sie von der Dienerschaft in seinem Haus freizugeben. Somit stand ihrer gemeinsamen Zukunft in Aussee nun nichts mehr im Wege.

„Auch wenn in deiner Heimat sehr vieles für mich fremd sein wird, bin ich so unendlich glücklich, mit dir gehen zu können", sagte sie, bevor sie ihn lange küsste. Dann sprang sie aus dem Bett und schlüpfte flink in ihre Kleider. „Bis zu unserer Reise gibt es freilich so einiges für mich zu tun. Ich muss ja all meine Sachen zusammenpacken. Schlaf du aber jetzt noch ein wenig weiter. Und grüble heute nicht mehr zu sehr über die Entscheidung des Oberhofmeisters, mein Schatz."

Nicht lange, nachdem sie ihn verlassen hatte, blinzelte sie allerdings wieder durch die Tür seiner Stube. Neben ihr stand Miguel. Er schien etwas außer Atem zu sein. Hatte es sich Rumpff anders überlegt? Wollte er die Ermittlungen doch weiterführen?

Der Trabant war jedoch nicht deswegen hier: „Guten Morgen, Matthias. Ich komme im Auftrag Seiner Majestät. Der Kaiser hatte vorhin einen plötzlichen Einfall. Er möchte Euch seine Sammlung zeigen, und der Salzamtsverweser kann Euch dabei begleiten. Ihr müsst Euch allerdings beeilen. Was Seine Majestät sich jäh in den Kopf setzt, soll sofort geschehen."

So blieb Gaiswinkler diesmal keine Zeit für ein ausgiebiges Bad. Während Miguel zu Praunfalk lief, wusch und rasierte er sich nur schnell bei der Waschschüssel und zog dann das Gewand über, das er auch bei seiner ersten Audienz getragen hatte. Obgleich ihm Rudolf II. beim letzten Mal so freundlich begegnet war und er kaum etwas von der Distanziertheit, die man jenem nachsagte, gespürt hatte, mischte sich in seine Freude, gleich die Ehre zu haben, die legendäre kaiserliche Sammlung zu sehen, immer mehr die Sorge, bei dieser Führung auf dünnem Eis zu gehen. War er dieses Privilegs denn wirklich würdig?

Praunfalk, der sich für Kunst nur wenig interessierte, schien, als er ihn wenig später in der Vorhalle traf, ebenfalls erregt zu sein, wenn auch aus anderen Gründen. Um die Tatsache, dass er Seine Majestät persönlich kennenlernen durfte, würden ihn in Aussee alle, denen er davon erzählte – und das würde er sicherlich ausgiebig tun –, beneiden. Auf dem ganzen Weg hinauf zum Hradschin sprudelte es nur so vor Ungeduld aus ihm heraus. Gemeinsam mit Miguel eilten sie zu dem Teil der Burg, wo sich nicht nur die kaiserlichen Gemächer befanden, sondern auch die Kunstkammer. Durch die ständig wachsende Zahl an Objekten sei es in den Räumen inzwischen aber schon sehr beengt, erzählte der Trabant, und so habe man vor einigen Jahren mit einem Umbau zum nördlichen Burgflügel hin begonnen. Rudolf II. plane, dort über den Ställen zwei große Säle für seine Sammlung zu schaffen.

Miguel führte sie zu einer Tür, die noch verschlossen war. Die beiden Salinenbeamten standen länger davor, denn wie immer ließ der Kaiser diejenigen, die zu ihm kamen, warten. Er näherte sich erst nach einiger Zeit, mit tänzelndem Schritt. Seine Bewegungen wirkten heute leicht gekünstelt, fast wie die eines Schauspielers, und nachdem sich Gaiswinkler und Praunfalk sehr tief vor ihm verneigt und ihn mit den üblichen Formeln begrüßt hatten, sahen sie in seinen Augen auch ein Flackern, das eine gewisse Unruhe verriet. Doch Rudolf II. empfing seine Gäste mit einem freundlichen Lächeln: „Wie ich sehe, hat Er den anderen Ausseer auch mitgebracht, was mich freut. In Seiner Heimat scheint ein eigenartiges Völkchen zu leben. Da ich noch nie dort war, habe ich auch kaum jemanden davon kennengelernt. Ich hoffe, ihr beide von den fernen Bergen und Seen könnt die Welt, die ich euch gleich zeigen werde, verstehen. Lasst uns schnell hineingehen." Unruhig von einem Fuß auf den anderen tretend, gab er dem Diener, der ihn begleitete, ein Zeichen, die Tür aufzusperren. In der Hoffnung, dass es nicht einer jener Tage war, in denen die Stimmung Seiner Majestät von einem Augenblick zum anderen umschlug, folgten ihm die zwei Salinenbeamten eine gewundene Treppe hinauf.

In dem großen Raum, der sich ihnen danach öffnete, erstreckten sich vom Boden bis fast zum Gewölbe an drei Wänden in mehrere kleine Kammern gegliederte Regale. Pokale, Schalen, Gefäße und Becher aus Bergkristall, Achat, Amethyst, Lapislazuli, Korallen und Jaspis standen darin neben Bezoarsteinen, indianischem Federschmuck, Rhinozeroshörnern, Kokos- und Seychellennüssen, Alraunen, Muscheln, Fossilien und vielem mehr in einer seltsam anmutenden Anordnung eng aneinander. Darüber schwebten ausgestopfte Pfaue, Schwäne, Pelikane, Strauße, Krokodile, Chamäleons und sogar ein Paradiesvogel von der Wölbung der Decke herab. Mit ihren aufgerissenen Mäulern und Schnäbeln sahen sie bedrohlich aus. All das bot sich in einer düsteren, fast gespenstischen Atmosphäre dar. Es waren nur wenige Kerzenleuchter aufgestellt, und obgleich die Sonne an diesem Vormittag die Wolkendecke immer wieder zerriss, durchbrach sie kaum die kleinen, zum Teil mit Tüchern verhängten Fenster. Wenn sich aber doch einer ihrer Strahlen durch eine der Scheiben verirrte, dann blinkte wie durch Zauberhand von den mit Gold und Edelstein verzierten Sachen ein Glitzern auf, das sich als ein wundersames Farbenspiel im Auge brach.

Nicht bloß einmal blieb Gaiswinkler vor einem der hölzernen Kästen länger stehen. Im Unterschied zu Praunfalk, der sich für dieses Zusammenspiel aus Natur und Kunst nur wenig begeistern konnte und stattdessen die meiste Zeit wie gebannt auf den Kaiser starrte. Immer wieder nahm dieser eines der Stücke in die Hand. Wie versunken streichelte er über die edlen und unedlen Steine, und es schien, als ob er in seinen Gedanken mit ihnen spräche.

„Um ein solches Kunstwerk wirklich zu verstehen, darf man nicht nur schauen", begann er dann plötzlich voller Begeisterung zu belehren. „Um seine ganze Schönheit zu erfassen, muss man es berühren. Also kommt her und greift die Dinge an!"

Derweil die zwei Ausseer sich nun getrauten, zaghaft einiges zu betasten, erläuterte der Kaiser ihnen vieles davon, so etwa von der Steinschneidekunst, deren Zentrum, wie er sagte, in Norditalien lag. Dabei nannte er Namen und Begriffe, von denen die beiden zuvor noch nie etwas gehört hatten. „Was Ihr hier gerade zu begreifen versucht, ist nur ein Teil meiner Vorstellung von einer Kunst- und Wunderkammer. Die Sammlung muss noch weiter und weiter vergrößert werden. Denn all das spiegelt mir noch allzu wenig von der Gesamtheit der Welt", erklärte er danach fast wie getrieben.

„Eurer Majestät schwebt also der Makrokosmos im Mikrokosmos vor", warf Gaiswinkler ein. Er stand vor einem Regal, in dem sich mechanische Apparate und Figuren befanden. Rudolf II. bedachte ihn mit einem erstaunten Blick. Ohne etwas zu antworten, holte er ein vergoldetes Schiff mit prächtig bemalten Segeln und bis ins kleinste Detail gestalteten Figuren aus einem der Fächer heraus und stellte es auf ein Tischchen. Dann zog er es mit einem Schlüssel auf, woraufhin sich der kleine Dreimaster in Bewegung setzte und aus seinen winzigen Geschützen Kanonendonner und Rauch ausstieß.

„Eure Majestät, wo konntet Ihr nur alle diese wunderbaren Sachen erwerben?", fragte Gaiswinkler voller Verblüffung.

„Es waren sehr unterschiedliche Wege, auf denen all das, was ihr vor euch seht, hierher fand", bekundete der Kaiser, während er sich mit kindlichem Gemüt an dem dröhnenden Schiffchen wie an einem Spielzeug erfreute. „Einer davon war die Sammlung meines Vaters, die mir allerdings immer zu wenig umfangreich war. Manch andere Dinge erhielt ich durch Geschenke von Gesandten ferner Länder. Das meiste allerdings stammt von Künstlern meines Hofes und von mir Beauftragten, die sich weit über das Heilige Römische Reich hinaus nach Artefakten umsehen. Und so hoffe ich, dass ich in einigen Jahren in den neuen Sälen das Bild der Welt vervollkommnen werde."

Bevor sie den Raum verließen, zeigte Rudolf II. ihnen – nicht ohne Stolz – einige Erzeugnisse, die er auf einem Drehstuhl selbst gefertigt hatte. Es waren keine großen Kunstwerke, aber schön gearbeitete, einfache Kleinigkeiten aus Elfenbein. „Das Drechseln ist nicht schwer", führte er aus. „Wenn sich der Elfenbeinzahn zu drehen beginnt, dann lassen sich mit einiger Begabung und scharfen Instrumenten wundersame Muster in ihn schneiden. Es ist eine Tätigkeit, die zwar viel Geschicklichkeit erfordert, aber den Kopf freihält, um nachdenken zu können. Nicht nur einmal ist mir so die Lösung eines Problems eingefallen."

Während Gaiswinkler sich kaum von den Objekten der Natur hatte losreißen können, lebte Praunfalk im nächsten Zimmer auf. Beim Anblick der unzähligen an den Wänden hängenden Bilder begann er mehrmals, freudig zu grinsen.

Es waren wohl weniger deren mythologische Inhalte, die ihn beeindruckten, sondern vielmehr die voller Wollust dargestellten nackten Körper. Was vermutlich ebenso dem Kaiser, dem man ein reges Liebesleben nachsagte, besonders gefiel. Bei einem Gemälde, das am Boden an einem Schemel lehnte und die erste Sünde der Menschheit abbildete, kam Gaiswinkler irgendetwas seltsam bekannt vor. Als er es noch einmal genauer betrachtete, sah er, was es war. In dem Antlitz Adams, der den blassen Leib Evas in enger Umarmung umschloss, glaubte er, vage die Züge Jacob Renigers zu erkennen.

„Bartholomäus Spranger hat dieses Werk erst gestern Morgen fertiggestellt. Ich muss noch einen geeigneten Platz an der Wand dafür auswählen. Die Entscheidung fällt mir nicht leicht", gab der Kaiser lächelnd zu und meinte dann mehr zu sich selbst: „Soll ich es an die Seite eines anderen Bildnisses von Spranger hängen oder doch lieber neben eines meiner weiteren Hofmaler? In der Nähe von Giuseppe Arcimboldos Werken gefällt es mir nicht, allenfalls nur bei einem der Gemälde mit den vier Elementen, die er für meinen Vater geschaffen hat. Am ehesten wohl dem Feuer." Nachdenklich wandte er sich dem Porträt eines Mannes zu, dessen Antlitz aus brennendem Holz, Kerzen, Kanonen und Pistolen sowie den Symbolen des Ordens vom Goldenen Vlies zusammengesetzt war, um dann aber gleich wieder zu sagen: „Nein, besser scheint es mir bei einem Pieter Brueghel oder Tizian zu sein. Wenngleich … vielleicht sollte ich doch etwas Neues versuchen und es neben einer Grafik von Albrecht Dürer platzieren? Denn das würde mir viel Freude bereiten. Dürer und die anderen verstorbenen Meister muss man viel mehr schätzen. Ja, das werde ich tun."

Rudolf II. wirkte danach immer mehr in sich selbst verloren, und seine Bewegungen wurden fahrig und unruhig. Alles an seinem Gebaren schien darauf hinzudeuten, dass er nun wieder allein sein wollte. Praunfalk, der andächtig davor verharrte, wie Sprangers Feuergott Vulkan der sich nackt vor ihm räkelnden Frühlingsgöttin Maia über die Brüste strich, bemerkte nichts davon. Er war auch sonst wenig sensibel für solche Zeichen. Gaiswinkler hingegen entgingen diese nicht, und so gab er seinem Freund einen Wink, sich aus seiner Verzauberung zu lösen. Tief gebeugt verabschiedeten sich die beiden bald danach submissest von Seiner Majestät. Doch bevor der Kaiser sie entließ, blickte er den Salzamtsgegenschreiber noch einmal wohlwollend an. Mit gütiger Stimme bedankte er sich bei ihm für die Aufklärung der Morde und – trotzdem er, wie er sagte, den Bezoar sehr gern in Händen gehalten hätte – auch für die Rettung der bisher unerforschten Schriftzeichen der Geheimwissenschaften. Er werde diese nun selbst zu entschlüsseln versuchen, um das alchemistische Werk, auf das sie hindeuteten, zu finden.

Woraufhin Gaiswinkler, wie vom Teufel geritten, all seinen Mut zusammennahm: „Es wird Kaiserlicher Majestät vermutlich sehr unverschämt klingen, nach all der Gnade, die Eure Majestät mir erwiesen hat. Aber ich hätte eine große Bitte. Eine Dienerin im Haus Heinrich Hoffmann von Grünbühels hat mir, als ich überfallen wurde, mein Leben gerettet. Wir lieben uns, und ich möchte diese Frau als meine Braut heim nach Aussee nehmen. Wäre es Eurer Majestät möglich, ihr einen Passbrief auszustellen, sodass wir bei der Reise keine Schwierigkeiten bekommen?"

Rudolf II. schmunzelte und versprach, ein solches Dokument nicht nur für Božena, sondern auch für die beiden Salinenbeamten zu erteilen. Und im nächsten Augenblick kehrte er Gaiswinkler und Praunfalk den Rücken zu, um sich allein in seine Sammlung zurückzuziehen.

KAPITEL 40

Der Besuch beim Kaiser hatte Gaiswinkler in den letzten Stunden vieles vergessen lassen. Nicht nur das Grauen im Weißen Turm, mit all den Bedenken, dass durch die Entscheidung des Oberhofmeisters womöglich der wahre Mörder Jacob Renigers ungeschoren davonkam, sondern auch seine Wehmut, bald aus einer Stadt und „anderen Welt", der er wohl nie wieder begegnen würde, fortzugehen. Doch nun, am späten Nachmittag machte sich diese – trotz seiner Freude und seines Glücks, ein gemeinsames Leben mit Božena beginnen zu können – wieder breit. Und so wollte er noch einmal jenem Mann einen Besuch abstatten, den er hier in Prag in den ersten Tagen kennengelernt hatte – dem alten Apotheker Sebastian Alting. Einen Menschen von dessen Gelehrtheit und menschlicher Güte würde er in Aussee vermissen, obgleich ihm dort viele der Holzknechte, Salinenarbeiter und einfachen Bewohner des Ortes mit ihren reichen Kenntnissen aus der Natur und Praxis kluge und geradlinige Gesprächspartner waren.

Als er die Apotheke *Im Richterhaus* betrat, war die Stunde, zu der sie geschlossen wurde, fast gekommen. Es befand sich kein Kunde mehr in der Offizin. Magister Alting stand am Rezepturtisch und füllte behutsam eine klare Flüssigkeit über Kräuter, Gehölze und andere, unbestimmbare Dinge in ein bauchiges Gefäß. In manchem schienen sich Pharmazie und Alchemie tatsächlich nicht unähnlich zu sein, stellte Gaiswinkler für sich fest.

„Welch eine Freude, Euch zu erblicken", sagte Alting, von seiner Tätigkeit aufschauend. „Unsere Stadt hält Euch sichtlich weiterhin gefangen. Was führt Euch zu mir? Ich hoffe, es ist auch diesmal nicht ein Siechtum, an dem Ihr leidet."

Nachdem Gaiswinkler darauf erwiderte, bloß zu Besuch zu sein, um sich vor seiner Abreise zu verabschieden, lud ihn der Apotheker ein, mit ihm einen Becher Wein in seinem bescheidenen Heim, das im oberen Stockwerk lag, zu trinken. Er müsse davor nur noch die Essenz nach hinten bringen und seine Gehilfen nach Hause schicken.

Bereits wenig später betraten sie Altings Wohnung, deren Fenster auf den kleinen Platz vor dem Gebäude zeigten. Sie war voll von schweren Eichenmöbeln, denen man ihr Alter ansah. Trotzdem auf den Kommoden und Truhen Alltagsdinge und solch exotische Gegenstände, wie es sie auch unten in der Offizin gab, wirr nebeneinander lagen und der Boden und die Wände wohl schon lange eine Erneuerung benötigt hätten, strahlten die drei Räume Behaglichkeit aus.

Der alte Magister und der junge Ausseer nahmen im mittleren Raum vor einem hohen dreiteiligen Schrank Platz. Hinter dem Glas des Möbels zeigte sich eine Büchersammlung, die noch reicher als jene von Hoffmann von Grünbühel zu sein schien. Vieles, was dort zu sehen war, erinnerte Gaiswinkler an seinen Aufenthalt in Padua, wo er bei den Buchhändlern herumgestöbert und prachtvoll verzierte lateinische Druckschriften in seinen Händen gehalten hatte, welche er sich wahrscheinlich niemals würde leisten können. Seinen interessierten Blick bemerkend, zeigte ihm Sebastian Alting nicht ohne Stolz einige besonders schön illustrierte Bände – manche davon mit den wichtigsten Texten der Pharmazie. All diese Werke habe er über sein ganzes Leben hin erworben, merkte er an.

„Wenn man älter wird und wie ich ganz allein lebt, dann werden die Bücher zu den engsten Freunden. Man kann mit ihnen zu jeder Zeit sprechen. Sie bieten uns Antworten auf fast alle Fragen, die man ihnen stellt, und schenken uns reiche Erkenntnisse über die Welt. Dieses Gespräch finden wir mit Menschen nur selten. Solche wie Ihr, deren Denken uns anregt, sind rar."

Nach einer Weile wechselte er dann das Thema. Sein Diener – ein zerfurchtes, zittriges Männlein, vermutlich noch älter als sein Dienstherr – hatte die Kanne mit dem Glühwein gebracht. „Nun lasst uns aber trinken und dabei über Euch sprechen", sagte er und nahm einen Schluck aus seinem Becher. „Ihr erzähltet mir doch bei Eurem letzten Besuch, dass Ihr Euch mit dem Mord auf der Kleinseite beschäftigt. Ich hoffe, Pawel Grabowski konnte Euch dabei mit seinem Wissen über die Alchemie helfen." Er unterbrach sich, um statt der immer stärker flackernden Kerze auf dem Tisch eine neue zu entzünden, und erst nachdem er auch noch von einer Anrichte einen Teller mit süßem Gebäck für seinen Gast geholt hatte, fuhr er fort: „Vor ein paar Tagen habe ich von einem meiner Kunden den Namen des Ermordeten erfahren. Ich war sehr verwundert, denn es stellte sich heraus, dass ich diesen ein wenig kannte. Er kam zwei Mal zu mir in die Apotheke, da er ein Heilmittel für ein Leiden in seinen Gedärmen benötigte. Daher möchte ich Euch auch aus persönlicher Neugier fragen: Ist es Euch gelungen, mehr über seinen Mörder herauszufinden?"

„Der Fall wird vermutlich noch heute vom Oberstshofmeister offiziell für gelöst erklärt", erwiderte Gaiswinkler und begann, wieder einmal erstaunt darüber, wie klein sich ihm die Welt in diesem Mordfall zeigte, über die Ereignisse der letzten Tage zu berichten. Nach einer Weile, in dem Augenblick, als er auf Livia zu sprechen kam, riss Sebastian Alting plötzlich, wie vom Blitz getroffen, die Augen auf.

„Livia? Oh nein, das kann nicht sein!"

„Ihr habt auch mit ihr Bekanntschaft gemacht? In Eurer Offizin?"

Der Apotheker, über dessen Gesicht sich ein dunkler Schatten gelegt zu haben schien, antwortete erst eine geraume Zeit später: „Ja, das habe ich. Aber nicht in meinem Geschäft oder sonst irgendwo in Prag."

„Darf ich Euch fragen, wo Ihr ihr dann begegnet seid?", erkundigte sich Gaiswinkler, während sich ihm schon eine leise Ahnung auftat.

„Es liegt länger zurück und geschah an einem weiter entfernten Ort. Vor ungefähr zehn Jahren bin ich nach Polen-Litauen gefahren, in die kleine Stadt Butschatsch, um bei einem befreundeten Händler seltene Kräuter und allerlei anderes zu kaufen, das man bei uns nicht findet. Eines Tages begegnete mir dort auf dem Platz vor der Kirche eine junge Frau. Sie wirkte müde und schwach. Ihre Gesichtszüge verrieten dennoch eine außergewöhnliche Schönheit. Die Lumpen, die sie trug, glichen denen einer Bettlerin, schienen aber einmal ein edles Gewand gewesen zu sein. Ich wollte ihr ein paar Münzen geben, doch sie nahm diese nicht. Stattdessen sprach sie mich an, in der Lingua Italiana, die ich gut beherrsche. Wir kamen ins Gespräch. Nachdem ich ihr gesagt hatte, dass ich Apotheker bin, erzählte sie mir nicht nur, dass sie Livia hieß, sondern auch, dass sie an Husten und an Verletzungen litt. Daraufhin behandelte ich sie mit meinen Arzneien – in dem kargen Unterschlupf, in dem sie hauste. Den dunklen, feuchten Raum voller Unrat, Ungeziefer und Ratten möchte ich Euch nicht schildern. Er war so grauenhaft, dass ich beschloss, Livia in meinem Quartier unterzubringen. Ich ließ sie dort ruhen und besorgte ihr nahrhaftes Essen. Und nach drei Tagen begann sie, mir zu berichten, von all ihrem Schicksal, über das Ihr, wie es mir scheint, ja bereits ausführlich von ihr erfahren habt."

„Ja, das habe ich", bekundete Gaiswinkler. Die Frage, wer es gewesen war, der sie nach Prag mitnahm, hatte er Livia dabei aber seltsamerweise nicht gestellt. Wie er nun bemerkte, musste ihm in den letzten beiden Tagen allerdings ein vager Verdacht gekommen sein, denn die Schilderung Sebastian Altings erstaunte ihn kaum. „Hat sie Euch auch von Reniger berichtet?", fragte er schließlich.

„Nein, sein Name fiel dabei nicht. Jedenfalls äußerte Livia damals in Butschatsch aber, nach Wien reisen zu wollen. Sie wusste jedoch nicht, wie sie das Geld für die Fahrt auftreiben konnte. So nahm ich sie mit nach Prag. Meine Kutsche bot Platz genug, und in Gesellschaft die Strecke zurückzulegen, war erfreulicher, als es alleine zu tun. Davor kaufte ich freilich noch neue Kleider für sie."

„Hat Livia, wenn sie von Euch so gut behandelt wurde, nicht ein Auge auf Euch geworfen?", fragte Gaiswinkler vorsichtig und mehr sich selbst als den Apotheker.

„Meine Gemahlin ist in sehr jungen Jahren verstorben. Das Glück, Kinder zu haben, blieb mir immer verwehrt. Livia war mir von Anfang an wie eine Tochter. In meinem Alter durfte ich mir ja auch nichts anderes ausmalen. Und in Prag begegnete sie schon bald Doktor Schrattenbach. Livia stellte sich ihm als Olivia vor und nahm mir das Versprechen ab, ihm niemals von ihrem Schicksal zu erzählen", erklärte Alting und schenkte Wein in ihre Becher nach. Dann verharrte er eine Weile in Schweigen, bis er den Ausseer bat, zu schildern, was sich im Hause des Arztes zugetragen hatte und wer als Mörder ermittelt werden konnte.

Gaiswinkler legte alles dar, auch seine Zweifel. „Mich beschäftigt noch so vieles. Vor allem, wohin Livia geflohen ist", sagte er danach und erkundigte sich bei dem Apotheker, ob sie ihm in den letzten Jahren vielleicht etwas von ihren Wünschen oder Geheimnissen preisgegeben hatte, das in dieser Frage weiterhelfen könnte.

„Livia offenbarte mir zuweilen etwas aus ihrem Leben. Sie besuchte mich zwar selten, aber doch immer wieder. Ich war ihr Vertrauter, von dem sie wusste, dass er sie nicht begehrte. Und so klagte sie mir manchmal auch ihr Leid. Albrecht Schrattenbach, den sie nicht liebte, schien sie nicht nur gut behandelt zu haben. Er schlug sie offenbar. Das Leben an seiner Seite war ihr außerdem nicht gut genug. Livia sehnte sich zunehmend nach größerem Reichtum und höherem Ansehen", seufzte der Apotheker und räusperte sich. „Im frühen Sommer – es muss Ende Juni oder Anfang Juli gewesen sein – kam sie jedoch eines Tages froheren Mutes zu mir. Unter dem Siegel der Verschwiegenheit erzählte sie mir, dass sie sich seit einigen Wochen heimlich mit einem Mann traf. Schrattenbach dürfe auf keinen Fall etwas davon erfahren. Wer dieser Mann war, verriet sie nicht. Auch sonst berichtete sie mir nichts über ihn. Sie erwähnte allerdings, dass sie immer in einem kleinen Ort in der Nähe des Moldauufers zwischen der Kleinseite und Schalow zusammenkämen, in einem Haus, das ihm gehöre."

„Wisst Ihr, wo man dieses Haus finden könnte?", warf Gaiswinkler ein. „Ich frage nicht nur aus Neugier, denn ich könnte mir vorstellen, dass sie sich jetzt womöglich dort aufhält."

„ Das scheint mir auch Livias einzige Zufluchtsmöglichkeit zu sein. Wie der Ort heißt, erfuhr ich leider nie von ihr. Wenn ich mich aber recht erinnere, sprach sie einmal von einem kleinen Gasthaus *Zu den drei Sonnen*, das es dort gibt, als einzige Wirtsstube weit und breit."

„Ich danke Euch sehr für all die Dinge, die ihr mir heute berichtet habt. Ich fürchte, es ist dabei schon sehr spät geworden", meinte Gaiswinkler mit einem Blick auf die weit heruntergebrannte Kerze auf dem Tisch und leerte seinen Becher.

Doch der alte Magister verabschiedete ihn nicht gleich. Ihm schien noch etwas auf der Seele zu lasten. „Ich hege den Verdacht, dass der Mordfall in meiner Apotheke den Ausgang genommen hat. Denn mir fiel gerade eine seltsame Begebenheit ein. Eines Tages, als Livia mich in der Offizin besuchte, sah ich Jacob Reniger an der Tür. Er wirkte erschrocken, und in dem Augenblick, in dem er eintrat, war er blitzschnell auch wieder verschwunden. Ich denke, er könnte

Livia erblickt haben und ihr gefolgt sein." Sebastian Alting sah nachdenklich vor sich hin. Dann lächelte er plötzlich und ging zu einer Truhe, auf der eine kleine, aus Korallen gefertigte menschliche Figur lag. Er nahm sie und überreichte sie Gaiswinkler. „Selbst wenn wir heute über Betrübliches sprachen, war mir Eure Gesellschaft immer sehr angenehm und willkommen. Daher möchte ich Euch diesen Talisman schenken. Er soll Euch in Eurem Leben Glück bringen", sagte er. Seine Stimme klang gerührt. Nicht nur der junge Ausseer würde einen Freund verlieren, sondern auch der Apotheker.

Nach dem Abschied von dem alten Mann und nach all dem, was er an dem Abend erfahren hatte, überlegte Gaiswinkler auf seinem Weg zurück auf die Kleinseite, ob die Möglichkeit bestand, das Haus in dem Ort außerhalb der Stadt zu finden. Es wäre die Verfolgung einer allerletzten Spur, bevor er endgültig aufgeben wollte.

KAPITEL 41

Die schmale Sichel des Mondes war noch deutlich am Himmel zu sehen, als Gaiswinkler über den Hof zu den Pferden ging. Wenige Stunden zuvor hatte er beschlossen, den Versuch zu wagen, Livias möglichen Unterschlupf aufzuspüren, während eines Gesprächs mit Božena, die von ihm als Einzige vom Hinweis des Apothekers erfahren hatte. Vor allen anderen im Haus wäre es ihm unangenehm, wenn sein Unterfangen scheitern sollte. Da er den Stallknecht, der tief und fest in der kleinen Stube neben der Heukammer schlief, nicht wecken wollte, holte er Sattel und Zaumzeug selbst. Sie gehörten zu Praunfalks Hengst. Der unruhig mit den Hufen stampfende junge Fuchs brauchte weiterhin viel Bewegung. Was eine gute Erklärung dafür bot, an diesem Tag länger hoch zu Ross unterwegs zu sein.

Gaiswinkler ließ das Pferd zunächst gemächlich traben, denn die Dunkelheit legte sich nach wie vor über die Stadt. Erst nachdem er das dicht besiedelte Gebiet hinter sich gelassen hatte, zeigte sich an diesem Morgen, an dem es weder regnete noch schneite, das Licht. Er war entlang der Moldau bisher immer nur Richtung Süden geritten. Diese Gegend hier im Norden, wo zwischen bewaldeten Hügeln und den derzeit brachen Feldern nur vereinzelt Keuschen und größere Bauernhäuser lagen, kannte er nicht. Die von dem sich schlängelnden Fluss geprägte Landschaft gefiel ihm. Und so begann er erst nach einer Weile zu galoppieren. Praunfalks übermütiges Ross, das sich die ganze Zeit über sehr gefügig verhielt, dankte es ihm. Es legte den Weg auf dem trockenen Boden, weiterhin folgsam, mit hoher Geschwindigkeit zurück.

Nach mehreren kleineren Ansiedelungen, an denen sie vorbeiflogen, zügelte Gaiswinkler den Hengst jedoch in den Schritt. Denn es kamen ihnen ein Mann mit einer Frau und einem kleinen Kind in bäuerlicher Kleidung entgegen. Knapp vor den dreien hielt er das Pferd an und beugte sich ihnen herab.

„Gott zum Gruße. Kennt ihr ein Gasthaus, das sich *Zu den drei Sonnen* nennt?" fragte er. Der Blick der Bauersleute verriet, dass sie ihn nicht verstanden. Doch zu seinem Glück hatte Božena ihm den böhmischen Namen der Wirtsstube verraten, wofür er sein Mädchen in diesem Augenblick wieder einmal besonders liebte. „*Hostinec tři slunce?*", versuchte er es ein weiteres Mal. Und siehe da, über das Gesicht des Landmanns ging ein Leuchten. „Ah, Hostinec", rief er und drehte sich um. Dann deutete er nach vorne und in eine Richtung nach links. Da er dabei auch ein paar der wenigen Brocken, die er auf Deutsch beherrschte, einwarf, schien der Ort, in dem die Gaststätte lag, nicht mehr allzu schwer zu finden sein.

Dennoch sollte es etwas länger dauern, bis Gaiswinkler sein Ziel erreichte. Der erste Weg, in den er abbog, endete bei zwei verfallenen Hütten, der zweite bei einer Mühle. Auf dem dritten gelangte er schließlich zu einem kleinen Weiler, durch den ein Bächlein floss. Er bestand aus sechs Bauernhäusern und einer Schänke, die ein Schild mit drei Sonnen trug.

Hostinec tři slunce hatte geöffnet, aber obwohl es die Zeit für das Frühmahl war, saß niemand in der Stube. Der Wirt, erfreut, einen Gast zu sehen, kam gleich auf ihn zu. Da sich bei Gaiswinkler langsam auch der Hunger bemerkbar machte, nahm er an einem der Tische Platz und hörte sich zunächst an, was es zu essen gab. Nachdem er saures Kraut mit geräuchertem Speck und Bratwürsten sowie einen Krug Bier bestellt hatte, fragte er den Wirt, ob ihm hier oder in der Nähe jemals eine blonde, sehr schöne, edler gekleidete Frau begegnet sei.

Die Antwort des fülligen Mannes, der leidlich Deutsch konnte, war zunächst nur ein breites Grinsen. „Ich glaube, ich weiß, wen Er meint. Sie gefällt Ihm wohl. In meiner Stube war sie nicht. Aber ich habe sie einmal auf ihrem Gaul gesehen. Was für ein Weib!", meinte er mit einer schmutzigen Miene und machte einige unsittliche Handbewegungen. Gaiswinkler überging sie.

„Weiß Er, wohin sie geritten ist?, erkundigte er sich.

„Ja, mein Bruder Jaromir hat es mir gesagt. Zu dem Haus, von dem niemand weiß, wem es gehört. Jaromir behauptet, sie treibt es in der Hütte mit einem vornehmen Mann."

„Kann Er mir den Weg dorthin beschreiben?"

„Aha, Er will anscheinend auch seine Freuden mit ihr haben. Ich weiß zwar nicht, ob sie heute da ist, aber Er kann es ja versuchen. Er muss immer dem Bach entlang bis zum Wald und dann nach rechts. Das Haus ist in dem Winkel das einzige Gehöft weit und breit. Dort kann man schön ungestört sein", erklärte der Wirt und lachte noch einmal derb, bevor er sich in die Küche aufmachte, um Speis und Trank zu holen.

Gut ein halbe Stunde später schwang sich Gaiswinkler wieder in den Sattel. Den Wald, an dem sich Livias Liebesnest befinden sollte, sah er in nicht allzu weiter Ferne vor sich. Als er ihn erreicht hatte, tauchte bald auch ein niedriges Häuschen in seinem Blickfeld auf. Die Wände über und über mit Moos bewachsen, lag es halb versteckt hinter Nadelgehölz. Alles daran machte den Eindruck, die meiste Zeit ein unbewohntes Dasein zu fristen. Gaiswinkler stieg vom Pferd ab und führte es das letzte Stück neben sich her. Während er sich vorsichtig dem kleinen Gehöft näherte, stellte er sich kurz die Frage, was er denn tun sollte, wenn er hier Livia mit ihrem Geliebten oder diesen allein vorfände. Eine Überlegung, die er seltsamerweise bisher immer wieder verdrängt hatte.

Bei dem Häuschen angekommen, band er das Ross an einer Holzstange an und klopfte an das Tor. Es verwunderte ihn nicht, dass ihm niemand öffnete, denn als er daraufhin an allen Seiten durch die Fenster blickte, bewahrheitete sich das, was er befürchtet hatte. Wie in dem hinten angrenzenden Stall, der wohl schon lange kein Nutzvieh mehr gesehen hatte, befand sich auch im Inneren keine Menschenseele. Dass er sich dort nicht genauer umsehen konnte, ärgerte ihn. Die Eingangstür war fest verschlossen. Enttäuscht ging er zurück zu Praunfalks Fuchs. Der Hengst, ein genauso sturer Ausseer wie er, schaute ihn aus seinen braunen Augen an. So als würde er ihn fragen: „Gibst du wirklich so schnell auf, Matthias?" Dem jungen Ross über den Nacken streichend, kam ihm plötzlich ein Gedanke. Im Salzkammergut legte man den Schlüssel, wenn man fortging, unter einen Topf in der Nähe der Tür, der den Verwandten, wenn sie einen daheim nicht antrafen, trotzdem Zutritt zum Haus bot.

Auch hier standen zwei Gefäße, zwar nicht vorne beim Eingang, aber an der rechten Seitenwand. Und unter einem der beiden hölzernen Tröge stieß Gaiswinkler tatsächlich auf einen Schlüssel. Er schloss die Tür auf und gelangte in den einzigen Raum des kleinen Guts. Es war eine geräumige, an den Wänden offenbar frisch geweißte Stube mit einem Herd, einem Kamin und nur wenigen Möbeln, deren Aussehen hier irgendwie deplatziert wirkte. Denn das große Bett, der Tisch, die beiden Armstühle und die Kommode entsprachen der Ausstattung eines adeligen Haushalts in der Stadt und keinesfalls dieser Keusche und ihrer bäuerlichen Umgebung. Keines der Dinge, die er hier erspähte, gab ihm aber irgendeinen Hinweis darauf, welchem Adeligen dieses Häuschen gehörte. Bis er die zwei Laden der Kommode aufzog und gleich darauf erstarrte. In der oberen lagen der Pfeifenkopf, das Rohr sowie das Mundstück eines Tschibuks und eine kleine Perlmuttdose, reich an Verzierungen. Eine solche, wie er sie bei Joachim von Eitzing gesehen hatte. Das Stück, das er im unteren Schubfach neben einigen Laken fand, ließ ihn genauso sprachlos zurück. Es war ein großer, schwarzer Hut mit einer breiten Krempe, auf der sich an einer Seite sechs glitzernde Halbedelsteine befanden – wohl ähnlich der von František beschriebenen Kopfbedeckung des Mörders.

Etwas, das ihm heute Morgen noch völlig verrückt geklungen hätte, schien Gaiswinkler nun kaum mehr fraglich zu sein. Und schon bald, nachdem er mit dem Pfeifenkopf, dem Döschen und dem Hut das Haus samt der einsamen Gegend verlassen hatte, fiel ihm eine Möglichkeit ein, wie er, ohne Hilfe des Obersthofmeisters, Joachim von Eitzing des Mordes überführen und das Verbrechen an Jacob Reniger endgültig aufklären könnte.

KAPITEL 42

Als er das Ross zurück in den Stall brachte, traf er vor der Sattelkammer Praunfalk mit den Taschen des Packpferdes in der Hand. „Wo warst du so lange Matthias?", fragte sein Freund in jenem leicht unwirschen Ton, den er gelegentlich bei den Salinenarbeitern in Aussee walten ließ. „Wir müssen noch etliche Vorbereitungen für die Reise treffen. Am liebsten würde ich schon am morgigen Tag los. Uns hält nichts mehr hier."

„Ja, lass uns morgen aufbrechen. Dein Fuchs wird dir nach dem langen Ausritt ja nun hoffentlich auch wie ein Lämmchen sein", stimmte ihm Gaiswinkler zu und übergab den Hengst dem Stallknecht, damit er ihn absattelte und sein verschwitztes Fell trockenrieb. Er erwähnte mit keinem Wort, wohin er geritten war. Die im Häuschen entdeckten Sachen hielt er unter seinem Mantel verborgen. Praunfalk, der manchmal zu schnellen, wenig durchdachten Handlungen neigte, sollte noch nichts von seinen Funden wissen, zumal er sich selbst keineswegs sicher war, dass diese tatsächlich zu etwas führen würden.

Bis zum Empfang bei Joachim von Eitzing waren es nur mehr wenige Stunden. Eine Zeit, in der die beiden Ausseer eilig hin und her huschten, um Papiere, Kleidungsstücke, Reisegeschirr und alles andere Notwendige für die Heimreise zusammenzusuchen und in ihren Zimmern in Haufen zu stapeln. Obwohl Gaiswinkler dabei kaum Ruhe zum Nachdenken fand, spürte er immer mehr seine Anspannung. Božena, die ihnen half, schien es zu bemerken. Sie sah ihn deshalb nicht nur einmal fragend an, ließ es aber bei den Blicken bewenden.

Nachdem die Abendstunde schließlich angebrochen war und er sich noch schnell umgekleidet und seine Locken gebändigt hatte, begab er sich zum Vestibül des Hauses. Bereits nach Kurzem hallte ihm von dort das Keifen der Gräfin entgegen: „Lass die Kutsche anspannen, Heinrich. Wenn die Lobkowitz und die Trautsons eingeladen sind, können wir unmöglich zu Fuß erscheinen."

„Es sind nicht allzu viele Schritte, meine Liebe."

„Du machst jetzt, was ich sage. Denn ich kann auch daheimbleiben. Mir den schwangeren Leib von Catharina – jemandem, der wirft wie ein Karnickel – anzuschauen, bereitet mir ohnehin kein Vergnügen. Glaube mir."

So drohend und keinen Widerspruch duldend, vereinte Helena von Grünbühel, aufgeputzt und mit reichlich Schmuck behängt, in ihrer Erscheinung gleichzeitig die Ebenbilder einer Matrone und einer Furie. Ihrem Ehemann blieb nichts anderes übrig, als Karel herbeizurufen und ihren Wunsch ausführen zu lassen. Er tat es in einem merklich gereizten Ton. Praunfalk, der danebenstand, schien das alles unangenehm zu sein. Das Angebot des Grafen, ebenfalls die Kutsche zu nehmen, lehnte er dankend ab. Ohne noch einen Augenblick länger zu warten, brach er mit seinem Freund in die Karmelitergasse auf.

Mit tief in den Manteltaschen vergrabenen Händen marschierte Gaiswinkler neben ihm her. Seine rechte Hand spürte die Kälte des Perlmutts, und bei jedem zweiten Schritt schlug der Pfeifenkopf, den er innen an seinem Hosenbund befestigt hatte, an seine linke Hüfte. Er war schweigsam, vollkommen fern der ihm sonst eigenen Beredsamkeit, was Praunfalk zum Glück aber nicht auffiel.

Das Palais Eitzing strahlte ihnen schon von fern entgegen, noch viel heller beleuchtet als bei ihrem letzten Besuch. Vor dem Tor standen fünf prächtige Zweispänner. Ein weiteres, weniger edles Gespann nahte heran. Ihm entstiegen mit saurer Miene Heinrich und Helena von Grünbühel. So betraten die beiden Ausseer doch im Gefolge des Grafen und der

Gräfin das Haus, in dem sich der Gastgeber bei den festlichen Dekorationen diesmal selbst übertroffen hatte. Obwohl es Winter war, sah man in den Arkaden des Innenhofs und in den Wandnischen entlang der Treppe hinauf in das erste Geschoss zwischen Kerzenlicht in Vasen aus feinem Glas Blumen in mehreren Farben, die vermutlich aus einem Pomeranzenhaus kamen. Dass Eitzing in seinem Garten ein solches besitzen könnte, verwunderte Gaiswinkler, hörte man davon bislang doch fast nur von Fürstenhöfen. Auch der große Saal, in den sie gebeten wurden, erwartete sie mit einer noch weitgehend unbekannten – aus Spanien stammenden – Mode: Die Wände waren über und über mit gegerbten Lederstücken bespannt, die einfache, aber schöne Muster prägten und Blattgold bedeckte.

Joachim von Eitzing begrüßte seine Gäste ganz gelassen, ohne seine Gemahlin. Catharina lasse sich entschuldigen, meinte er. Sie wolle sich in ihrem Zustand nicht in größerer Gesellschaft zeigen. „Gott sei gedankt", dachte Gaiswinkler. Das erleichterte ihm die Sache ein wenig. Denn er musste zumindest nicht von Angesicht zu Angesicht und vor vielen Leuten eine kurz vor der Niederkunft Stehende mit einer für sie bitteren Wahrheit konfrontieren.

Der Salzamtsgegenschreiber war der Einzige ohne Adelstitel an einem Tisch mit fünfzehn erlauchten Persönlichkeiten. Ihm wurde der Platz zwischen Fürst Zdeněk Vojtěch Popel von Lobkowitz und dessen Cousine Clara zugewiesen – einem rundlichen Mann, kaum älter als er, der ihm freundlich entgegenkam, aber trotzdem irgendwie unnahbar wirkte, und einem mageren, blutarmen Mädchen mit vorstehenden Augen, das so leise wisperte, dass man es fast nicht verstand. Die Gespräche an der Tafel, auf der sich die Platten unter den herrlichsten Speisen bogen, verliefen allerdings erfreulich locker, ohne jegliches Zeremoniell. Da ihm die Zeit für seinen Plan noch nicht ganz reif schien, ließ Gaiswinkler sich auf die Unterhaltung ein. Dabei vermied er es, den schräg gegenübersitzenden Hausherrn allzu oft anzublicken.

Schon nach Kurzem kam man auch auf den Mord auf der Kleinseite zu sprechen. Eitzings Schwager Paul Sixtus von Trautson wandte sich mit einem Lächeln an ihn und sagte: „Ich habe von Joachim gehört, junger Mann, dass Ihr erheblich dazu beigetragen habt, zwei schreckliche Verbrechen aufzuklären. Ich denke, alle von uns hier wollen mehr darüber wissen, wie Ihr vorgegangen seid."

Die Fragen, die man ihm daraufhin fast den gesamten zweiten Gang über stellte, beantwortete Gaiswinkler sehr zurückhaltend. Als man schließlich wieder zu anderen Themen überging, hatte niemand erfahren, dass in seinen Augen der Mörder Renigers noch frei herumlief.

Derweil war die Stimmung an der Tafel immer ausgelassener geworden und Clara ihm am Rande der Unschicklichkeit näher gerückt. Während die Krüge mit Wein weiter und weiter ihren Weg in die schon reichlich gesättigten Schlünde fanden und das Lachen der Gesellschaft mehr und mehr anschwoll, sollte aber noch geraume Zeit vergehen, bis endlich jener Augenblick kam, auf den er gewartet hatte. Joachim von Eitzing verließ den Raum. Kurz darauf entschuldigte sich Gaiswinkler bei seinen Tischnachbarn mit der Begründung, austreten zu müssen, und ging ebenfalls hinaus. Er kehrte nur wenig später zurück, um im Vorbeischlendern unauffällig die Perlmuttdose und den tönernen Pfeifenkopf des Tschibuks auf den Platz des Gastgebers zu legen.

Unruhig vor dem, was nun geschehen würde, setzte sich der junge Ausseer wieder und wartete eine gute Weile. Eitzing erschien länger nicht, und nach seiner Rückkunft fiel ihm zunächst auch nichts auf, da Paul Sixtus von Trautson ihn gleich in ein Gespräch zog. Erst als er einen Schluck aus seinem Glas nehmen wollte, bemerkte er die beiden Rauchutensilien daneben. „Nanu, was macht denn meine Tabakdose hier? Ich habe sie ja noch gar nicht geholt", meinte er erstaunt, wandte sich aber sofort wieder seinem Schwager zu. Nach ein paar Sätzen unterbrach er sich jedoch plötzlich mit gerunzelter Stirn. Er ergriff das Döschen und betrachtete es nochmals genauer. „Das Perlmutt ist mit Blumen verziert", murmelte er vor sich hin, und Gaiswinkler musste sehr genau die Ohren spitzen, damit er hörte, was er sagte. Was Eitzing danach äußerte, war hingegen gut zu verstehen. Denn er rief zum anderen Tischende hin: „Heinrich, hier ist die Tabakdose, die Johann Franc dal Faro dir zum Abschied in Konstantinopel geschenkt hat. Es kann nur deine sein, denn meine trägt ja ein Vogelmotiv. Und dieser Pfeifenkopf gehört mir auch nicht. Die Sachen hat wohl jemand irrtümlich hier hergelegt. Ich lasse sie dir vom Diener bringen."

Heinrich Hoffmann von Grünbühel blickte verwirrt. „Nein, nein das können nicht meine sein. Ich habe sie verloren."

„Das sind deine, mein Lieber", stellte seine Ehefrau, die näher an Eitzing saß, laut fest. „Ich habe sie zwar schon länger nicht gesehen, aber ich erkenne sie eindeutig wieder. Untersteh dich allerdings bitte, mit diesem widerlichen Kraut hier die Luft zu verpesten." Mit einem etwas verkrampftem Lächeln nahm der Graf darauf Dose und Pfeifenkopf an sich. Er wirkte, als ob er angestrengt nachdächte.

Gaiswinkler war verblüfft. Seit seinem Besuch in dem vermoosten Häuschen am Vormittag war er sich fast sicher gewesen, dass Livias geheimer Liebhaber Joachim von Eitzing hieß. Sein hoher Stand und sein feudales Palais entsprachen ohne Zweifel ganz ihren Vorstellungen von Adel und Reichtum. Dass Eitzings Gemahlin die meiste Zeit in anderen Umständen verbrachte und dadurch ihrem Ehemann nicht die Leidenschaft und Aufmerksamkeit, die sich dieser vielleicht wünschte, entgegenbringen konnte, wäre für ihn eine mögliche Erklärung gewesen, warum sich der Gesandte auf ein Verhältnis einließ – mit einer nichts als die reine Sinnlichkeit verkörpernden Frau. Das, was soeben im Saal geschehen war, bedeutete aber einen völligen Umsturz dieser Theorie. Und es zeichnete sich eine Lösung ab, die ihm so gar nicht gefiel. Sein Gastgeber in Prag, der Onkel seine Freundes Christoph Praunfalk, schien derjenige zu sein, nach dem er seit Wochen suchte.

Wie sollte er nun weiter vorgehen? Heinrich Hoffmann von Grünbühel ahnte vermutlich bereits, wer die beiden Habseligkeiten aus seinem Liebesnest herbeigebracht hatte. Zwei Gegenstände, die ihn freilich bloß als Geliebten von Livia entlarvten. Dass man ihn auch als Mörder von Jacob Reniger festnageln konnte, wusste er noch nicht.

Während die Tischrunde immer angeheiterter miteinander plauderte, beschloss Gaiswinkler, so schwer es ihm fiel, trotzdem einen Angriff zu wagen und das Getratsche mit energischer Stimme zu unterbrechen. „Werter Graf", sagte er zu Grünbühel, worauf dieser heftig zusammenzuckte. „Ich denke, Euch ist mittlerweile bewusst, dass nur ich es sein kann, der von Eurem Häuschen außerhalb der Stadt Kenntnis erhalten hat. Es wird Euch sicher lieber sein, wenn wir beide dieses Gespräch draußen fortsetzen, zumal ich nicht nur diese beiden Tabakutensilien gefunden habe, sondern auch …" Weiter kam Gaiswinkler nicht, denn Helena von Grünbühel begann, mit knallrotem Gesicht hemmungslos zu schreien. Ihre Adern am Hals schwollen dabei so gewaltig an, dass man glauben konnte, sie würden im nächsten Augenblick platzen.

„Wovon spricht dieser untergeordnete Bedienstete einer Saline, Heinrich? Was ist das für ein Haus? Warum weiß ich davon nichts? Hast du dich dort mit einem Weib getroffen? Ich ahne doch schon seit Langem, dass du mich betrügst. Du kannst es einfach nicht lassen. Wer ist es? Nein …" Die Gräfin hielt kurz inne, so als ob ihr ein Gedanke eingeschossen war. „Nein, bitte nicht, bitte nicht Schrattenbachs Hure!

Ich hasse dich! Gott hat mich gestraft, als ich mit dir verheiratet wurde." Wutentbrannt sprang Helena von Grünbühel auf und raffte ihre Röcke zusammen. Ohne weiteren Ton eilte sie erhobenen Hauptes aus dem Saal.

Keiner bemühte sich, sie daran zu hindern. Es herrschte Totenstille. Nicht der geringste Atemzug war zu hören, die Situation war allen peinlich. Einige hatten ihre Augen auf den Graf gerichtet, der blasser als blass seine Umgebung offensichtlich kaum mehr wahrnahm. Er saß mit versteinerter Miene da, ins Leere stierend. Paul Sixtus von Trautson durchbrach schließlich das Schweigen: „Heinrich, du weißt wohl selbst gut genug, dass niemand aus unserer Gesellschaft in der Öffentlichkeit so eine Szene machen darf. Helenas Benehmen ist unmöglich. Es geht mich natürlich nichts an, wie du dein Leben gestalten willst, aber glücklich wirst du mit dieser Ehefrau nicht mehr werden." Grünbühel erwiderte nichts.

Da nun ohnehin schon alles egal zu sein schien, ergriff Gaiswinkler wieder das Wort, so laut, dass alle es hören konnten. „Euer Verhältnis mit Livia würde wohl nicht so schwer wiegen, werter Graf, hätte ich in Eurem Häuschen nicht auch einen Hut gefunden. Jenen außergewöhnlichen Hut, den mir ein Zeuge beschrieben hat, der das Verbrechen an Jacob Reniger beobachtete. Es ist der Hut des Mörders."

„Matthias, was willst du damit andeuten? Mein Onkel soll der Mörder von Reniger sein? Das ist doch unmöglich", brachte sich nun entrüstet Praunfalk ein, der zuvor vollkommen sprachlos gewesen war.

„Nein, leider ist es das nicht. Der Novize František, von dem ich dir ja erzählte, ist mir ein vertrauenswürdiger Zeuge."

„Ein Novize im Umkreis eines dir verhassten Jesuiten, der dich umbringen lassen wollte, ist dir ein vertrauenswürdiger Zeuge? Matthias, so sehr ich dich schätze, aber hier bist du am vollkommen falschen Weg. Mein Onkel kann nie und nimmer ein Mörder sein. Nia neamma nia nit!" Energisch den Kopf schüttelnd, war Praunfalk in den Dialekt der Ausseer verfallen.

„Lass es, mein lieber Neffe", bat eine müde Stimme, „Gaiswinkler hat recht." Heinrich Hoffmann von Grünbühel war aus seiner Totenstarre erwacht. „Mein Leben macht keinen Sinn mehr. Und so werde ich jetzt nichts leugnen. Obwohl ich weiß, dass es an dieser Tafel nicht nur Menschen gibt, die mir wohlgesonnen sind, sondern auch solche, die sich an meinem Schicksal ergötzen werden", seufzte der Graf und leerte sein volles Glas Wein in einem Zug. „Ich habe Jacob Reniger erdrosselt", fuhr er dann fort. „Für die Frau, in die ich mich vor vielen Jahren in Konstantinopel bei ihrem ersten Anblick in einer Gasse von Pera verliebt habe. Sie lehnte an einer Mauer, im Gespräch mit Johann Franc dal Faro – nicht älter als ich, aber trotzdem so unerreichbar für mich. Über sie wurde damals so manches geredet. Ich sah sie dann noch einige Male in den Straßen, bisweilen auch in Begleitung Jacob Renigers. Niemals hätte ich gedacht, ihr in meinem Leben noch einmal zu begegnen. So traute ich, als ich heuer im Frühling eines Tages in die Altstadt spazierte, kaum meinen Augen. Auf der Brücke kam mir Livia entgegen, jene junge Frau, die ich seitdem nie vergessen konnte. Aus Schicklichkeitsgründen hätte ich sie nie ansprechen dürfen, doch ich war so erstaunt, dass ich es trotzdem tat. Ich stellte mich vor und erwähnte meinen Aufenthalt in Konstantinopel und meine Bekanntschaft mit dal Faro, den sie ja offensichtlich kannte. Obwohl sie erst versuchte, so zu tun, als sei sie nie im Osmanischen Reich gewesen, ließ sie sich dann plötzlich auf eine Unterhaltung mit mir ein. Danach trafen wir uns immer wieder. Zunächst ritten wir nur gemeinsam in die Felder und Weinberge rund um die Stadt. Auf einem unserer Ausflüge entdeckte ich das alte Häuschen. Hier gab es für uns bald in unserem Unglück mit Albrecht

Schrattenbach und Helena ein wenig Glück. Wir planten ein neues Leben miteinander, in Österreich oder Italien, bis vor ein paar Wochen aus heiterem Himmel Jacob Reniger auftauchte. Livia erklärte mir, dass er ein grausamer Mensch sei, der uns bei unserem Vorhaben gefährlich werden konnte. Außerdem befände sich in seinem Besitz ein wertvoller Bezoar, den er ihr gestohlen habe. Wenn wir diesen zurückbekämen, sei unsere gemeinsame Zukunft eine viel leichtere. Und um die Geister der Vergangenheit für immer verschwinden zu lassen, sehe sie keine andere Möglichkeit, als Reniger dauerhaft aus dem Weg zu schaffen. Sie hatte sich mit ihm verabredet, ich ging an jenem Abend statt ihr hin und lauerte ihm auf. Leider habe ich mich davor nicht noch umgekleidet und trug den Hut, den sie so gern an mir mochte. Euch, Christoph und Matthias, brauche ich wohl nichts Weiteres zu erklären. Von der Erpressung durch den Hofzwerg erfuhr ich nichts, ich habe Livia nach meinem Podagraanfall nicht mehr gesehen. So weiß ich auch nicht, ob dieser Niderthor etwas über uns beide und mein Vergehen an Reniger herausgefunden hat. Das ist nun freilich alles einerlei. Livia hat mich trotz dem, was ich für sie tat, verlassen. Ich bin ein gebrochener Mann."

Jegliches Feuer schien in Heinrich Hoffmann von Grünbühel erloschen zu sein, die Stirn und die Schläfen schweißgebadet, sank er matt zurück. Leichenblass und vollkommen stumm saß er da, bis sich unerwartet eine letzte Glut in ihm regte. Mit einem Stöhnen, tief aus seiner Brust, stemmte er sich hoch. Dabei stieß er seinen Sessel stürmisch von sich, so heftig, dass der Stuhl mit einem Krachen umfiel. Unmittelbar darauf rannte er wie ein Getriebener los. Joachim von Eitzing versuchte, ihn kurz vor der Tür am Arm zu packen und aufzuhalten – ein vergebliches Unterfangen. „Lass mich!", schrie Grünbühel, die Hand des Gesandten wegdrängend, und hastete hinaus. Indessen waren Gaiswinkler und Praunfalk fast gleichzeitig aufgesprungen, um ihm nachzueilen. Draußen auf der Treppe wollten die beiden erst die Stufen hinab, aber der Graf hatte offenbar den Weg in das letzte Stockwerk genommen. Und so liefen auch sie hinauf, wo sie im selben Moment, als sie oben anlangten, den Fliehenden am Ende des langen Korridors auf das Brett eines offenen Fensters klettern sahen. „Onkel, nein!", rief Praunfalk noch. Doch es war zu spät. Ehe sie das Fenster erreichten, erklang ein lauter Schrei, von gespenstischer Ruhe gefolgt. Heinrich Hoffmann von Grünbühel hatte sich hinunter gestürzt, in den tiefen Graben entlang der Hausmauer.

An der Seite von Eitzing und einigen der Gäste standen Gaiswinkler und Praunfalk nicht viel später dort unten im Fackelschein vor dem Leichnam des Grafen. Alle schwiegen und starrten betroffen auf den Körper zu ihren Füßen, der in verrenkter Haltung in einer Blutlache, die sich weit ausbreitete, lag. Grünbühel musste sofort tot gewesen sein. Nach einer langen Weile erhob Fürst Zdeněk Vojtěch Popel von Lobkowitz, der Ranghöchste unter ihnen, seine Stimme: „Es stimmt mich traurig und ist beschämend, dass ein Adeliger in unserem Land zum Mörder wurde. Er hat auch mit seinem freien Tod eine schwere Sünde begangen. Diese ist, so schrecklich das klingen mag, für uns alle jedoch besser, als wenn der Graf verurteilt und mit dem Schwert geköpft worden wäre. Unter dem Geheul der Menschen, die sich an seiner Hinrichtung erfreuen. Friede seiner Asche. Er war trotz allem einer von uns und hat letztlich seine Schuld eingesehen und die Konsequenz gezogen."

Zeitig in der Früh des nächsten Tages kam Miguel mit den Passbriefen für Božena und die beiden Salinenbeamten. Der Trabant hatte auch einen mit Emailkunst und kleinen Edelsteinen verzierten silbernen Becher bei sich sowie einen

Sack mit Goldmünzen und einen Brief. Es war ein kurzes Schreiben Rudolfs II., in dem sich der Kaiser noch einmal bei Gaiswinkler bedankte, mit einem Hochzeitsgeschenk und einer großzügigen, in Aussee weit über den Kauf eines Hauses hinausreichenden Belohnung. Eine Stunde später machten sich die drei dann auf ihre Reise in Richtung Süden auf. Ohne eine Verabschiedung von Helena von Grünbühel. Sie war von der Nachricht über das Schicksal ihres Ehemannes zwar weitgehend unberührt geblieben, wollte sich ihnen aber nicht mehr zeigen.

Auf einem der Hügel vor der Stadt wendete Gaiswinkler sein Pferd, um noch einmal auf die hundert Türme zu blicken, über denen sich die Sonne soeben mühsam durch die Wolkendecke zu kämpfen versuchte. Božena, die auf einem Schimmel aus dem Stall des Grafen ritt, drehte sich zu ihm um und lächelte. Vor ihnen lag in den nächsten Wochen ein beschwerlicher Weg. Doch das Leben danach versprach, ein gutes zu werden.

NACHWORT
Eine Reise zwischen historischer Realität und schöpferischem Schreiben

So mancher in der Geschichtswissenschaft Tätige ist der Meinung, dass es wohl leichter sei, einen historischen Roman zu schreiben als eine wissenschaftliche Abhandlung. Vor allem, weil man dabei die Figuren selbst erschaffen könne und dadurch viel weniger Rücksicht auf den Kontext zeitgenössischer Ereignisse und Strukturen nehmen müsse. In einem Roman sei im Gegensatz zu einer wissenschaftlichen Darstellung ein freies Spiel mit Handlungen, Namen, Personen und Chronologien möglich. Doch so einfach ist das nicht.

Wenngleich einer von uns beiden zwei wissenschaftliche Werke über Rudolf II. publiziert und sich intensiv mit der Frühen Neuzeit beschäftigt hat, war uns bewusst, dass sich beim Verfassen eines historischen Romans viele zeitgenössische Randfragen stellen, die noch nicht in all ihren Nuancierungen erforscht wurden. Und so musste auch die Haupthandlung unseres Buches, die im Jahr 1594 spielt, nicht nur im Großen, sondern auch im Kleinen in die Erkenntnisse der Geschichte eingebunden werden.

Dieses Jahr liegt in einer Epoche der Habsburgermonarchie voller Schwierigkeiten. Die noch nicht gänzlich gelöste konfessionelle Frage zwischen Reformation und Gegenreformation war noch deutlich spürbar, und der kurz zuvor begonnene Krieg mit dem Osmanischen Reich, obwohl weit weg von Prag, wo der Kaiser seit 1583 residierte, zeigte die Überlegenheit des Osmanischen Heeres auch aus der Ferne deutlich auf.

Die Komplexität der Persönlichkeit Rudolfs II., die in der Literatur sehr umstritten ist, warf auch so manches Problem für seine Darstellungsweise auf. War er nur der versponnene

Sonderling, der sich für Kunst und mystische Wissenschaften weitaus mehr interessierte als für das Regieren? Das Bild eines vollkommen Verrückten wollten wir keinesfalls zeichnen.

Doch diese „großen Linien" waren nur ein Teil unserer Bemühungen, denn der Lebensstil jener Zeit war manchmal schwer zu beschreiben. Der Alltag des 16. Jahrhunderts scheint in groben Zügen erforscht zu sein, doch gerade der kleine Teil, von dem man weniger weiß, ist derjenige, der für einen Roman besonders wichtig ist. Und so stellte sich für uns schon bald auch die Frage: Wie sprachen sich die mitwirkenden Personen an, und wie flexibel ging man im gesprochenen Wort etwa mit den Höflichkeitsformen um? Da es natürlich keine Tonaufnahmen aus dem 16. Jahrhundert gibt, kann man sich dabei ja nur auf schriftliche Dokumente dieser Zeit stützen. Hätten wir die Aussagen der handelnden Personen des Romans allerdings nur wie in den überlieferten schriftlichen Quellen wiedergegeben, wäre das für die meisten Leserinnen und Leser kaum verständlich. Und so haben wir uns bei der direkten Rede zu einem Kompromiss durchgerungen: Wir vermieden einerseits alle Wörter, die man im 16. Jahrhundert noch nicht kannte, und klammerten Modernismen wie das Gendern oder die Political Correctness, die es damals schlicht noch nicht gab, aus. Andererseits versuchten wir, die Sprache, trotzdem wir so manche altertümliche Ausdrucksweise wählten, an das Heute anzupassen, um das Bild der Zeit vor Augen zu führen.

Bei der Namensgebung unserer Romanfiguren haben wir auf unterschiedliche Weise mit Menschen, die damals tatsächlich gelebt haben, und solchen, die von uns frei erfunden wurden, jongliert. Nicht wenige Figuren, die in der Handlung eine aktive Rolle spielen, sind nach bekannten historischen

Persönlichkeiten benannt. Dazu gehören nicht nur Kaiser Rudolf II., sondern auch die Menschen im näheren Umkreis seines Hofes, wie etwa Obersthofmeister Wolf Siegmund Rumpff vom Wullross oder Rudolfs Berater Johann Barvitius und die Adeligen Paul Sixtus Trautson, Georg Popel von Lobkowitz sowie einer der bevorzugten Künstler des Kaisers, Bartholomäus Spranger.

Mit einer anderen historischen Persönlichkeit mussten wir anders verfahren. Obwohl Joachim von Sinzendorf, ein Gesandter der Konstantinopelreise, auf die wir in etlichen Details Bezug nehmen, eine Schlüsselfigur des Romans darstellt, konnten wir ihm, da er in der Zeit der in Prag angesiedelten Handlung bereits verstorben war, nicht seinen eigentlichen Namen geben. Um ihn zu benennen, haben wir auf ein ausgestorbenes Adelsgeschlechts zurückgegriffen, jenes der Herren von Eitzing. Andere tatsächlich existierende zeitgenössische Personen werden nur in Gesprächen genannt: Francesco I. de Medici, der Fürst von Siebenbürgen Sigismund Báthory, Giovanni Pietro Magni, David Ungnad und Martin Luther sind solche. Auch beim Osmanischen Herrscher Murad III. und den Frauen rund um ihn haben wir ebenso wie bei den Wissenschaftlern Artephius, Al-Tughrai, Masāgāwai, Aristoteles und vielen anderen diesen Weg gewählt. Sie alle kommen nur in Erzählungen vor.

Eine beträchtliche Zahl an Protagonisten sind Menschen mit einem überlieferten Namen, aber ohne historisches Vorbild: Conte Andrea Galeazzo, José Alvarez, Joachim von Eitzing, Johann Hoffmann von Grünbühel, Helena von Schnitzenbaum, Jacob Reniger, Albrecht Schrattenbach sowie Ferdinand und Veronika Andraský von Audráz.

Etwas anders gestaltet es sich bei Christoph Praunfalk, er trägt den Namen eines der bekanntesten Salzamtsverweser von Aussee, der zur Zeit unserer Handlung allerdings schon lange nicht mehr lebte.

Die letzte stark im Text vertretene Gruppe umfasst gänzlich frei erfundene Charaktere: Matthias Gaiswinkler, der Hofzwerg Thommerl Niderthor, Gaiswinklers Geliebte Božena, deren Verwandte Eliška, der Trabant Miguel, der Apotheker Sebastian Alting, Livia und verschiedene Diener sind neben anderen hier zu nennen. Die beiden handelnden Alchemisten Salomon Porticus und Pawel Grabowski muss man ebenfalls zu dieser Gruppe zählen, auch wenn sie nach großen Gelehrten stilisiert sind.[1]

Obwohl wir in unserem Roman immer die Chronologie der zeitgenössischen Ereignisse so gut wie möglich zu berücksichtigen versuchten, haben wir es uns einmal erlaubt, eine historische Episode vorziehen: die Geschichte von den drei Fliegen, in denen Rudolf II. den Papst, den spanischen König und seinen Bruder, Erzherzog Matthias, sehen wollte. Sie findet sich in einem Zitat der Nuntiatur-Berichte von 1603–1606 (ediert von Arnold Oskar Meyer), also einige Jahre später. Doch diese Bemerkung ist so trefflich, dass wir gerne ein wenig „schwindelten".

---

1 Eine besondere Herausforderung war das Thema der Alchemie. Unser Wissen und die Zitate dazu stammten aus vielen Büchern, die oft sehr schwierig zu verstehen sind. Wir haben uns bemüht, die Texte so zu gestalten, dass es der Leserin oder dem Leser nicht so geht wie dem Protagonisten Gaiswinkler, der mit der spezifischen Sprache der Alchemisten nicht immer zurechtkommt. Nur einige wichtige Publikationen, aus denen geschöpft wurde, sollen genannt werden:
Jörg Völlnagel: Alchemie. Die königliche Kunst (München 2012). G. F. Hartlaub: Der Stein der Weisen. Wesen und Bildwelt der Alchemie (München 1959). Allison Coudert: Stein der Weisen. Die geheime Kunst der Alchemisten (Herrsching 1992). Reinhard Federmann: Die königliche Kunst. Eine Geschichte der Alchemie (Wien 1964). Claus Priesner: Geschichte der Alchemie (München 2011).

Die ebenso schwierige wie interessante Arbeit an diesem Buch hat uns große Freude gemacht, wir haben viel dazugelernt und das Schreiben sehr genossen. Wir hoffen, dass es den Leserinnen und Lesern bei der Lektüre ebenso ergeht und sie sich an diesem Krimi erfreuen!

GLOSSAR

Adept: Schüler der Alchemie, der Geheimwissenschaften

Autodafé: öffentliche Urteilsverkündigung der Inquisition und Vollstreckung der Urteile gegen „Ketzer", meist durch den Scheiterhaufen; v. a. in Spanien und Portugal

Battuta: kräftiger Schlag beim Fechten auf die Klinge des Gegners, der diesen kampfunfähig macht

Baumöl: Olivenöl

Bezoar: Magenstein aus den verfilzten Haaren eines Wiederkäuers, der seit der Antike als Gegengift und Medikament diente. In der Frühen Neuzeit wurden besonders schöne Bezoare verziert und in Kunstkammern ausgestellt.

Kamelott: feines Gewebe aus Kamel- oder Ziegenhaar, Seide und anderen teuren Materialien

Konnepisch: heute Schloss Konopiště, Tschechische Republik

Mala Straná: tschechischer Name für den Stadtteil Kleinseite am linken Moldauufer

Novize: Anwärter auf das Klosterleben

Ofen: auch Buda, Stadtteil von Budapest, Ungarn

Offizin: Arbeits- und Verkaufsraum einer Apotheke

Oselec: Oselce, Tschechische Republik

Pera: Stadtteil von Konstantinopel am Goldenen Horn, Türkei; heute Teil des Bezirkes Beyoğlu

Pest: Stadtteil von Budapest, Ungarn

Podagra: zeitgenössischer Ausdruck für Gicht

Pomeranzenhaus: heute Orangerie

Ragusa: heute Dubrovnik, Kroatien

Schaube: Kleidungsstück aus dem 16. Jahrhundert, ein Mantel mit weiten Ärmeln

Sgraffito: in die Putzschicht der Fassade eingekratzte Muster

Tric Trac: heute Backgammon

Tschibuk: türkische Tabakpfeife

Quendel: Feldthymian

Zipangu: heute Japan

DANKSAGUNG

Unser großer Dank für Anregungen und Verbesserungen gilt unserer Freundin Dr. Ursula Kohlmaier sowie unserer Lektorin Caroline Metzger.

Dieses ikonische Bild von Basil Valentine zeigt die Rebis, welche die Vereinigung des männlichen und weiblichen Prinzips symbolisch darstellt.